Ci-dessus :

© BM de Toulouse (voir page 25)

Ci-contre :

© BM de Lyon (voir page 67)

Le Monde au Moyen Âge

Chronologies Bernard Merdrignac
Cartographie Patrick Mérienne

Bernard Merdrignac, **professeur d'histoire du Moyen Âge à l'Université Rennes II Haute Bretagne**

Patrick Mérienne, **géographe**

Éditions Ouest-France

Sommaire

Introduction [1]

Par convention, à la suite des érudits de la Renaissance italienne qui ont imposé cette expression, les historiens s'accordent — faute de mieux — pour appeler « Moyen Age » le millénaire qui s'étend de la fin de l'Empire romain en Occident (ve siècle) à la disparition définitive de celui-ci en Orient (xve siècle).

Il est délicat de poser des jalons chronologiques plus précis. De toute manière, ceux-ci ne sauraient constituer que des repères commodes qui ne pouvaient, bien entendu, être perçus comme tels par les contemporains. Doit-on considérer que l'Antiquité prend fin dès 410, à l'occasion de l'occupation de Rome (durant trois jours seulement !) par les Wisigoths d'Alaric, ou en 476 quand le chef hérule Odoacre, à la tête de l'armée romaine d'Italie, dépose le dernier empereur romain d'Occident et adresse les insignes de celui-ci à Byzance (se plaçant ainsi fictivement sous l'autorité directe de l'empereur d'Orient) ? Convient-il de faire débuter l'époque moderne en 1453, date de la prise de Constantinople (ex-Byzance) par les Turcs ottomans, ou plutôt en 1492 quand Christophe Colomb découvre, sans le savoir, le « Nouveau Monde » ? Dans les deux cas, cela revient à faire l'impasse sur le « Moyen Age » proprement dit. La première date n'a de signification que par référence au passé antique dont l'Empire romain d'Orient prétendait assumer l'héritage. La seconde ne prend sa portée que par rapport à l'avenir puisqu'elle marque (du moins symboliquement) l'élargissement des perspectives de l'Occident moderne.

En conséquence, on ne peut vraiment parler de « Moyen Age » (au sens de « période intermédiaire » que lui ont donné les humanistes italiens) qu'à propos de l'histoire de l'Occident latin. Cette notion n'est pas valide en ce qui concerne les mondes musulman et byzantin avec lesquels l'Europe occidentale est pourtant alors en contacts incessants. Elle a encore moins de pertinence (même si on l'applique parfois, anachroniquement et à titre comparatif, au Japon ou à la Russie) pour les civilisations qui se développent en Asie, en Afrique, voire en Amérique au cours de ces dix siècles.

Quoi qu'il en soit, cet Atlas s'efforcera à la fois de souligner les caractères spécifiques de cette longue et passionnante époque qu'il est convenu de qualifier de « médiévale » et de faire ressortir la richesse et la diversité des sociétés et des cultures qui s'épanouissent alors. Tout en suivant le fil événementiel qui permet de fixer les repères indispensables, on tâchera d'éclairer son déroulement à l'aide de cartes par continents, pays ou régions, de notices biographiques sur des personnalités emblématiques ou originales, d'encadrés sur des thèmes particulièrement significatifs ou faisant l'objet de controverses entre les historiens d'aujourd'hui.

B. M.

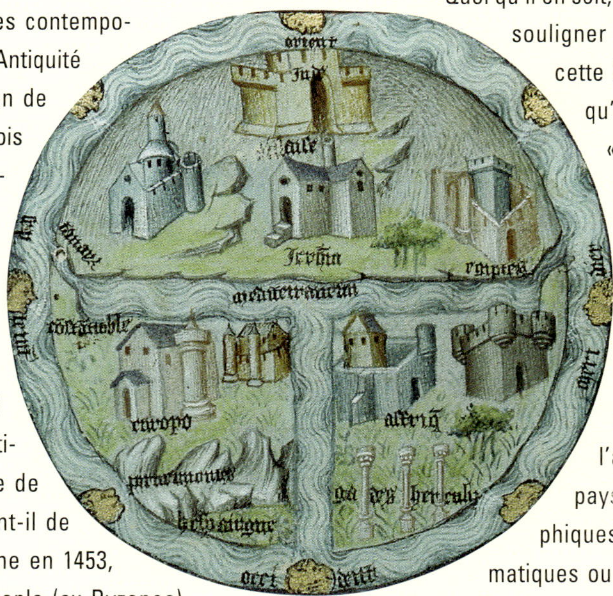

Ci-dessus : **Mappemonde du xve siècle dans *l'Historia adversus paganos* de Paul Orose.** Bibliothèque municipale de Tours.

1 : Je tiens à exprimer ma gratitude pour l'aide qu'ils m'ont aimablement apportée à mes collègues et amis Vincent Joly et Hervé Martin. Un grand merci aussi à Mélanie Hamon et Bruno Pasquier qui se sont impliqués dans ce travail avec un enthousiasme que l'on souhaiterait déceler chez davantage d'étudiants, ainsi qu'à Marine Le Mouël pour les illustrations de la présente édition. Bien entendu, j'assume les éventuelles imperfections qui pourraient subsister.

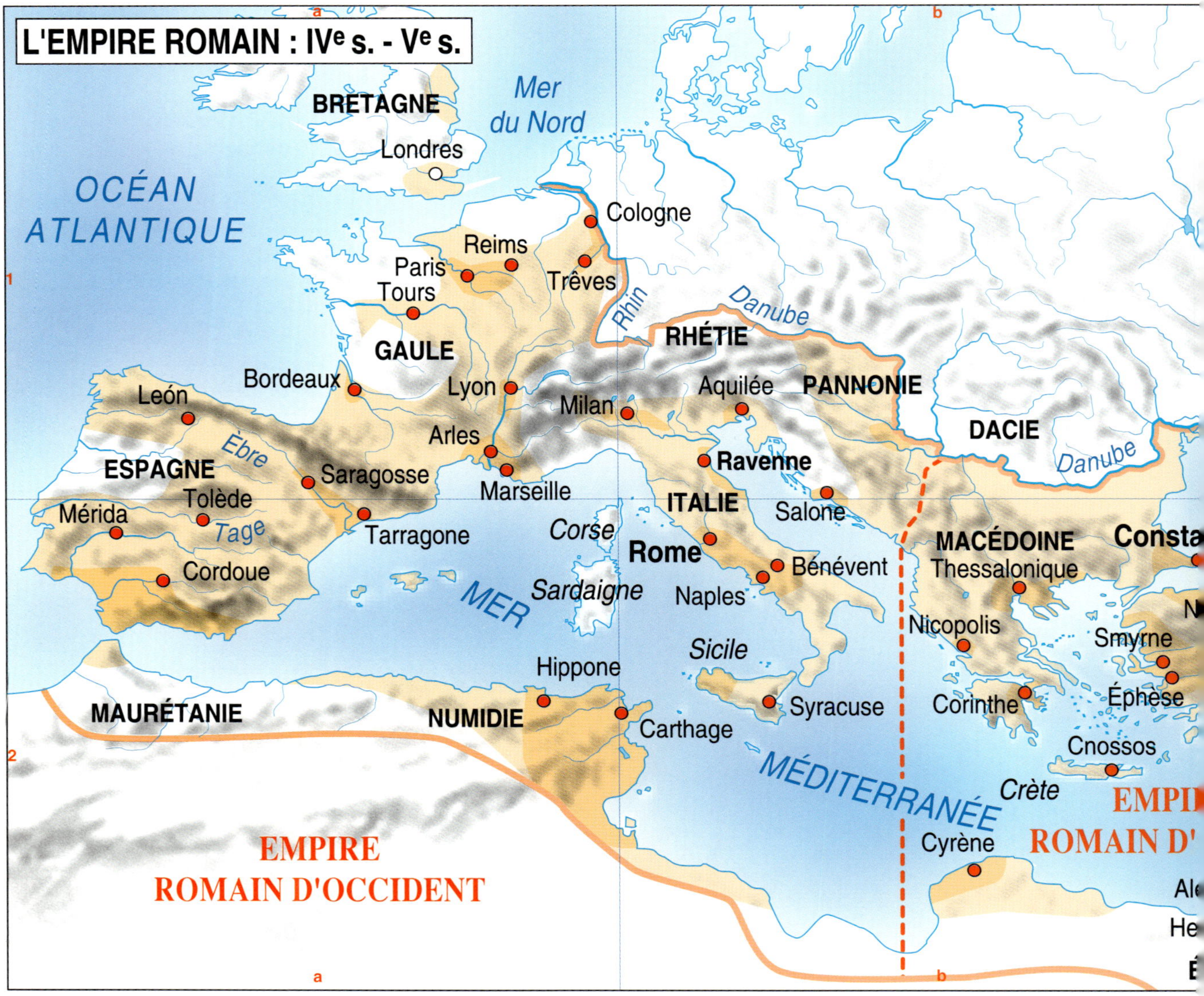

Au IVe siècle, l'Empire romain n'est pas en déclin. D'importantes réformes entreprises par Dioclétien (284-305) et poursuivies par Constantin (306-337) l'ont totalement réorganisé à la suite des troubles du IIIe siècle. La société se christianise progressivement à partir du moment où la liberté de culte a été garantie aux chrétiens par l'édit de Milan (313). Le centre de gravité de l'empire s'est déplacé vers l'Orient, plus riche, et la fondation de Constantinople (330) accentue cette dualité du monde romain. L'Etat s'est militarisé et l'armée, constituée de mercenaires barbares, fait les empereurs. Les Barbares n'ont pas détruit l'Empire romain. Ils y ont été installés par l'administration romaine avant de finir par prendre le pouvoir.

Vers 370 : Les Huns quittent la Sibérie orientale et franchissent la Volga puis le Don.

375 : Effondrement de l'empire des Ostrogoths (en Ukraine) sous la pression des Huns.

376 : L'empereur Valens autorise les Wisigoths à s'établir en Mésie (actuelle Bulgarie).

9 août 378 : Défaite et mort de Valens devant les Wisigoths à Andrinople.

380 : L'édit de Thessalonique promulgué par Théodose (378-395), successeur de Valens, proscrit le paganisme en Orient.

382 : Théodose installe les Wisigoths en Thrace comme fédérés.

392 : Théodose s'impose seul empereur, en Occident comme en Orient. Le christianisme devient religion d'Etat et le paganisme est considéré comme crime de lèse-majesté.

LES DERNIERS EMPEREURS ROMAINS D'OCCIDENT

Théodose : 379-395
(dernier empereur de l'Empire unifié).
Honorius : 395-423.
Valentinien III : 425-455.
Avitus : 455-456.
Majorien : 457-461.
Sévère : 461-465.
Anthemius : 465-472.
Olybrius : 472.
Clycère : 473-474.
Julius Nepos : 474-475.
Romulus Augustule : 475-476.

Constantin (306-337) représenté sur un solidus frappé en 326.
Bibliothèque nationale de France, Département des monnaies et des médailles.

395 : Mort de Théodose : scission définitive de l'empire entre Orient grec et Occident latin.

401 : Incursion d'Alaric, roi des Wisigoths, en Italie.

402 : Honorius (395-423), empereur d'Occident, quitte Milan pour s'installer à Ravenne - Régence du Vandale Stilicon.

31 décembre 406 : Vandales, Suèves, Alains franchissent le Rhin, sans doute pris par les glaces.

407 : L'armée romaine de Bretagne évacue l'île pour venir défendre le continent.

408 : Nouvelle incursion d'Alaric en Italie - Assassinat de Stilicon.

27 août 410 : Sac de Rome par les Wisigoths d'Alaric.

423 : Valentinien III († 455) empereur d'Occident - Régence du patrice Aetius, formé chez les Wisigoths puis chez les Huns.

440 : Salvien, prêtre de Marseille, publie *Du gouvernement de Dieu* (ouvrage favorable aux Barbares).

20 juin 451 : Bataille dite des «champs Catalauniques» : les forces d'Attila sont vaincues par l'armée d'Aetius, maître de la milice des Gaules, composée en majorité de Barbares, au *Campus Mauriacus* (près de Troyes).

454 : Assassinat d'Aetius par l'empereur Valentinien III. Les chefs barbares prennent le pouvoir.

Septembre 476 : Le dernier empereur d'Occident, Romulus Augustule, est déposé par Odoacre.

Rappel :

Les « invasions barbares » du vᵉ siècle s'inscrivent dans un courant d'immigration amorcé depuis près de deux siècles. Les populations romaines sont depuis longtemps en contact avec les Barbares. Ceux-ci constituent en effet le gros de l'armée impériale soit en tant que déditices (ou lètes), soit comme fédérés. Dans l'Antiquité gréco-latine, le mot « barbare » n'a pas la portée péjorative qu'il a prise par la suite. Pour les Grecs, les Romains sont des « barbares » ; pour les Latins, les Barbares sont tous les peuples autres que les Grecs et les Romains. Le « Barbare » n'est pas un sauvage, c'est précisément un « étranger ».

Les déditices (appelés « lètes » par leurs compatriotes) sont des prisonniers de guerre barbares qui ont obtenu la vie sauve à condition de servir dans l'armée romaine et de mettre en valeur des terres laissées à l'abandon où ils sont installés avec leurs familles. **Les fédérés** sont des peuples barbares dont les chefs ont passé

un traité d'alliance (*foedus*) avec Rome à charge pour eux de défendre les territoires qui leur ont été (en principe) confiés par l'administration.

L'arianisme : A quelques exceptions près (comme les Francs ou les Saxons), la plupart des Barbares sont chrétiens, mais de confession arienne. Selon cette doctrine — qui tire son nom d'Arius († 336), prêtre d'Alexandrie — dans la Trinité divine, le Fils est une créature privilégiée du Père. Condamné au concile de Nicée en 325, l'arianisme a suscité de vifs débats dans l'empire durant tout le IVe siècle. Ulfila († 383), un évêque à demi d'origine gothique formé à Constantinople, a converti ses compatriotes à l'arianisme au milieu du IVe siècle. Cette hérésie est en voie d'extinction quand les Barbares la réintroduisent en Occident. Dès lors, elle paraît susceptible de préserver leur identité ethnique par rapport aux populations qu'ils côtoient.

Le patriciat : Au Ve siècle, le général en chef des armées romaines porte le titre de patrice : « ami paternel et intime de l'empereur ». Il est le plus haut dignitaire après celui-ci et il est, en fait, plus puissant que lui puisqu'il dispose du pouvoir militaire.

En 552, Narsès, chef des troupes de l'Empire byzantin, affronte et bat le roi Ostrogoth Totila. Cliché Bibliothèque municipale de Lyon, ms PA 30 f° 26.

Odoacre (434-493) : Chef hérule à la tête des mercenaires barbares qui constituent l'armée impériale en Italie du Nord. En septembre 476, il dépose le jeune empereur d'Occident, Romulus Augustule, que son père Oreste, un Romain d'Illyrie qui avait fait carrière au service d'Attila, avait placé au pouvoir à Ravenne en 472. Cette déposition n'a aucun retentissement immédiat : en apparence, l'unité de l'Empire romain est rétablie et Odoacre est censé gouverner pour le compte de Byzance avec le titre de « patrice ». En 488, le chef ostrogoth Théodoric, qui a longtemps séjourné à la cour d'Orient et dont le peuple remuant inquiète Byzance, est chargé par l'empereur Zénon de reconquérir l'Italie en tant que général romain (*magister militum*). Au bout de cinq ans de conflits, Théodoric fait assassiner Odoacre à Ravenne au cours d'un banquet (493) et prend le pouvoir en Italie sous l'autorité théorique de l'empereur d'Orient.

CLOVIS ET LES LES MÉROVINGIENS : Ve SIECLE - VIIIe SIECLE.

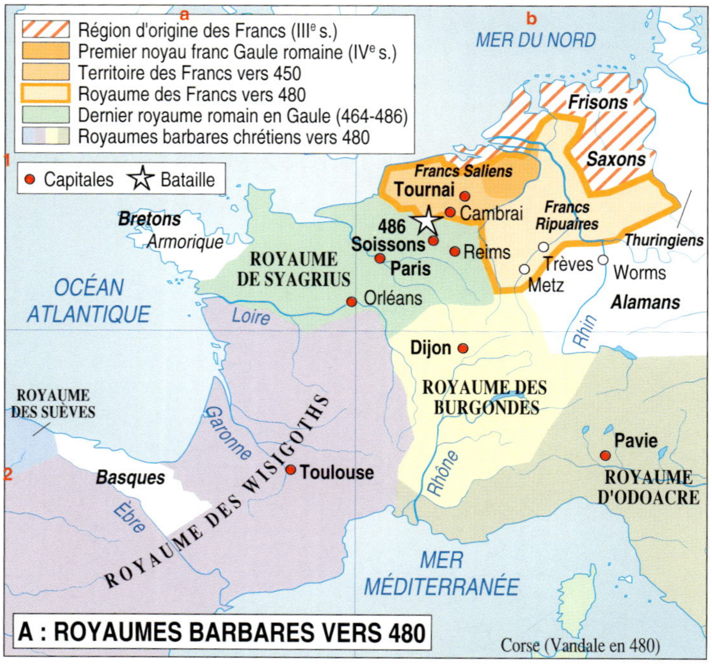

A : ROYAUMES BARBARES VERS 480

507 : Victoire de Clovis à Vouillé (près de Poitiers) sur les Wisigoths : Alaric II est tué. Les campagnes suivantes de Clovis en Aquitaine (507-509) aboutissent au repli des Wisigoths dans la péninsule Ibérique.
508 : *Adventus* (« entrée triomphale ») de Clovis à Tours. L'empereur byzantin Anastase lui décerne le consulat honoraire.
508-509 : Le roi ostrogoth Théodoric reprend la Provence et place son petit-fils Amalaric à la tête du royaume wisigothique d'Espagne.

511 : Première version de la loi salique - Convoqué par Clovis, le concile d'Orléans réorganise l'Eglise des Gaules - Mort de Clovis (27 novembre) : il est inhumé dans la basilique des Saints-Apôtres (future église Sainte-Geneviève à Paris) - Partage du royaume de Clovis entre ses quatre fils.
516 : Décès de Gondebaud, roi des Burgondes. Son fils Sigismond, converti au catholicisme, lui succède.
519 : Concile d'Orléans.
530-537 : Annexion de la Thuringe, du royaume burgonde et de la Provence par les Mérovingiens - Soumission des Alamans.
v. 540 : Théodebert Ier frappe pour la première fois des pièces d'or à son nom, bientôt imité par Childebert Ier.
542 : Mort de l'archevêque Césaire d'Arles.

Rappel :
Clovis et ses successeurs parviennent à imposer une royauté franque. Au gré des partages successoraux entre Mérovingiens, se définissent des entités régionales dominées par l'aristocratie. Les luttes pour le pouvoir au cours du VIIe siècle font basculer au profit de la puissante famille des Pippinides l'équilibre entre la royauté et l'aristocratie.

481 : Décès de Childéric, roi des Francs saliens et gouverneur romain de Belgique seconde. Son fils Clovis lui succède.
486 : Victoire de Clovis, à Soissons, sur Syagrius reconnu comme « roi des Romains » par les fédérés barbares établis en Gaule du Nord : Syagrius se réfugie auprès d'Alaric II, roi des Wisigoths - Clovis « élargit son royaume jusqu'à la Seine »... puis jusqu'à la Loire (à la suite d'un accord avec les Bretons ?).
491 : Succès partiel de Clovis contre les Thuringiens.
492 : Clovis épouse Clotilde, nièce catholique de Gondebaud, roi des Burgondes.
493 : Les Ostrogoths de Théodoric prennent le contrôle de l'Italie.
494 : Mariage du roi ostrogoth Théodoric avec Audoflède, sœur de Clovis.
496 : Victoire de Clovis sur les Alamans à Tolbiac (Zülpich, au sud-ouest de Cologne).
499 (?) : Baptême de Clovis à Reims, le jour de Noël.

B : L'EXPANSION DE CLOVIS : 486-511

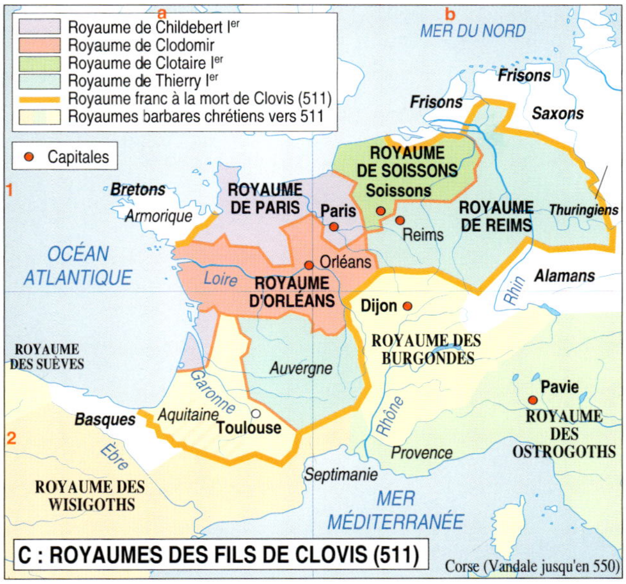

C : ROYAUMES DES FILS DE CLOVIS (511)

Galswinthe, une princesse wisigothique dont la sœur, Brunehaut, a épousé Sigebert Ier.

575 : Chilpéric fait assassiner Sigebert Ier à Vitry-en-Artois : début d'une quarantaine d'années de guerres privées entre les *tria regna,* attisées par les deux reines rivales.

v. 590 : Arrivée en Gaule du moine irlandais Colomban († 615) qui s'installe à Annegray avant de fonder le monastère de Luxeuil (v. 593), puis sa succursale de Fontaines.

594 : Mort de l'archevêque Grégoire de Tours auteur, entre autres, de l'*Histoire des Francs* (575-594).

610 : Colomban expulsé d'Austrasie : fondation de Brégenz puis de Bobbio (613).

613 : Brunehaut fait proclamer son arrière-petit-fils Sigebert II roi de Bourgogne et d'Austrasie. Avec le soutien de l'aristocratie burgonde, Clotaire II, roi de Neustrie, les défait à Andernach : exécution de Brunehaut et de Sigebert II - Rétablissement de l'unité franque.

558 : Mort de Childebert Ier. Réunification du royaume franc par Clotaire Ier.

559 : Epidémie de peste.

561 : Mort de Clotaire Ier. Son royaume est partagé entre ses quatre fils.

567 : Mort de Charibert, roi de Paris - Ses trois frères se répartissent son royaume, dessinant ainsi les *tria regna* appelés à devenir ultérieurement des entités territoriales cohérentes (Austrasie, Neustrie et Bourgogne).

v. 570 : A l'initiative de Frédégonde, concubine-esclave de Chilpéric, meurtre de la première épouse de celui-ci

Clovis, couronné par les évêques en 481.
Bibliothèque municipale de Toulouse.

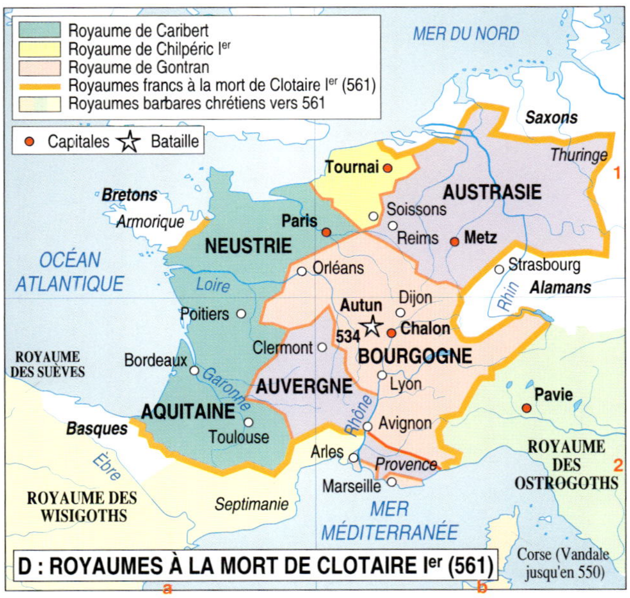

D : ROYAUMES À LA MORT DE CLOTAIRE Ier (561)

614 : Concile de Paris - Edit de Clotaire II instaurant des maires du palais en Bourgogne (Warnachaire) et en Austrasie (Pépin de Landen) et entérinant ainsi l'existence des *tria regna* (Neustrie, Austrasie, Bourgogne).

623 : Dagobert roi d'Austrasie.

626-627 : Rattachement de la Bourgogne à la Neustrie.

629 : Mort de Clotaire II : avènement de Dagobert Ier.

635 : Fondation de la foire de Saint-Denis.

639 : Mort de Dagobert Ier : il est inhumé à Saint-Denis - Partage entre Clovis II (royaume neustro-bourguignon) et Sigebert III (Austrasie).

LES MÉROVINGIENS : TABLEAU GÉNÉALOGIQUE

N : Neustrie
A : Austrasie
B : Bourgogne

- **Clovis** roi (481/482-511)
  - **Thierry Ier** roi (511-534)
    - **Théodebert** roi (534-548)
      - **Théodebald** roi (548-555)
  - **Clodomir** roi (511-524)
  - **Childebert Ier** roi (511-558)
  - **Clotaire Ier** roi (511-561)
    - **Charibert** roi (561-567)
    - **Gontran** roi B (561-593)
    - **Sigebert Ier + Brunehaut** roi A (561-575)
      - **Childebert II** roi A (575-596) B (593-596)
        - **Théodebert II** roi A (596-612)
          - **Mérovée**
          - **Clotaire**
        - **Thierry II** roi B (596-613)
          - **Sigebert II** roi AB (613)
          - **Childebert**
          - **Corbus**
          - **Mérovée**
    - **Audovère + Chilpéric + Frédégonde** roi N (561-584)
      - **Mérovée**
      - **Clotaire II** roi N (584-629) puis AB (613-629)
        - **Dagobert Ier** roi ANB (623/9-639)
          - **Ragnetrude +**
            - **Sigebert III** roi A (633-656)
              - **Childebert l'Adopté** fils de Grimoald, roi A (656-662)
              - **Dagobert II** roi A (676-679)
          - **+ Nanthilde**
            - **Clovis II** roi NB (639-657)
              - **Clotaire III** roi NB (657-673)
                - **Clovis** roi A (675-676)
              - **Childéric II** roi A (672-675)
                - **Chilpéric II** roi N (715-721)
              - **Thierry III** roi NBA (673-690/691)
                - **Clovis III** roi NBA (690/1-694/5)
                - **Childebert III** roi NBA (694/5-711)
                  - **Dagobert III** roi NBA (711-715)
                    - **Thierry IV** roi NBA (721-737)
                      - **Childéric III** roi NBA (743-747)
                - **Clotaire IV** roi A (717-719/720)
        - **Charibert II** roi d'Aquitaine (629-632)

Baptême de Clovis à Reims le 25 décembre 499 [?].
Bibliothèque municipale de Mâcon, ms. 1.

LES ROIS FAINÉANTS

L'impuissance des trop fameux « rois fainéants » s'explique pour diverses raisons. Leur faible espérance de vie tout d'abord : ce sont le plus souvent des rois enfants ! Des facteurs économiques ensuite : l'arrêt des conquêtes interdit toute perspective de ressources nouvelles et les guerres civiles perturbent le système fiscal hérité de Rome. Les donations aux églises et les libéralités envers les grands pour s'attacher leur fidélité épuisent le trésor royal.

640 : Mort de Pépin Ier, maire du palais d'Austrasie.
643-662 : Grimoald, fils de Pépin Ier, maire du palais d'Austrasie.
641-658 : Erchinoald, maire du palais de Neustrie.
v. 648 : Fondation du monastère de Fleury-sur-Loire - Fondation du monastère double de Nivelles par Itte et Gertrude, mère et sœur de Grimoald.
656 : Mort de Sigebert III : exil de Dagobert II en Irlande ; avènement de Childebert l'Adopté - Mort de Judicaël (?), « roi des Bretons ».
657 : Mort de Clovis II - Avènement de Clotaire III : la reine mère Bathilde exerce la régence.
658-673 : Ebroïn, maire du palais en Neustrie.
662 : Exécution de Grimoald : Childéric II, roi d'Austrasie.
664 : La reine Bathilde doit se retirer dans le monastère de Chelles.
v. 670 : Derniers diplômes mérovingiens sur papyrus.
673 : Mort de Clotaire III : affrontement entre Ebroïn et l'évêque Léger d'Autun à la tête de l'aristocratie de Bourgogne.
675 : Assassinat de Childéric II - Avènement de Dagobert II.
679 : Exécution de Léger d'Autun - Assassinat de Dagobert II - Pépin de Herstal, « duc des Austrasiens ».
680 : Assassinat d'Ebroïn.
687 : Victoire de Pépin II sur les Neustro-Bourguignons à Tertry - Réunification du royaume : Pépin II, « prince des Francs ».
709-712 : Campagne de Pépin II contre les Frisons : Wilibrod, évêque d'Utrecht.
v. 700 : Confection du *Lectionnaire* de Luxeuil.
711 : Fin de la frappe de l'or.
714 : Mort de Pépin II.
716 : Charles Martel, maire du palais en Austrasie.
719 : Victoire de Charles Martel sur les Neustriens.
732 : Eudes, duc d'Aquitaine, est battu par Abd al-Rahman devant Bordeaux - Les troupes « européennes » de Charles Martel donnent un coup d'arrêt près de Poitiers à la progression musulmane.
741 : Mort de Charles Martel. Partage du pouvoir entre ses deux fils Carloman et Pépin le Bref.
743 : Carloman et Pépin III installent sur le trône le Mérovingien Childéric III, moine à Saint-Bertin - Concile de Leptines : réorganisation de l'Eglise franque - Dernière peste en Occident (avant le XIVe siècle).
747 : Carloman abdique pour se faire moine.
751 : Childéric III est renvoyé au monastère de Saint-Bertin. Son fils Thierry est envoyé à l'abbaye de Fontenelle. Pépin est « élu » roi des Francs, puis « oint » à Soissons par les évêques francs.

LA TOMBE DE CHILPÉRIC Ier

La tombe de Chilpéric Ier, père de Clovis, a été retrouvée à Tournai. Le roi, qui portait un bracelet d'or, avait été enterré avec sa monture richement harnachée et avec ses armes de cavalier. Une pendeloque en forme de tête de taureau était accrochée au crâne de son cheval. Sur sa cuirasse, Chilpéric Ier portait le manteau de soie pourpre des généraux romains sur lequel étaient cousues des abeilles d'or. Le manteau se fermait par une fibule cruciforme en or, insigne des hauts fonctionnaires impériaux. Comme ceux-ci, le chef franc disposait d'un sceau qui portait, en latin, l'inscription « sceau du roi Chilpéric ». Un tumulus s'élevait sur la tombe du roi. Trois fosses l'entouraient contenant les restes de plusieurs chevaux de guerre : Chilpéric Ier était équipé pour se battre éternellement dans le Walhalla.

CLOVIS, UN NOM ROYAL

La forme reconstituée du nom de Clovis a été imposée par les érudits du XVIIIe siècle. Le nom germanique *Clodweg* (= « illustre par ses combats »), latinisé en *Chlodovechus*, a évolué par la suite en *Hlodovicus*, *Lodoys*, Louis. Clovis est donc en fait Louis Ier. En 778, pour marquer son alliance avec la famille mérovingienne, Charlemagne a donné à ses fils jumeaux les noms mérovingiens de Clotaire et de Louis. Seul ce dernier a survécu, devenant Louis II le Pieux (814-840). Le numéro est faux, puisqu'il y avait eu avant lui des Clovis II, III et IV (d'après M. Rouche) !

CHARLES MARTEL, « PRINCE DES FRANCS » (688-741)

Charles doit s'imposer par la force, d'où son surnom. Après avoir battu les Neustriens et réunifié le royaume (717-720), il repousse les Saxons qui menaçaient le Rhin. A l'appel du duc Eudes d'Aquitaine, il met un terme, près de Poitiers, aux incursions des musulmans (732) et en profite pour soumettre l'Aquitaine (735). Par la suite, il intervient en Bourgogne (736) et en Provence (741). Simultanément, il étend son influence en Bavière (728), soumet l'Alémanie (730) et annexe la Frise (734). Pour contrôler les pays soumis, il s'appuie sur des aristocrates d'origine austrasienne. Afin de s'assurer leur fidélité, il dote ceux-ci de terres ecclésiastiques sécularisées, ce qui lui vaut les reproches du clergé. « Prince des Francs », Charles Martel se comporte en roi : à la mort du Mérovingien Thierry IV, il ne juge pas utile de lui donner un successeur ; les diplômes sont datés en années de son « règne » ; à sa mort, le royaume est partagé entre ses fils Carloman et Pépin III le Bref.

Charles Martel combattant les Sarrasins à la bataille d'Avignon.
Bibliothèque municipale de Toulouse.

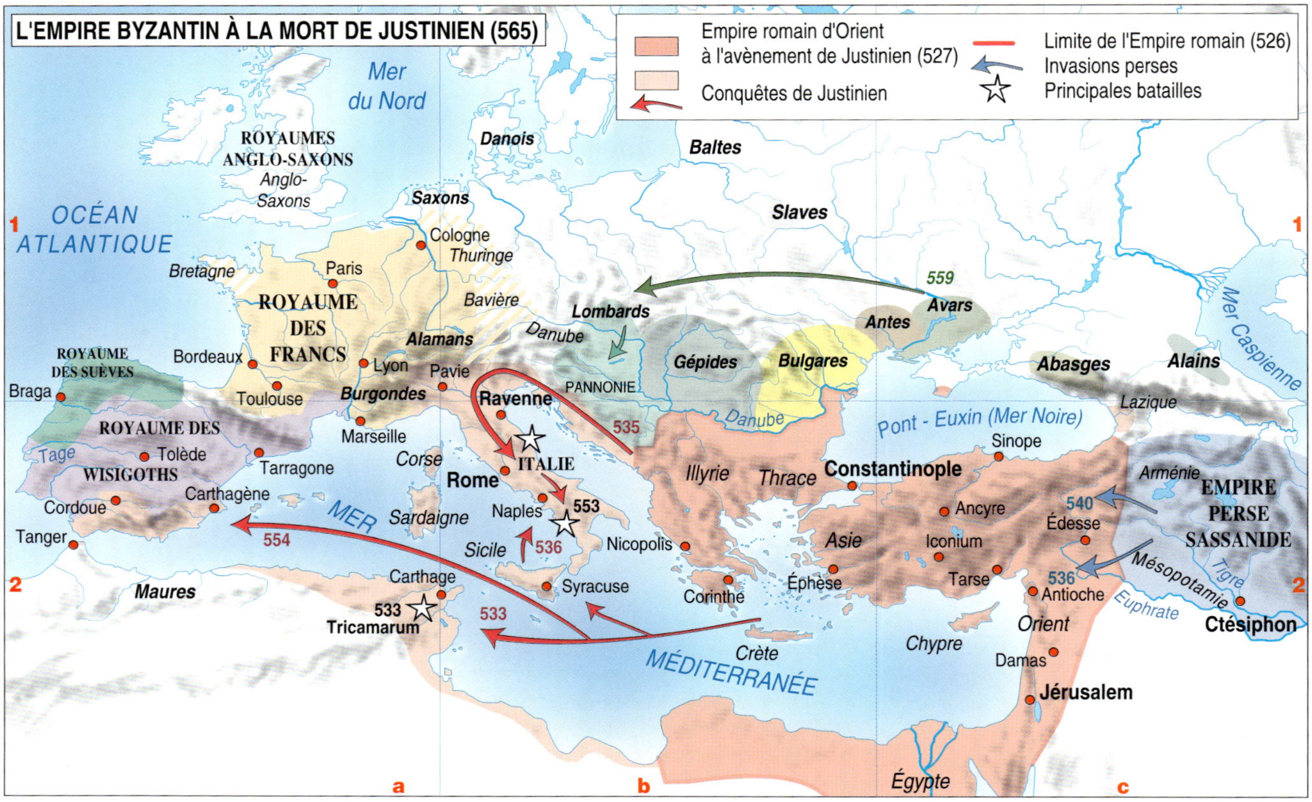

Rappel : En 395, à la mort de Théodose, l'Empire romain a été définitivement partagé entre l'Occident latin et l'Orient grec. Mais après la déposition du dernier empereur d'Occident (476), l'Empire romain se perpétue dans la « Nouvelle Rome » (Constantinople). L'empereur porte d'ailleurs toujours le titre d'« empereur des Romains ». Le règne de Justinien (527-565) constitue la dernière tentative de rééquilibrage politique et religieux de l'Empire. Dans la seconde moitié du VIIe siècle, sous le coup des invasions arabes et slaves, l'Empire cesse d'être vraiment « romain » et peut dès lors être justement qualifié de « byzantin ».

527 : Avènement de Justinien Ier - Loi interdisant aux « hérétiques » et aux païens d'enseigner - Construction du monastère fortifié de Sainte-Catherine du Sinaï.

529 : Fermeture de l'Académie d'Athènes : les philosophes athéniens se réfugient en Perse - Invasion des Perses sassanides.

531 : Décès de saint Sabas, figure marquante de l'érémitisme.

Janvier 532 : Sédition *Nika*. Un soulèvement populaire éclate à l'hippodrome ; le palais impérial est assiégé et une partie de Constantinople est incendiée ; l'armée écrase la révolte dans le sang.

532 : « Paix éternelle » entre Justinien et les Perses de Chosroès Ier (retour des philosophes athéniens à Constantinople).

533 : Prise de Carthage par Bélisaire (500-565) qui capture le roi vandale Gélimer. L'Afrique du Nord, la Corse, la Sardaigne et les Baléares sont reconquises par l'Empire.

534 : Promulgation du *Code Justinien*.

535-536 : Réforme administrative organisée par le préfet Jean de Cappadoce.

535 : L'assassinat d'Amalasonthe (fille de Théodoric) sert de prétexte au débarquement de l'armée de Bélisaire en Sicile : début de la reconquête de l'Italie sur les Ostrogoths.

536 : Prise de Rome par Bélisaire.

537 : Consécration de Sainte-Sophie de Constantinople.

540 : Prise de Ravenne par Bélisaire - Reprise de la guerre entre l'Empire et les Perses sassanides - Premières incursions bulgares au sud du Danube.

541 : Justinien nomme pour la dernière fois un consul à Rome.

541-543 : Épidémie de peste en Orient.

543 : Le roi ostrogoth Totila reprend Naples.

544 : Promulgation par Justinien de l'édit des « Trois chapitres » - En Afrique, soulèvement des Berbères contre l'Empire.

545 : Consécration de Saint-Vital de Ravenne.

546 : Totila s'empare de Rome et la fait évacuer.

547 : Bélisaire reprend Rome - Justinien exile le pape Vigile en Orient.

548 : En Afrique, soumission des Berbères.

549 : Consécration de Saint-Apollinaire *in classe* à Ravenne.

550 : Totila prend Rome à nouveau. Bélisaire est remplacé par Narsès (478-568) à la tête des troupes impériales.

551 : La grande école de droit de Beyrouth est détruite par un tremblement de terre.
552 : En Espagne, les troupes impériales occupent la Bétique et la Carthaginoise. - Totila est battu par Narsès à Galdo Tadino, *(ill. p. 9).*
554 : Narsès écrase l'armée du Mérovingien Théodebald (548-555) intervenu en Italie.
555 : Reddition des dernières troupes gothiques. L'Italie est reconquise mais ruinée.
560-570 : Les tribus slaves commencent à s'introduire dans l'Empire.
562 : Nouvelle paix entre l'Empire et le roi des Perses sassanides, Chosroès Ier.
565 : Mort de Justinien - Avènement de son neveu Justin II (565-578) - Mort de Procope de Césarée, auteur de l'*Histoire des guerres de Justinien.*
568 : Sous la pression des Avars, les Lombards quittent la Pannonie et pénètrent en Italie.
572 : Alliance des Byzantins et des Turcs contre les Perses sassanides.
573 : Début de l'intrusion des Avars dans l'Empire.
584 : L'empereur Maurice (539-602) organise l'exarchat de Ravenne pour lutter contre les Lombards.
591 : Victoire de Maurice sur les Perses sassanides à qui il impose la paix - Début de la lutte contre les Avars et les Slaves.
610 : Héraclius (575-641), exarque d'Afrique, entre à Constantinople, fait exécuter l'usurpateur Phôcas (602-610) et monte sur le trône impérial.
613 : Les Perses s'emparent de la Syrie, de la Palestine et de l'Egypte. La sainte Croix est emportée en captivité en Perse.
615 : Héraclius repousse une nouvelle attaque des Perses sassanides.
v. 617 : Stephanos (dernier maître connu de l'école d'Alexandrie) quitte l'Egypte pour venir enseigner à Constantinople.
av. 619 (ou 634 ?) : Décès à Rome de Jean Moschos, moine palestinien auteur du *Pré spirituel* (ou *Limonaire*).
624 : En Espagne, le roi wisigoth Suintila enlève la Bétique aux Byzantins.
626 : Siège de Constantinople par les Perses et les Avars.
628 : Entrée des troupes d'Héraclius à Dastagert, résidence de Chosroès II : chute de l'Empire des Perses sassanides. L'Empire récupère les anciens territoires romains d'Arménie, de Mésopotamie et d'Egypte.
630 : Héraclius reprend Jérusalem et y rapporte la sainte Croix.

Le feu grégeois : « Cette arme secrète est l'ancêtre des missiles » (J. Le Goff). Ces boules de feu étaient projetées par des lance-flammes. Il s'agissait probablement d'un mélange de naphte (pétrole brut) et de craie que l'on mettait en contact avec de l'eau. Le chauffage de la craie produisait des vapeurs de naphte qui, mélangées à l'air, explosaient en parvenant à une certaine température.

635 : Le calife musulman Omar s'empare de Damas.
636 : Défaite des armées impériales devant les Arabes au Yarmouk.
638 : Prise de Jérusalem et conquête de la Palestine par les Arabes - Héraclius publie l'*Ecthèse* qui présente le monothélisme comme la doctrine orthodoxe de l'Eglise.
640 : Conquête de l'Egypte par les Arabes.
643 : Début de la conquête de l'Afrique byzantine par les Arabes (Tripolitaine et Cyrénaïque).
649 : La flotte de Moawia, gouverneur arabe de Syrie, commence à écumer la Méditerranée : l'île de Chypre est mise à sac.
654 : Moawia saccage Rhodes.
v. 650 : Mort de saint Jean Climaque, *higoumène* des moines du mont Sinaï, auteur de l'*Echelle sainte.*
652 : Le pape Martin II, opposé au monothélisme, est déporté en Orient par l'empereur Constant II (641-658).
659 : Trêve entre Constant II et Moawia.
668 : Assassinat de Constant II en Sicile.
674-678 : Echec du siège de Constantinople par les Arabes : la flotte arabe doit se retirer sous le feu grégeois.
680 : Invasion bulgare en Mésie.
692 : Le concile *in trullo* (tenu dans la grande salle « à coupoles » du palais impérial) entérine les divergences liturgiques et canoniques entre Orient et Occident et dénonce les usages particuliers des Eglises romaine et arménienne.
698 : Prise de Carthage par les Arabes.
711 : Rencontre à Constantinople entre le pape Constantin Ier et l'empereur Justinien II (685-711). Dernière visite d'un pape en Orient.
717-718 : Dernier siège de Constantinople par les Arabes. L'empereur Léon l'Isaurien (717-741) contraint la flotte arabe (1 800 navires) à lever le blocus.

Justinien Ier a régné entre 527 et 565 sur l'Empire romain d'Orient.
Bibliothèque municipale d'Angers.

L'ESPAGNE, L'ITALIE ET L'ANGLETERRE : Ve SIECLE - VIIe SIECLE.

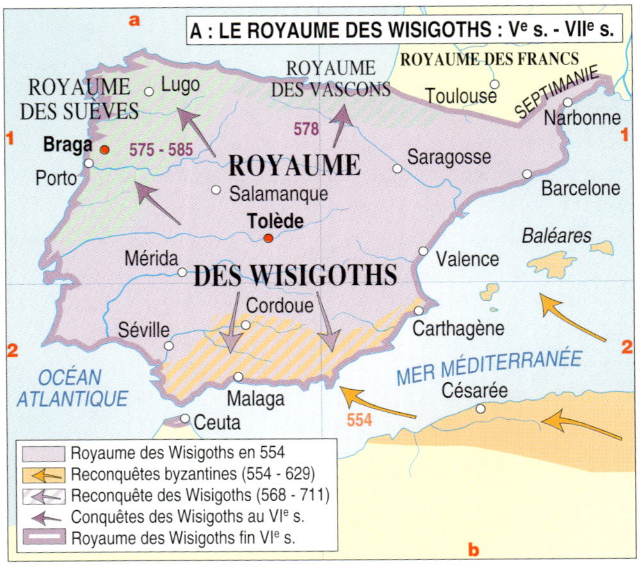

L'ESPAGNE WISIGOTHIQUE

410 : Invasion de l'Espagne par les Suèves, Alains, Vandales...
411 : Fondation du royaume suève par Hermeric.
429 : Sous la pression des Wisigoths, les Vandales de Genséric passent en Afrique.
470-475 : Interventions du roi wisigoth Euric en Espagne.
507 : Bataille de Vouillé : les Wisigoths se replient en Espagne.
511 : Le royaume wisigothique passe sous le protectorat de l'Ostrogoth Théodoric († 525) - Amalaric nommé roi.
531 : Défaite d'Amalaric à Narbonne devant Childebert Ier -Theudis, gouverneur militaire ostrogoth, le fait exécuter et est élu roi.
549 : Mort de Theudiselo, successeur de Theudis : fin du protectorat ostrogothique - Agila élu roi.
552 : Soulèvement de la Bétique contre Agila - Occupation byzantine en Bétique et Carthaginoise.
555 : Athanagild élu roi : Tolède, capitale du royaume.
556 : Martin de Braga évangélise les Suèves : leur roi Chariaric abjure l'arianisme.
582 : Révolte de Herménégild, converti au catholicisme, contre son père Léovigild.
585 : Exécution de Herménégild - Annexion du royaume suève par Léovigild.
587 : Conversion du roi Reccared au catholicisme.
589 : Le IIIe concile de Tolède qualifie le roi wisigoth d'« Oint du Seigneur ».
624 : Le roi Suintila expulse les Byzantins de Bétique.
636 : Décès d'Isidore de Séville auteur, entre autres, de l'*Histoire des Goths* (624) et des *Etymologies*.
654 : Receswinth promulgue le *Liber judiciorum* (Code wisigothique).
672 : Election et onction sacrée du roi Wamba.
711 : Débarquement à Gibraltar (djabel al-Tariq) des troupes de Tariq, gouverneur de Tanger - Défaite et mort du roi wisigoth Rodrigue à la bataille de Guadalete - Conquête d'al-Andalus par les musulmans.
716 : A la mort d'Abd al-Aziz, fils de Tariq, pratiquement toute l'Espagne est soumise.
718-737 : Pelayo, à la tête de quelques aristocrates wisigoths, se replie dans les Asturies.

L'ITALIE LOMBARDE

568 : Sous la pression des Avars, les Lombards, conduits par Alboin, envahissent l'Italie du Nord.
572 : Prise de Pavie - Assassinat d'Alboin.
572-584 : Prise de Spolète et de Bénévent par les Lombards. Les ducs se partagent le pouvoir. Byzance recherche l'appui des Mérovingiens.
577 : Destruction du Mont-Cassin par les Lombards.
584 : Restauration de la royauté par Authari (584-590).
589 : Maintien de la présence byzantine dans l'exarchat de Ravenne.
590 : Election de Grégoire le Grand à la papauté - Agilulf, successeur d'Authari, épouse Théodelinde, princesse bavaroise catholique.
593 : Grégoire le Grand obtient contre tribut la levée du siège de Rome par Agilulf.
598 : Conclusion de la paix avec les Francs et les Byzantins. Agilulf favorise les catholiques partisans du schisme des « Trois chapitres ».
603 : Prise de Crémone et de Mantoue par les Lombards.
615 : Mort de Colomban à Bobbio - Restauration de l'arianisme par Ariuoald.
643 : Edit de Rothari codifiant la législation lombarde.
653 : Avènement d'Aripert : abjuration de l'arianisme.
680 : Paix entre les Lombards et Byzance.
698 : Synode de Pavie : fin du schisme des « Trois chapitres ».
713 : Avènement de Liutprand († 744) : il entreprend de se rendre maître de toute la péninsule.
751 : Chute de l'exarchat de Ravenne.

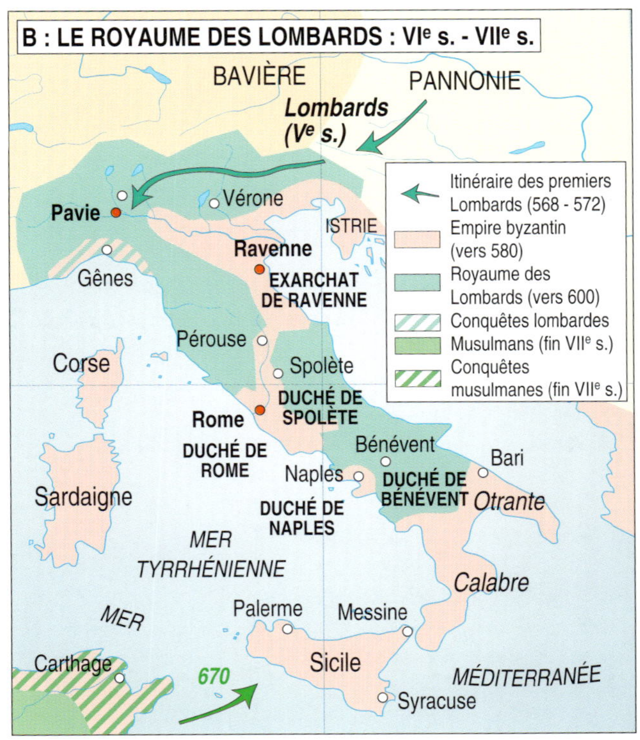

LES ANGLO-SAXONS EN GRANDE-BRETAGNE

407 : Les troupes romaines quittent l'île de Bretagne - Poursuite de la migration bretonne vers le continent amorcée dès la fin du IIIe siècle.

410 : L'autonomie des cités de Bretagne est entérinée par l'empereur Honorius.

429 : Visite de Germain d'Auxerre en Bretagne.

440 : Seconde intervention de Germain d'Auxerre en Bretagne (?).

v. 450 : *Adventus Saxonum* : installation, dans le sud-est de la Bretagne de fédérés angles saxons et jutes à l'appel du chef breton Vortigern - Les rois saxons semi-légendaires Hengist (« Etalon ») et Horsa (« Cheval ») se seraient établis dans le Kent (?).

v. 460 (?) : L'Eglise bretonne charge Patrick de mission en Irlande.

février 483 : Victoire bretonne du Mont-Badon : coup d'arrêt temporaire à la progression saxonne.

493 (?) : Décès de Patrick en Irlande.

apr. 500 : Nouvelle vague d'émigration bretonne en direction de la péninsule armoricaine ; celle-ci prend le nom de « Bretagne » au cours du VIe siècle.

v. 515-520 : Gildas rédige la *Décadence de la Bretagne*.

547 : Epidémie de « Peste jaune ».

560 : Avènement d'Aethelberht († 616) à la tête du royaume de Kent.

563 : Fondation du monastère d'Iona par l'Irlandais Colum-Cille († 597) qui entreprend l'évangélisation des Pictes.

577 : Bataille de Dyrham remportée par les Saxons sur les Bretons.

597 : Le pape Grégoire le Grand envoie l'abbé bénédictin Augustin († 604) en mission dans le royaume de Kent - Fondation du siège épiscopal de Cantorbéry.

603 : Rencontre d'*Augustine Ac* (« Le Chêne d'Augustin ») entre Augustin et l'épiscopat breton qui refuse de participer à la conversion des Anglo-Saxons.

616 : Défaite des Bretons à Chester devant les Anglo-Saxons.

617 : Avènement d'Edwin († 633) à la tête du royaume de Northumbrie.

v. 625 : Sépultures païennes de Sutton Hoo.

625 : Edwin épouse la fille d'Aethelberht de Kent : introduction de la mission romaine en Northumbrie.

633 : En Northumbrie, avènement d'Oswald, formé à Iona.

635 : Oswald accueille des moines d'Iona à Lindisfarne.

mai 664 : Convocation du synode de Whitby par le roi Oswiu de Northumbrie : adoption du comput romain.

669 : Le pape Vitalien envoie Théodore de Tarse († 690) prendre en charge l'archevêché de Cantorbéry et réorganiser l'Eglise anglo-saxonne.

673 : Premier synode de l'Eglise anglo-saxonne à Hertford.

674-682 : Fondation des monastères de Wearmouth, puis de Jarrow, en Northumbrie par Benoît Biscop.

av. 700 : Rédaction de l'épopée anglo-saxonne *Beowulf* par un clerc de Northumbrie (ou de Wessex ?).

v. 700 : Premières incursions des Vikings dans les Shetland.

735 : Décès de Bède le Vénérable, maître de l'école monastique de Jarrow et auteur, entre autres, de l'*Histoire ecclésiastique de la nation anglaise* (731).

Jutes, Angles et Saxons ont constitué sept royaumes rivaux en Grande-Bretagne (« heptarchie ») : Kent, Northumbrie (Deira et Bernicie), Mercie, East Anglie, Essex, Sussex, Wessex (qui absorbe le Middlesex). Ceux des chefs qui parviennent momentanément à imposer leur suprématie prennent le titre de Bretwalda (« vainqueur des Bretons »).

Grégoire et ses parents. Ms 512, f° 4 v°.
Bibliothèque municipale, Valenciennes.

L'EXPANSION DE L'ISLAM : VIIe SIECLE - VIIIe SIECLE.

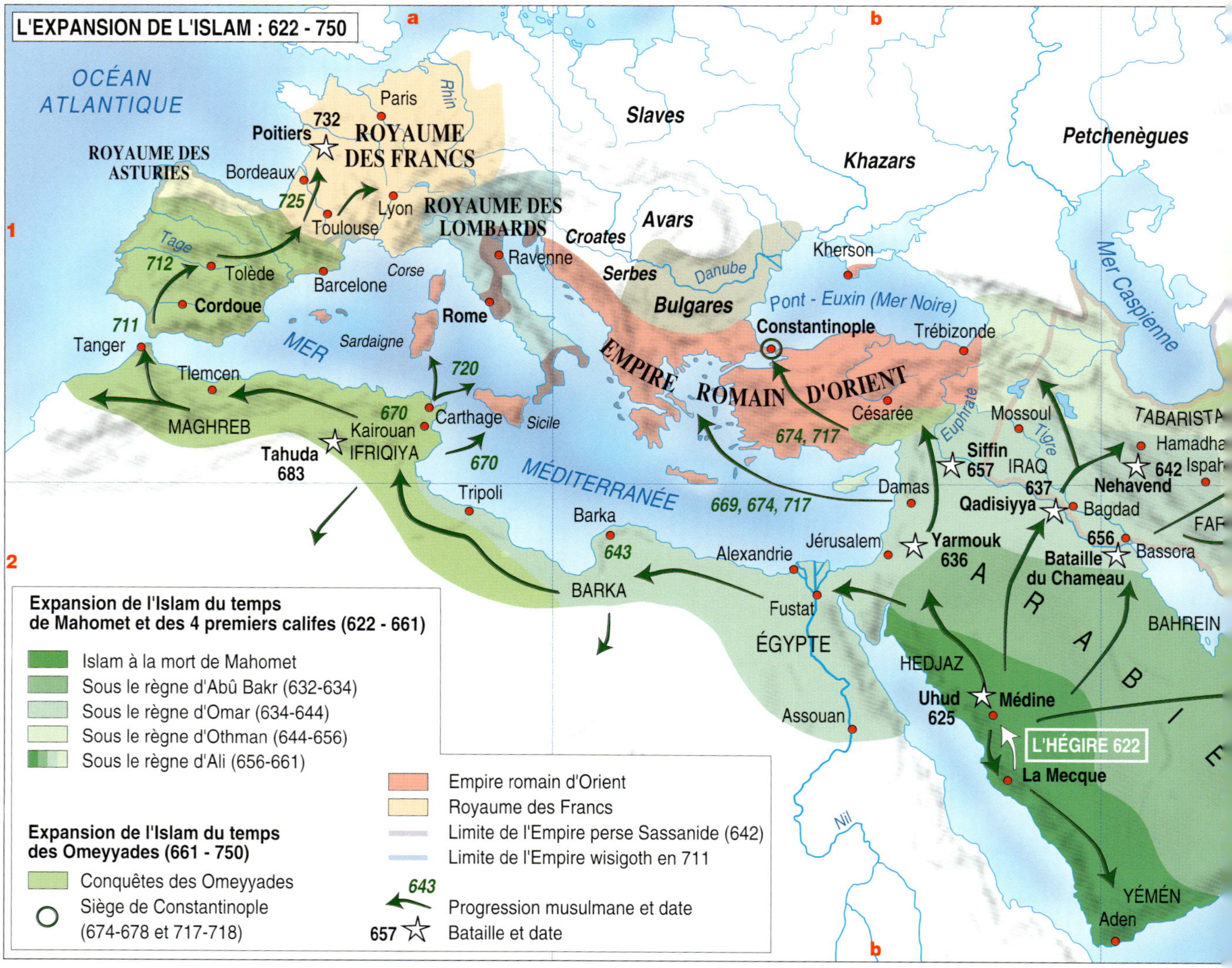

Rappel :

Pour les musulmans, l'islam est un tout : à la fois « soumission » au message religieux du Coran et l'ensemble des sociétés modelées par cette religion. Des origines au milieu du VIIIe siècle, l'Islam connaît une phase d'expansion d'abord directement du fait de la conquête arabe, relayée ensuite par les populations assimilées.

570 : Naissance de Mahomet à la Mekke. Devenu très tôt orphelin, il est élevé par son oncle Abou Taleb. D'abord berger, puis caravanier, Mahomet épouse, en 595, la riche veuve Khadidja.

v. 610 : Première révélation sur le mont Hira - Début de la prédication de Mahomet. Celle-ci ne touche d'abord que quelques intimes et les couches déclassées de la population. Elle suscite l'opposition des chefs de sa tribu.

16 juillet 622 : Hégire : Mahomet et ses partisans s'exilent de la Mekke à Yatrib qui prend le nom de Médine (« ville du prophète ») où il devient l'arbitre en Arabes et Juifs.

624 : Brouille entre Mahomet et les juifs de Médine : la *qibla* (direction de la prière) se fait vers La Mekke et non plus vers Jérusalem - Victoire de Badr sur les Mekkois.

625 : Défaite du mont ohod (uhud) devant les Mekkois.

627 : « Jour du Fossé » : échec du siège de Médine par les Mekkois.

630 : Retour triomphal de Mahomet à La Mekke. Il épure la ville et fait disparaître les centaines d'idoles de la Kaaba.

632 : Mahomet meurt à Médine après avoir accompli le *hadj* - Califat d'Abou Bakr qui soumet les tribus arabes et progresse vers la Syrie et la Perse.

634 : Mort d'Abou Bakr - Califat d'Omar, « commandeur des Croyants ».

635 : Prise de Damas - Prise de Ctesiphon, capitale des Perses sassanides.

636 : Défaite des armées byzantines au Yarmouk.

638 : Prise de Jérusalem et conquête de la Palestine - Fondation de Bassorah et de Koufa. Le calife Omar fixe à l'Hégire l'an 1 de l'ère musulmane.

640 : Victoire d'Héliopolis. Conquête de l'Egypte par les Arabes.

642 : Victoire de Nehavend sur les Perses sassanides - Prise d'Alexandrie.

643 : Fondation d'al-Fustat (Le Caire). Les Arabes progressent sur

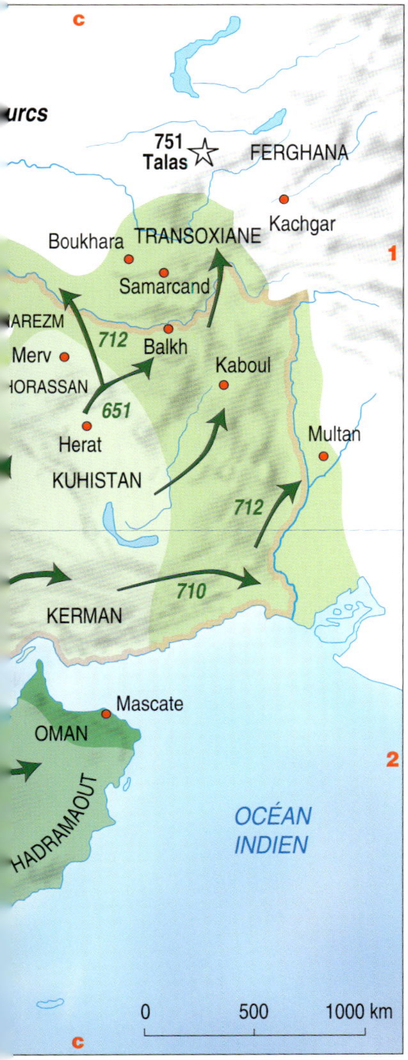

Barka : début de la conquête de l'Afrique byzantine (Tripolitaine et Cyrénaïque).
644 : Mort d'Omar-Califat d'Othman.
647 : Premiers raids arabes contre la Berbérie.
649 : La flotte de Moawia, gouverneur arabe de Syrie, commence à écumer la Méditerranée : raid sur Chypre.
apr. 650 : Othman fait établir la Vulgate coranique.
651 : Achèvement de la conquête de l'Iran.
654 : Moawia saccage Rhodes.
655 : Les Arabes atteignent Kaboul et Kandahar.
656 : Mort d'Othman - Califat d'Ali - « Bataille du Chameau » : victoire d'Ali sur les partisans d'Aïcha, veuve de Mahomet (près de Bassorah). Ali transfère le foyer de l'*oumma* de Médine à Koufa.
657 : Bataille indécise de Siffin entre les partisans d'Ali et ceux de Moawia, chef des Omeyyades et cousin d'Othman. La perspective d'un arbitrage entre les deux rivaux provoque l'abandon d'Ali par les kharidjites.
658 : Arbitrage d'Adruh qui établit la responsabilité d'Ali dans l'assassinat d'Othman.
660 : Moawia se proclame calife à Damas.
661 : Assassinat d'Ali par un kharidjite à Koufa.
662 : Prise de Kaboul.
670 : Fondation de Kairouan.
674-678 : Echec du siège de Constantinople : la flotte arabe doit se retirer sous le feu grégeois.
10 octobre 680 : Bataille de Kerbela entre Moawia et le second fils d'Ali, Hussayn, qui est tué.
691 : Fin de la construction de la coupole du Rocher (« mosquée d'Omar ») à Jérusalem.
v. 695 : Abd al-Malik frappe des monnaies d'or et d'argent à l'imitation du denier byzantin (*dinar*) et de la drachme sassanide (*dirhem*) - L'arabe est érigé en langue de chancellerie.
698 : Prise de Carthage.
702 : Fondation de Wasit sur le Tigre.
705 : Début de la construction de la Grande Mosquée de Damas.
709 : Prise de Ceuta.
711 : Conquête de la Transoxiane puis du Sind (712), en Inde - Débarquement à Gibraltar (djabel al-Tariq) des troupes berbères de Tariq : début de la conquête d'al-Andalus.
712 : Les musulmans atteignent le Ferghana et le Turkestan chinois.
717-718 : Dernier siège de Constantinople par les musulmans. L'empereur Léon l'Isaurien contraint la flotte (1 800 navires) à lever le blocus.
717-725 : Conquête de la Septimanie.
718 : Le chef wisigoth Pelayo bat les musulmans à Covadonga : fondation du royaume chrétien des Asturies.
721 : Eudes, duc d'Aquitaine, bat les musulmans à Toulouse.
725 : Prise de Carcassonne.
732 : Invasion de l'Aquitaine - Victoire des Francs de Charles Martel sur les musulmans près de Poitiers.
736 : Reprise de Kachgar par les Chinois.
739 : Les Arabes à Samarkand.
740 : Débarquement arabe sur la côte orientale de l'Afrique.
747 : Reprise de Chypre par les Byzantins.
747 : A l'occasion d'une révolte qui éclate en Perse, les Abbassides (descendant d'Abbas, oncle de Mahomet) battent les Omeyyades au Khorassan.
749 : Les Abbassides. remportent sur les Omeyyades la bataille de Koufa puis s'emparent de la Perse.
750 : Bataille du Grand Zab et défaite du dernier calife omeyyade, Merwan II. L'Abbasside al-Saffah est proclamé calife.
751 : Victoire du Talas sur les Chinois.
756 : Exécution de tous les princes omeyyades - Le seul qui n'ait pas été exterminé, Abd al-Rahman, fonde l'émirat omeyyade de Cordoue.
762 : Fondation de Bagdad.

Rare représentation du prophète Mahomet sans voile sur le visage, extrait du *Miraj Nameh*. Bibliothèque nationale de France, Supplément turc 190, f° 5.

MAHOMET *(MUHAMMAD)* [v. 570-632]

Fondateur de l'islam. Né à La Mekke et orphelin à 6 ans, il devient d'abord berger, puis caravanier au service d'une riche veuve, Khadidja, qui l'épouse. La fille née de cette union, Fatima, sera plus tard mariée à Ali (futur calife).
Les activités commerciales de Mahomet l'amènent à rencontrer des chrétiens et des juifs et à mettre en question la tradition polythéiste des Arabes. Vers 612, au cours d'une « nuit bénie » du mois de ramadan, l'ange Gabriel lui ordonne de prêcher la soumission (islam) à un Dieu unique (Allah). Durant une dizaine d'années, se succèdent les révélations célestes qui vont constituer le Coran (« lecture », « récitation »). Mahomet est le « sceau des prophètes » qui vient parachever la transmission du message divin entreprise avant lui par Abraham, Moïse et Jésus. Il convertit d'abord son épouse et un petit cercle d'intimes (dont les futurs premiers califes), puis les éléments les plus modestes de la population de La Mekke. L'hostilité de l'oligarchie marchande de la ville (dont Abou Sufyan, le chef omeyyade) l'oblige à fuir avec ses fidèles à Yatrib qui prend le nom de Medinat-al-Nabi (« la ville du prophète » : Médine). C'est l'hégire (« exil » : 622) qui marque le commencement de l'ère musulmane.
A Médine, Mahomet organise la communauté des croyants (*oumma islamiya*) unissant les exilés de La Mekke et les autochtones qui les ont accueillis. Des usages s'instaurent qui deviendront ultérieurement les fondements du droit et du rituel musulmans. Khadidja étant décédée en 620, le prophète a opté pour la polygamie qui permet de resserrer les liens entre les familles impliquées dans ses mariages. Les réticences à son égard de l'importante communauté juive de Médine l'amènent à changer la direction de la prière (*qibla*) : dès lors, on ne se tourne plus vers Jérusalem mais vers La Mekke. La guerre sainte (*djihad*) est déclenchée contre La Mekke avec des succès (Badr) et des revers (Ohod). Une tentative des Mekkois pour assiéger Médine se solde par un échec. En 630, Mahomet rentre en triomphe à La Mekke, détruit les centaines d'idoles de la Kaaba et reçoit l'allégeance des habitants. Dès lors, il entreprend d'unifier les tribus arabes qu'il convertit à l'Islam. En 632, il accomplit son dernier « pèlerinage » (*hadj*) à La Mekke, puis il se retire à Médine. Après avoir adressé ses dernières recommandations à ses fidèles (« Prône de l'Adieu ») et leur avoir demandé pardon pour ses manquements éventuels, il meurt dans les bras de sa jeune épouse Aïcha.

LES FONDEMENTS DE LA FOI

Le Coran (« récitation ») : contient le texte de la révélation récitée par l'ange Gabriel à Mahomet. Les disciples du prophète recueillaient ses paroles sur tous les supports possibles. Après 650, le calife Othman fait établir le texte officiel du Coran réparti en 114 sourates (« chapitres »), elles-mêmes divisées en versets. A l'exception d'une brève sourate liminaire (*fatiha*), les sourates sont classées par ordre de longueur. Les plus courtes (qui sont aussi les plus anciennes) se trouvent à la fin du Livre sacré.
La *Sunna* : la coutume qui se réclame de la tradition et de l'exemple du prophète transmis par les hadiths. Par opposition aux chiites, les sunnites se définissent comme les « gens de la tradition et de la communauté ».
La *Charia* : la loi idéale, canonique, de l'Islam qui régit la vie religieuse, politique, sociale et individuelle des musulmans.

LES CINQ PILIERS DE L'ISLAM

La profession de foi *(chahada)* : « Il n'y a de Dieu qu'Allah et Muhammad est l'envoyé d'Allah. » C'est la formule de conversion à l'islam.
La prière *(salah)* : tournée vers La Mekke, elle intervient cinq fois par jour (matin, midi, milieu de l'après-midi, coucher du soleil, soir). Le vendredi, la prière communautaire a lieu à la mosquée.
Le jeûne *(saoun)* : selon le Coran, il s'inscrit dans la ligne des pratiques juives et chrétiennes. Mais il intervient durant le mois de ramadan : abstinence totale du lever au coucher du soleil. Le ramadan se clôt par une « petite fête » *(Aïd-el-Shegir)*.
Le pèlerinage à La Mekke *(hadj)* : obligatoire pour tout musulman qui en a les moyens, au moins une fois dans sa vie. Il s'achève par une grande fête *(Aïd-el-Khebir)*.
L'aumône *(zakat)* : à la fois initiative individuelle et contribution légale aux dépenses de la communauté.
Certains y ajoutent le ***jihad***, « l'effort » pour le royaume de Dieu, qui s'exprime dans la « guerre sainte ».

LES ARTICLES DE LA FOI

. Croyance en l'unicité de Dieu.
. Croyance dans les anges.
. Croyance dans les envoyés de Dieu (prophètes).
. Croyance dans le Jugement dernier, l'enfer et le paradis.
. Croyance dans la résurrection après la mort.

ARCHITECTURE VIIe-VIIIe SIÈCLE

L'expansion de l'Islam se marque par la fondation de villes. Ces créations répondent à une triple nécessité : souci de prestige, nécessité de contrôle des conquêtes et besoins de vie communautaire exprimés par la mosquée. A l'époque omeyyade, on construit de tels monuments à Kairouan, al-Fustat, Jérusalem, Médine, Bassorah, Koufa et surtout à Damas, le modèle du genre.
638 : Fondation de Bassorah et de Koufa sur l'Euphrate.
641 : Fondation d'al-Fustat (Le Caire).
670 : Fondation de Kairouan.
691 : Fin de la construction de la coupole du Rocher (« mosquée d'Omar ») à Jérusalem.
702 : Fondation de Wasit sur le Tigre.
705 : Début de la construction de la Grande Mosquée de Damas.
762 : Fondation de Bagdad.

LES QUATRE CALIFES INSPIRÉS (RÂSHIDÛN)

632-634 : Abou Bakr (gendre de Mahomet). Il soumet les tribus arabes et lance des incursions en Syrie et en Irak.
634-644 : Omar, « commandeur des Croyants » (beau-père de Mahomet). Il conquiert la Perse, la Syrie, la Palestine et l'Egypte. Il meurt assassiné par un esclave chrétien.
644-656 : Othman (désigné par un conseil de sages). Il établit le texte du Coran. Il conquiert l'Abyssinie et la Transoxiane. Mais sa légitimité est contestée. Il est assassiné à Médine.
656-661 : Ali (cousin et gendre du prophète). Il combat contre la veuve de Mahomet, Aïcha. Il doit affronter Moawia, chef des Omeyyades et parent d'Othman. Il finit par être assassiné par un fanatique. Le fils d'Ali, Hassan, abdique en faveur de Moawia.

LES CALIFES OMEYYADES DE DAMAS

661-680 : Moawia. Il prend Kaboul, Boukhara, Samarkand et assiège Constantinople. Il fonde la dynastie des Omeyyades et transfère la capitale à Damas.
680-683 : Yazid Ier. En 680, il bat le second fils d'Ali, Hussayn, à la bataille de Karbala.
685-705 : Abd al-Malik. Il affirme la domination arabe en Afrique du Nord.
705-715 : Walid Ier. Il conquiert les régions occidentales de l'Inde (Sind, Penjab), le Ferghana et le Turkestan chinois. Il commence la conquête de l'Espagne wisigothique. Cette période marque l'apogée des Omeyyades.
750 : Défaite du dernier calife omeyyade Marwan II à la bataille du Grand Zab.

LES PRINCIPALES COMPOSANTES DE L'ISLAM

Dès la mort de Mahomet, la question du choix d'un « successeur » (calife) entraîne des luttes de clans entre les Médinois (partisans d'Ali) et le groupe dit des Mekkois (ultérieurement dominé par les Omeyyades). Omar fait élire Abu Bakr, gendre de Mahomet, qui prend Omar pour successeur. Ce dernier forme le conseil des six (dominé par les Mekkois) qui écarte Ali au bénéfice d'Othman. Bientôt, autour de ce problème du califat, se déterminent trois courants religieux.
Pour les ***kharidjites***, le calife doit être le meilleur entre les croyants et peut donc être déposé en cas de défaillance. Aucune préoccupation sociale ou familiale ne doit interférer dans le choix unanime du calife.
Au contraire, pour les ***chiites***, c'est Ali, cousin et gendre de Mohamet, qui a été désigné par le Coran comme le chef ***(imam)*** de la communauté, mais Othman a estompé cette désignation divine. La descendance d'Ali doit donc assumer l'imamat. Cette doctrine trouve ses prolongements dans la croyance en l'« imam caché » ou dans l'attente d'un Messie ***(Madhi)***.
Les ***sunnites*** optent pour une position médiane qui concilie le Coran, la tradition ***(sunna)*** et le consentement de la communauté. Ils tiennent les trois premiers califes pour légitimes. Pour les Omeyyades puis pour les Abbassides, le califat est légitimé par leurs liens de parenté avec le Prophète et par leur comportement.

Kaaba **(« le cube ») :** Nom du temple de La Mekke dans lequel est enchâssée, à l'angle est, la « pierre noire ». Devenu, par la suite, le sanctuaire de l'islam, c'est le centre en direction duquel converge la prière des musulmans.

Dhimmî : Ce sont les « gens du livre » *(Ahl al-Kitâb)*, juifs, chrétiens surtout, mais aussi sabéens et zoroastriens. Ils conservent le droit de pratiquer leur religion. Mais comme ils ne peuvent porter les armes, ils sont protégés par les musulmans, moyennant une redevance *(djizia)*, à condition de reconnaître l'autorité de l'islam.

Une des plus belles pages enluminées du Coran oriental conservé à la Bibliothèque municipale d'Aix-en-Provence.
Fonds Bibliothèque Méjanes, ms 1350 (rés. ms. 9). Cliché B. Mahasela.

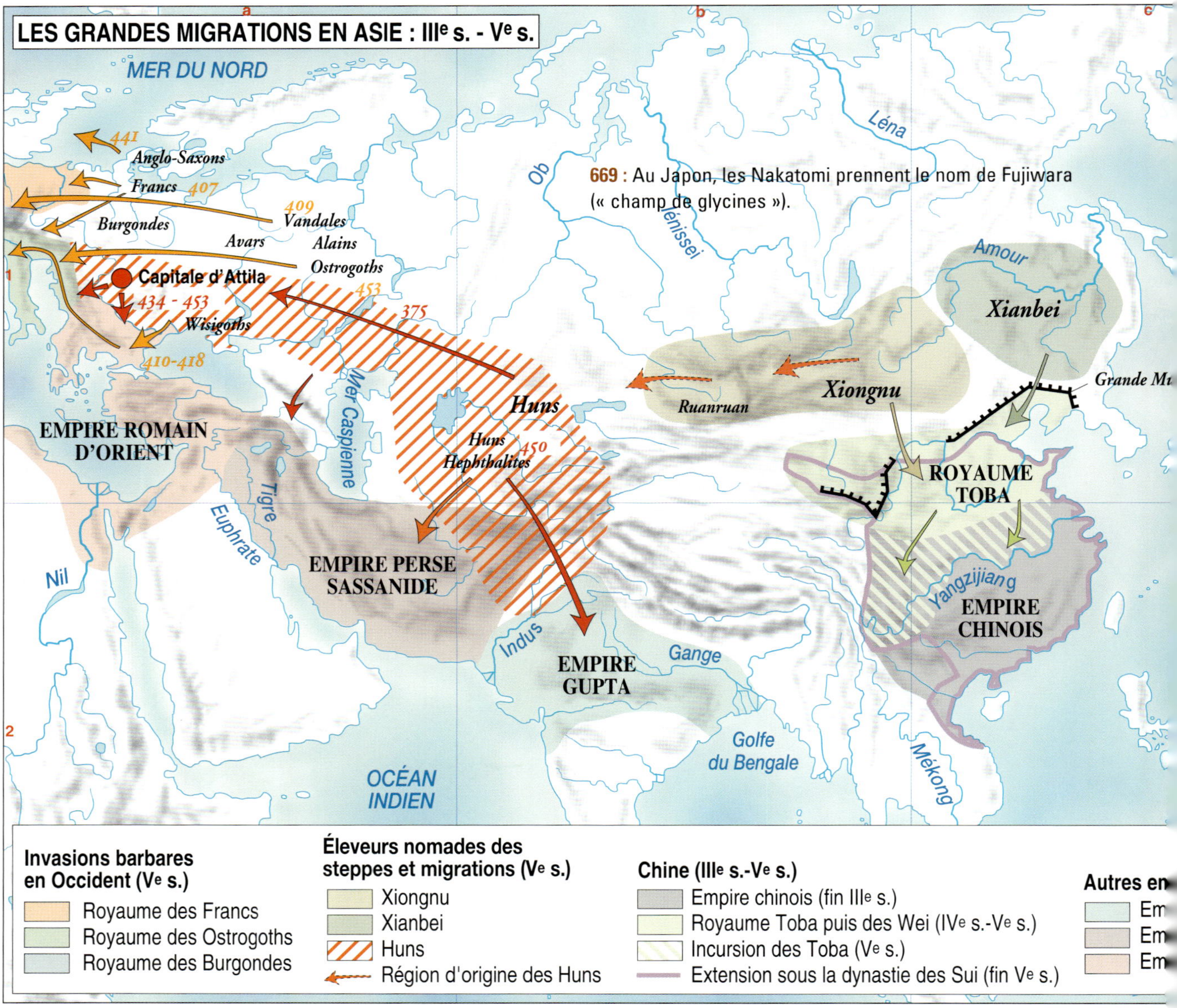

Rappel :
En Chine, du IIIe au VIe siècle, sous la pression des « empires de la steppe », l'empire des Han éclate : les migrations chinoises s'intensifient vers le sud. Les centres de gravité de l'Asie orientale se reportent à proximité de l'océan Indien (empire Gupta en Inde, empire sassanide en Perse). Le bouddhisme rayonne en Asie centrale comme en Extrême-Orient.

376-415 : En Inde, règne de Chandra Gupta II : l'empire Gupta rayonne de l'Assam au Pendjab et sur une bonne partie du Deccan.

386 : En Chine du Nord, fondation la dynastie des Wei, par les T'o-pa (Toba) venus de Mongolie.

402 : Fondation de l'empire nomade des Jouan-Jouan.

420 : En Chine du Sud, fondation par Liu Yu de la dynastie des Song (420-479), à Kien-k'ang (Nankin).

423 : Les Wei du Nord occupent Lo-yang (capitale des derniers empereurs Han) et entreprennent la construction d'une muraille de plus de mille kilomètres - Ambassade coréenne chez les Song.

429 : En Perse sassanide, invasion des Huns ephthalites (Huns blancs).

439 : Unification de toute la Chine du Nord sous la dynastie Wei. Début de la période des « dynasties du Sud et du Nord » : *Nanbeichao* (440-589).

v. 475 : En Inde, pénétration des Huns ephthalites dans le Pendjab et le Cachemire.

484 : Victoire des Huns ephthalites sur l'empereur sassanide Peroz (Firuz).

502 : A Nankin (Kien-k'ang), fondation de la dynastie des Leang. Wou-ti (Bodhisattva Wou, 502-549) impose le bouddhisme du « Grand Véhicule ».

v. 510 : En Inde, morcellement de l'empire Gupta, sous la pression des Huns ephthalites.

527 : En Inde, victoire de Yasovarman, roi de Mandassor, sur les

Huns ephthalites qui sont refoulés au Cachemire ou au Pendjab.

552 : Soulèvement contre les Jouan-Jouan des Turcs T'ou-kiue qui fondent un nouvel empire de la steppe - Introduction officielle du bouddhisme à la cour impériale du Japon.

568 : Les T'ou-kiue, alliés aux Sassanides, chassent les Huns ephthalites du Turkestan tandis que la Perse récupère le Khorassan. Les ephthalites fuient en Ukraine : réunis à leurs congénères qui s'y sont installés après la mort d'Attila, ils constituent les Avars qui menacent Byzance (579-582).

581 : En Chine du Nord, Yang-tsien fonde la dynastie des Souei (581-618).

587 : Au Japon, victoire des bouddhistes de la cour (clan Soga) sur les shintoïstes (clans Mononobe et Nakatomi, ancêtres du clan Fujiwara).

589 : En Chine du Nord, Yang-tsien repousse la menace turque - Prise de Nankin et réunification de la Chine par Yang Jian (Wen-ti). Transfert de la capitale à Tchan-ngan.

604 : Au Japon, « Constitution des 17 articles » du prince Shotoku autorisant le bouddhisme avec le shintoïsme.

605 : En Chine, avènement de Yang-ti, second empereur de la dynastie des Souei.

606-647 : En Inde, règne de Harsavardhana : restauration de l'empire Gupta qui se disloque à sa mort.

609-642 : En Inde, règne de Pulakesin II, à la tête du royaume Calukya de Vatami (Mysore).

610-649 : A Lhassa, règne de Srong-btsan sgam-po qui s'impose à une grande partie du Tibet.

611-612 : Intervention de Yang-ti en Indochine et en Corée - Grave défaite chinoise en Corée.

616-618 : En Chine, révolte générale contre Yang-ti qui aboutit à la fondation par Li Yuan (Kao-tsou) de la dynastie des T'ang (618-902).

625-645 : En Inde, règne de Nararimhavarman qui fonde Mamallapuram, capitale du royaume pallava.

627-650 : En Chine, T'ai-tsong (Li Che-min), fils de Li Yuan, restaure l'empire chinois sur l'Asie centrale.

630 : En Chine, rétablissement par T'ai-tsong du système des examens de recrutement de la « bureaucratie céleste ».

642 : En Inde, destruction, par les Pallava, de Vatami, capitale des Calukya.

645 : Au Japon, avènement de l'empereur Kotoku : début de l'ère *Taika* (réforme du « grand changement » sur le modèle de la Chine des T'ang).

647 : En Inde, mort de Harsavardhana : fin de l'unité réalisée par l'empire Gupta.

651 : Destruction de l'empire sassanide par les Arabes.

654 : Expédition chinoise en Corée pour soutenir le royaume de Silla.

668 : Sous l'empereur Kao-tsong (650-683), la Chine, à son apogée, contrôle la route de la soie : l'Asie centrale, la Corée et la Mandchourie sont sous protectorat chinois.

662 : Prise de Kaboul par les musulmans.

669 : Au Japon, les Nakatomi prennent le nom de Fujiwara (« champ de glycines »).

683 : En Chine, mort de Kao-tsong : décadence des T'ang. Les Turcs menacent Nankin.

680-744 : Second empire T'ou-kiue.

684 : Usurpation de Wou Tsö-tsien, ancienne concubine de T'ai-tsong et Kao-tsong et impératrice en titre depuis 654.

690-705 : Wou Tsö-tsien fonde l'éphémère dynastie des Tcheou.

692 : Victoire chinoise sur les Tibétains.

705 : Restauration de la dynastie des T'ang.

710 : Au Japon, début de l'ère *Nara* (ou *Tempyo*, 710-794) - Fondation de la première capitale fixe du Japon : Nara (ou Heijo, à une trentaine de kilomètres de Kyoto) sur le modèle de Tch'ang-ngan, en Chine.

712 : En Inde, conquête du Sind par les musulmans qui s'implantent dans le Pendjab.

751 : Défaite chinoise devant les musulmans sur le Talas. Début de l'islamisation du Tarim.

755-797 : Règne de Khri, au Tibet.

792-794 : Concile de Lhassa.

794 : Heian-Jo (« Cité de la paix » : Kyoto) devient capitale du Japon afin d'échapper à l'emprise bouddhiste autour de Nara.

Une pagode, encore visible aujourd'hui, sur la route de la Soie.
Ph. L.-M. Blanchard.

L'EMPIRE CAROLINGIEN DE PÉPIN LE BREF À CHARLEMAGNE

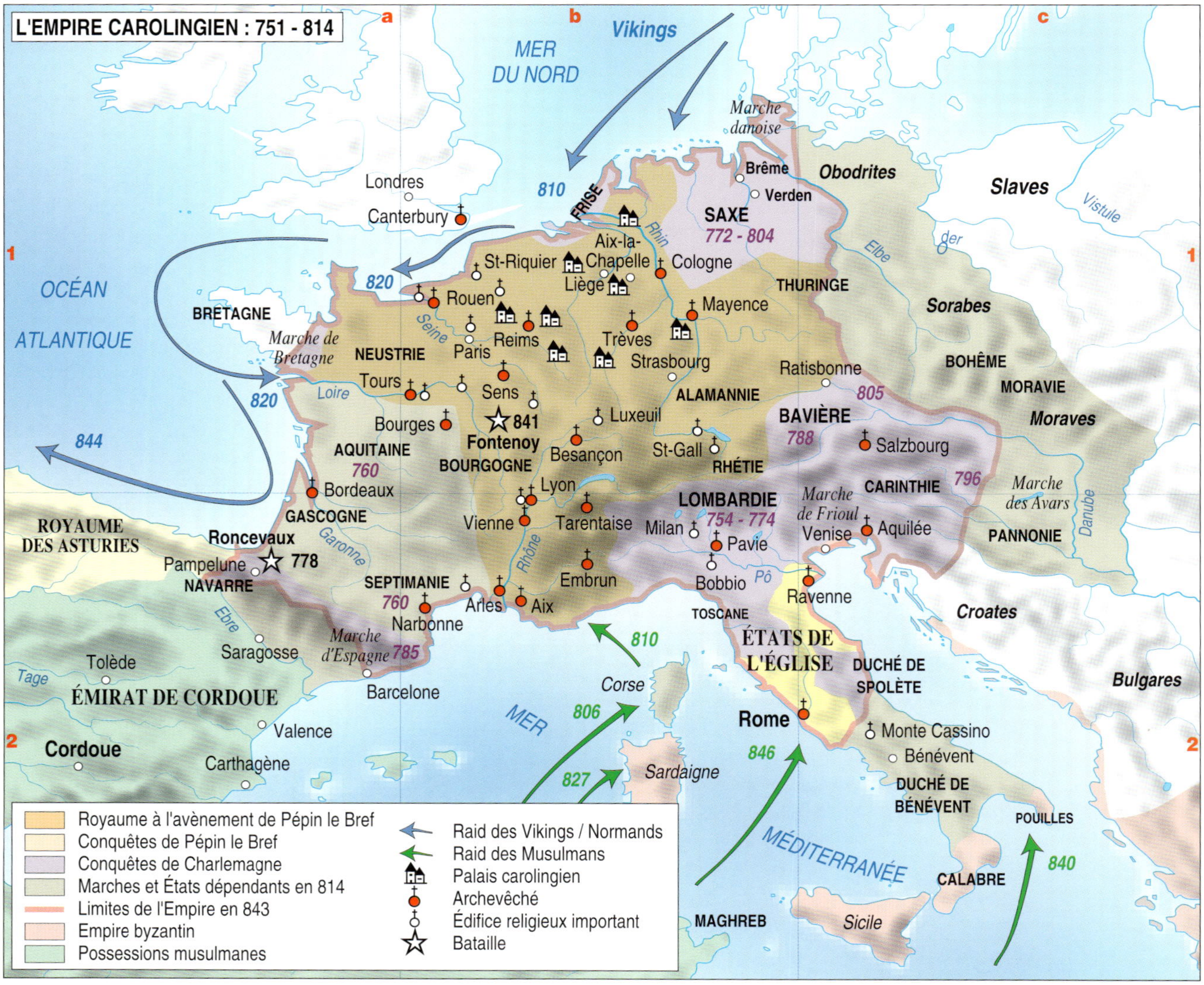

741 : Mort de Charles Martel : ses fils, Pépin et Carloman, maires du palais des Francs.
742 : Chrodegang, évêque de Metz.
743 : Pépin et Carloman rétablissent sur le trône le Mérovingien Childéric III, moine de Saint-Bertin - Concile de Leptines - Dernière peste en Occident (avant le XIVe siècle).
744 : Concile de Soissons - Fondation de l'abbaye de Fulda - Carloman supprime le duché des Alamans.
745 : Pépin contraint Hunald, duc d'Aquitaine, à lui jurer fidélité ; celui-ci se fait moine à l'île de Ré.
746 : Boniface, archevêque de Mayence.
748 : Tassilon, neveu de Pépin, duc de Bavière.
747 : Carloman abdique et se fait moine au Mont-Cassin. Pépin le Bref seul maire du palais.
749 : Fondation de l'abbaye de Gorze (près de Metz) par Chrodegang - Fulrad, abbé de Saint-Denis.
751 : Childéric III († 755) est renvoyé à l'abbaye de Saint-Bertin ; son fils Thierry est placé à Fontenelle - Pépin le Bref est élu roi des Francs à Soissons et reçoit ensuite l'onction (peut-être des mains de Boniface) - Prise de Ravenne par les Lombards.
752-759 : Campagnes de Pépin en Septimanie.
753 : Pépin organise la marche de Bretagne.
754 : Mort de Boniface en Frise - Rencontre de Pépin et du pape Etienne II à Ponthieu ; assemblée de Quierzy - Sacre de Pépin et de ses fils, Charles et Carloman, à Saint-Denis.
754-756 : Campagnes de Pépin en Lombardie. Mort d'Aistulf, roi des Lombards - Instauration du patrimoine de saint Pierre au bénéfice de la papauté (756).
755 : Concile de Ver sous la présidence de Chrodegang de Metz - Capitulaire de Vernon : réforme monétaire.
v. 756 : *Règle des chanoines* de Chrodegang - Institution de la dîme.

759 : Prise de Narbonne, reconquête de la Septimanie - Première campagne de Pépin en Aquitaine.
v. 763 : Compilation de la loi salique à Saint-Denis.
768 : Soumission de l'Aquitaine : mort du duc de Waïfre. Pépin promulgue le *Capitulaire aquitain*.

24 septembre 768 : Mort de Pépin le Bref à Saint-Denis. Partage du royaume entre ses fils Charles (Noyon) et Carloman (Soissons).

771 : Décès de Carloman. Charlemagne annexe ses domaines et devient seul roi des Francs.
772 : En Saxe, destruction du sanctuaire de l'Irminsul. La soumission définitive des Saxons n'intervient pas avant 803 - Hadrien Ier, pape.
774 : Charlemagne annnexe la Lombardie, se proclame « roi des Francs et des Lombards » et est couronné à Pavie. Les duchés de Spolète et de Bénévent demeurent indépendants.
775 : Achèvement de l'abbatiale de Saint-Denis.
778 : Soumission de la Bavière - Campagne de Charlemagne en Espagne : prise de Pampelune ; échec devant Saragosse ; embuscade de Roncevaux : mort de Roland, préfet de la marche de Bretagne.
779 : Charlemagne généralise la dîme dans le royaume franc.
v. 780 : Mise au point de l'écriture caroline à l'abbaye de Corbie - Réforme monétaire : renforcement de la livre (489,50 g) : le denier d'argent, seule monnaie réelle.
781 : Alcuin appelé à la cour de Charlemagne - L'Italie et l'Aquitaine deviennent des royaumes subordonnés confiés à deux des fils de Charlemagne : Pépin († 810), roi d'Italie, et Louis († 840), roi d'Aquitaine.
782 : Soulèvement de Widukind en Saxe ; « journée de Verden » : massacre de 4 500 Saxons - Fondation de l'abbaye d'Aniane.
785 : Soumission et baptême de Widukind à Attigny. Capitulaire saxon - Organisation de la Marche d'Espagne.
788 : En Bavière : répression de la révolte de Tassilon, allié aux Avars ; annexion du duché qui est placé sous les ordres d'un préfet militaire.
789 : *Admonitio generalis* - Expéditions contre les Slaves et les Bretons.
790 : Début de la construction du palais d'Aix-la-Chapelle - *Libri carolini* à propos de l'iconoclasme.
793 : Nouveau soulèvement des Saxons - Projet de percement d'un canal entre Rhin et Danube : les « fosses Carolines ».
794 : Concile de Francfort : condamnation de l'adoptianisme.
796 : Prise du *Ring* des Avars par Charlemagne : constitution d'une marche de l'Est - Alcuin, abbé de Saint-Martin de Tours.
797 : Second capitulaire saxon : annexion de la Saxe.
799 : Décès de Paul Diacre - Expédition de Guy, préfet de la marche de Bretagne, contre les Bretons - Premiers raids des Vikings.
800 (?) : Capitulaire *de Villis*.
25 décembre 800 : Charlemagne couronné empereur par le pape Léon III à Rome.
801 : Prise de Barcelone par Louis d'Aquitaine.
802 : Capitulaire « programmatique » de Charlemagne : réformes administratives.
803 : Paix de Salz : soumission de la Saxe.
804 : Décès d'Alcuin.
806 : A Thionville, projet de partage de l'Empire entre les trois fils de Charlemagne : Pépin, Charles et Louis *(divisio regnorum)*.
807 : Aix-la-Chapelle, résidence permanente de Charlemagne - Construction de la chapelle de Germigny-des-Prés par Théodulfe d'Orléans - Fondation de Hambourg.
808 : Campagne en Bohême.
809 : Concile d'Aix : *Filioque*.
811 : Nouvelle campagne contre les Bretons.
812 : Traité d'Aix-la-Chapelle : l'empereur d'Orient Michel Ier reconnaît à Charlemagne le titre impérial contre restitution de la Vénétie et de la Dalmatie.
813 : Louis le Pieux est associé à l'empire et couronné empereur à Aix-la-Chapelle - Conciles réformateurs (Arles, Chalon, Mayence, Reims, Tours).

28 janvier 814 : Décès de Charlemagne à Aix-la-Chapelle.

Le pape Léon III couronne Charlemagne empereur le 25 décembre 800 à Rome.
Bibliothèque municipale de Toulouse.

LA SUCCESSION DE CHARLEMAGNE : LE DÉMEMBREMENT DE L'EMPIRE CAROLINGIEN.

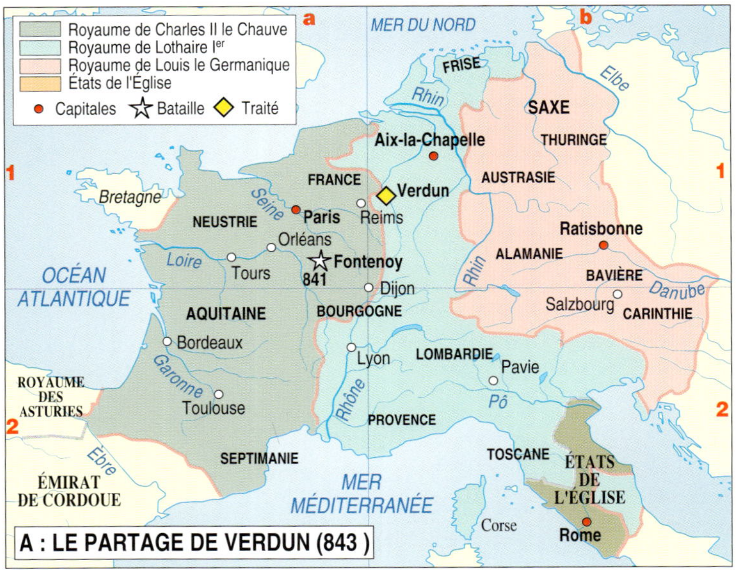

A : LE PARTAGE DE VERDUN (843)

28 janvier 814 : Mort de Charlemagne à Aix-la-Chapelle. Son fils, Louis (II) le Pieux, lui succède.

816 : Sacre royal de Louis le Pieux et de son épouse Ermengarde par le pape Etienne IV à Reims.

816-817 : Synodes monastiques d'Inden-Aix-la-Chapelle, animés par Benoît d'Aniane - Capitulaire monastique : promotion de la *Règle bénédictine* ; normalisation de la liturgie.

817 : *Ordinatio Imperii* : Lothaire, empereur ; Louis le Germanique, roi de Bavière ; Pépin, roi d'Aquitaine - Répression de la révolte de Bernard d'Italie.

818 : Expédition de Louis le Pieux en Bretagne - Rencontre de Priziac avec l'abbé de Landévennec Matmonoc : introduction de la *Règle bénédictine* en Bretagne.

819 : Veuf, Louis le Pieux se remarie avec la princesse bavaroise Judith - Rédaction de la *Vita Caroli* par Eginhard.

820 : Raid des Vikings contre l'abbaye de Noirmoutier.

v. 820 : Elaboration du plan de Saint-Gall.

822 : Synode d'Attigny : pénitence publique de l'empereur.

823 : Naissance de Charles, fils de Judith - Couronnement impérial de Lothaire à Rome.

825 : Concile de Paris - Capitulaire d'Olona.

829 : Assemblée de Worms. L'Alémanie est attribuée à Charles (le Chauve) - Grands conciles réformateurs (Mayence, Lyon, Toulouse, Paris).

830 : Expédition en Bretagne : Nominoë, *missus* de l'empereur - Soulèvement de l'aristocratie : déchéance de Louis le Pieux, remplacé par Lothaire.

831 : Assemblée de Nimègue : Louis est rétabli sur le trône. Nouveau projet de partage de l'Empire.

833 : Déposition de Louis le Pieux par ses fils au « Champ du Mensonge » (près de Colmar). Pénitence publique de Louis devant l'assemblée de Soissons.

834 : Guerre entre les fils de Louis : restauration de Louis le Pieux à Saint-Denis et nouveau sacre à Metz - Raids vikings en Frise.

838 : Mort de Pépin : Charles (le Chauve) récupère l'Aquitaine, puis est couronné à Quierzy.

838 : Raids sarrasins en Provence : Arles est pillée.

839 : Donation de Worms : partage de l'empire entre Lothaire et Charles (le Chauve) ; Louis le Germanique conserve la Bavière - Soulèvement de l'Aquitaine.

840 : Mort de Louis le Pieux à Mayence.

840-875 : Multiplication des raids vikings en Neustrie.

841 : Victoire de Louis le Germanique et de Charles le Chauve sur Lothaire à la bataille de Fontenoy-en-Puisaye.

842 : Serments de Strasbourg entre Louis le Germanique et Charles le Chauve contre Lothaire.

843 : Le partage de l'empire est entériné par le traité de Verdun. Trois royaumes : Lothaire, Francie médiane (future Lotharingie) ; Charles le Chauve, Francie occidentale ; Louis le Germanique, Francie orientale - Accord de Coulaines (près du Mans) entre Charles le Chauve et l'aristocratie au sujet des « honneurs ».

844 : Rencontre de Yütz : « confraternité » entre les trois « parties de l'empire » - En Aquitaine, révolte de Bernard de Septimanie soutenu par Pépin II qui bat les troupes de Charles le Chauve à Agout (près d'Angoulême).

845 : Sac de Rome par les Sarrasins - Pillage de Paris par les Normands - Hincmar, archevêque de Reims - Victoire du *missus* breton Nominoë sur Charles le Chauve à Ballon (près de Redon).

847 : Rencontre de Meersen entre les trois Carolingiens.

848 : Charles le Chauve, élu roi d'Aquitaine, est sacré à Orléans.

v. 850 : Rédaction des « Fausses Décrétales ».

851 : Seconde rencontre de Meersen. – Mort de Nominoë à Vendôme. Son fils, Erispoë, bat Charles le Chauve à Jengland-Beslé : la Bretagne devient un royaume subordonné.

854 : Charles le Chauve et Lothaire s'unissent contre Louis le Germanique.

855 : Mort de Lothaire à Prüm. Division de ses domaines entre ses trois fils : Lothaire II obtient la Lotharingie ; Charles II obtient la Bourgogne et la Provence ; Louis II, empereur, obtient l'Italie - Charles l'Enfant, second fils de Charles le Chauve, roi d'Aquitaine.

857-858 : Les grands, dirigés par Robert le Fort, marquis de Neustrie, et l'archevêque Wenilon de Sens (Ganelon) font appel à Louis le Germanique contre Charles le Chauve. L'épiscopat, sous l'influence d'Hincmar de Reims, contraint Louis à se retirer.

860 : Rencontre de Coblence : réconciliation entre Charles le Chauve et Louis le Germanique - Jean Scot Erigène à la cour de Charles le Chauve.

862 : Enlèvement de Judith, fille de Charles le Chauve, par Baudouin (Bras-de-Fer) à qui est confiée la défense de la Flandre.

863 : Traité d'Angers entre Salomon, roi des Bretons et Charles le Chauve - Mort de Charles II de Provence.

864 : Edit de Pîtres : mise en place d'une dizaine d'ateliers monétaires.

866 : Mort de Robert le Fort à Brissarthe (près d'Angers) devant les Vikings - Jean Scot Erigène rédige le *Periphyseon*.

869 : A la mort de Lothaire II, Charles le Chauve se fait sacrer roi de Lotharingie à Metz.

870 : Partage de Meerssen entre Charles le Chauve et Louis le Germanique.

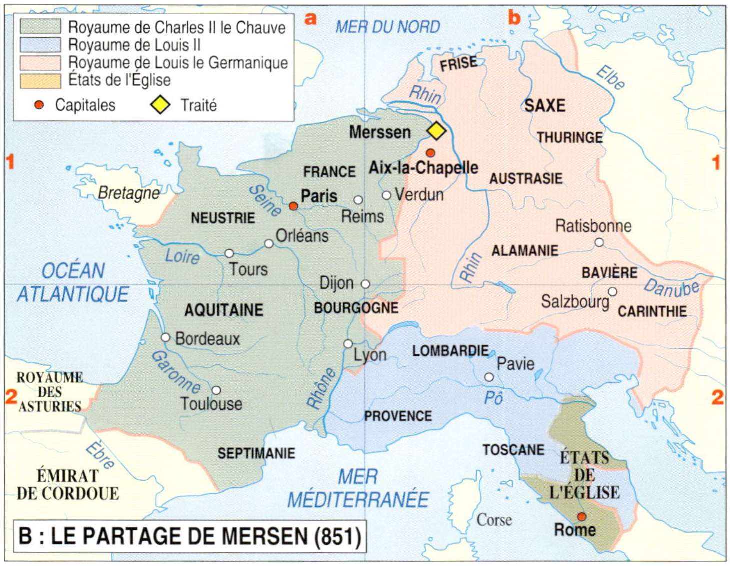

875 : En Italie, mort de l'empereur Louis II : Charles le Chauve est couronné empereur par le pape Jean VIII.

876 : A la mort de Louis le Germanique, son royaume est partagé entre ses trois fils : Carloman, Charles le Gros et Louis le Jeune.

877 : Capitulaire de Quierzy : hérédité des « honneurs », amorce des principautés territoriales - Mort de Charles le Chauve, en Maurienne, au retour d'une campagne contre les Sarrasins en Italie : son fils, Louis le Bègue, lui succède.

879 : Mort de Louis le Bègue : ses deux fils, Louis III et Carloman, sont sacrés rois de Francie occidentale - Boson, élu roi de Bourgogne par les grands à Mantaille (près de Vienne).

881 : Charles III le Gros, roi de Germanie, est couronné empereur d'Occident - Victoire de Louis III sur les Normands à Saucourt-en-Vimeu.

882 : Mort de Louis III. Décès d'Hincmar de Reims qui vient de dédier au jeune roi Carloman son traité *De Ordine Palatii*.

884 : Mort de Carloman. Eviction de Charles (le Simple), fils posthume de Louis le Bègue - Capitulaire de Ver : dernier texte législatif carolingien.

885 : Assemblée de Ponthion : les grands proclament l'empereur Charles le Gros roi de Francie occidentale.

885-886 : Les Normands assiègent Paris. Le comte Eudes, fils de Robert le Fort, se distingue dans la défense de la ville. Charles le Gros achète, selon l'usage, la levée du siège de Paris par les Normands qui vont piller la Bourgogne.

887 : Déposition de l'empereur Charles le Gros - Arnulf, roi de Germanie.

888 : A la mort de Charles le Gros, Eudes, marquis de Neustrie, est élu roi des Francs et sacré à Compiègne.

Louis le Pieux nommé roi d'Aquitaine par son père, Charlemagne.
Bibliothèque municipale de Toulouse.

LES CAROLINGIENS : TABLEAU GÉNÉALOGIQUE

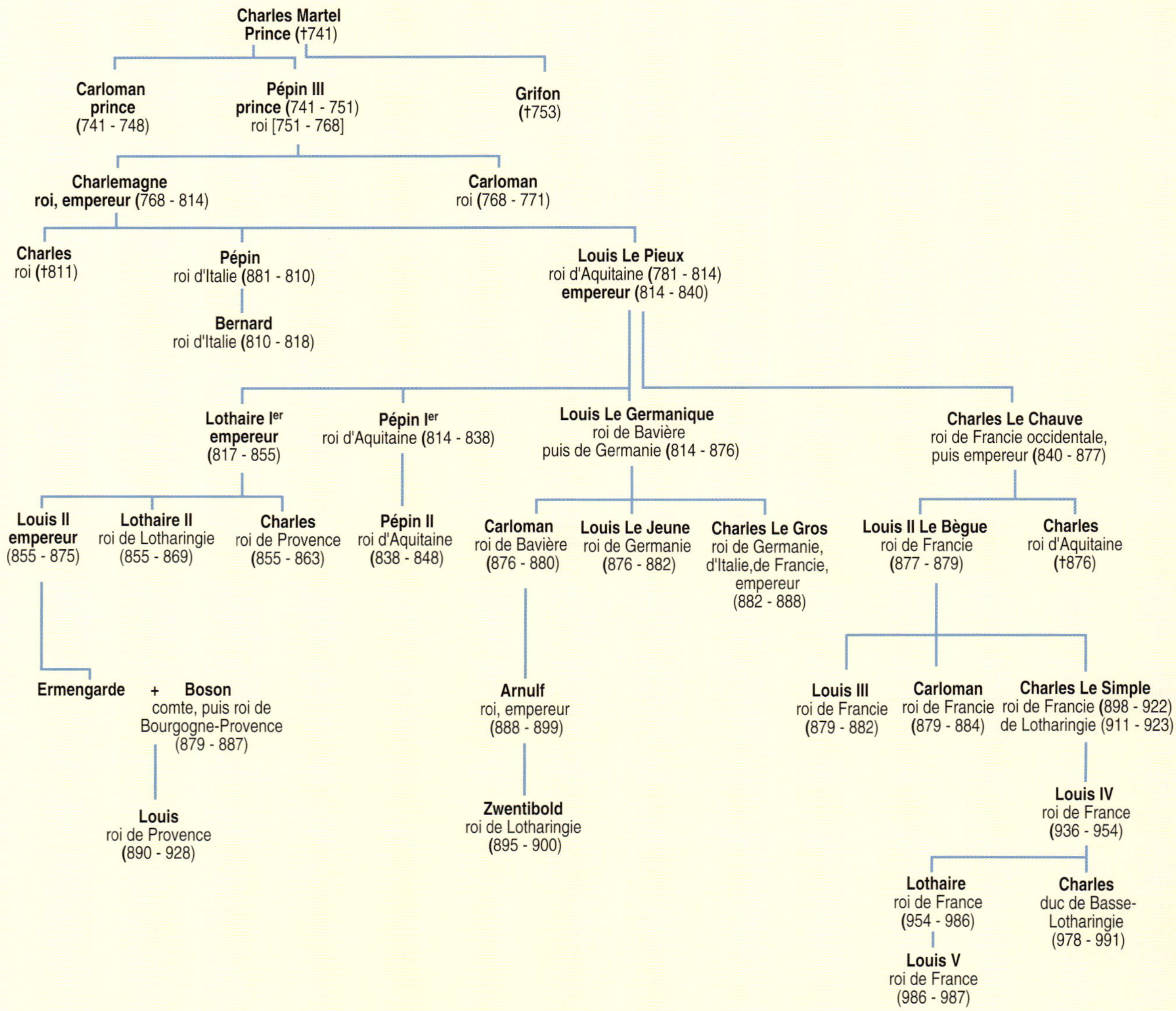

LES CAROLINGIENS, « UNE FAMILLE QUI FIT L'EUROPE » (PIERRE RICHÉ)

La famille des Pippinides, dont sont issus les maires du palais des Mérovingiens, tire sa puissance de son immense richesse foncière et de son réseau d'alliances aristocratiques. Parvenu à la royauté, Pépin III le Bref légitime son « coup d'Etat » par le sacre. Il pose les fondements de la politique reprise par son fils Charlemagne qui a laissé son nom à la dynastie carolingienne. L'alliance avec l'Eglise romaine et la « dilatation du royaume » à l'échelle de la Chrétienté trouvent leur couronnement dans l'octroi du titre impérial. L'unité de l'Empire survit à Charlemagne grâce au hasard biologique qui fait de Louis le Pieux son seul successeur. Par la suite, quand l'Empire se disloque puis disparaît, les membres de la famille carolingienne se retrouvent, par le jeu des stratégies matrimoniales et des partages successoraux, à la tête de la plupart des royaumes et principautés d'Occident.

CHARLEMAGNE

La stature (1,92 m) de Charlemagne impressionne les contemporains, mais sa longévité aussi (près de soixante-dix ans) est exceptionnelle pour l'époque. Il a reçu l'éducation physique et guerrière des aristocrates francs. Il porte le costume traditionnel des Francs et ne s'habille à la romaine que dans les grandes occasions.

Ses mœurs matrimoniales restent celles de ses prédécesseurs : il a successivement cinq épouses légitimes et plusieurs concubines officielles. S'il a horreur de l'ivresse, il fait montre d'un bel appétit, tout en détestant traîner à table.

Pendant les repas, entouré des lettrés qu'il a attirés à ses côtés de toute l'Europe, Charlemagne aime, entre autres, se faire lire la *Cité de Dieu* d'Augustin. Sous l'influence d'Alcuin (v. 730-804), cet ouvrage devient son programme politique. C'est pourquoi ses conseillers préparent avec le pape Léon III (qui a besoin de l'appui des Francs) le couronnement impérial du 25 décembre 800 à Saint-Pierre de Rome. Toute la législation impériale (capitulaires) tend à établir l'unité religieuse et à faire régner partout la « paix caroline ».

A l'instar des empereurs romains, Charlemagne s'entoure d'hommes de confiance. Les bureaux de la cour transmettent ses ordres dans tout l'Empire. Il fait inspecter les comtes par des représentants personnels, les *missi dominici*.

L'efficacité de ce système administratif suppose donc la réorganisation de l'enseignement qui ne porte d'ailleurs ses fruits qu'à moyen terme. Charlemagne veut refaire de l'écrit un instrument de gouvernement ; d'où la mise au point de l'écriture caroline (v. 780).

La scène supérieure de l'enluminure représente Charlemagne recevant Ganelon, et celle du bas, Roland combattant à Roncevaux.

Bibliothèque municipale de Toulouse.

Afin de créer des liens personnels entre le souverain et l'aristocratie, Charlemagne utilise à son profit le contrat vassalique (privé à l'origine) apparu au VIIIe siècle.

Exemple d'écriture caroline conservée à la Bibliothèque d'Amiens Métropole.

© CNRS. IRHT.

Charlemagne s'assure la fidélité de ses vassaux ; les princes ont les leurs ; évêques et abbés s'engagent dans la vassalité.

En 806, conformément à la coutume franque, Charlemagne prévoit le partage de son empire entre ses fils légitimes. Il n'envisage pas de transmettre son titre impérial. Mais, à la fin de son règne, le seul survivant légitime est Louis, roi d'Aquitaine, qui est associé à l'empire en 813, à Aix-la-Chapelle.

AIX-LA-CHAPELLE, CAPITALE IMPÉRIALE

Comme ses prédécesseurs, à la fois pour des motifs politiques et par nécessité économique, durant la majeure partie de son règne, Charlemagne s'est déplacé d'une résidence royale à l'autre.

Toutefois, vers 794, il entreprend de se doter d'une capitale prestigieuse, rivale de Rome et de Byzance, préfiguration de la « Cité de Dieu ».

Les travaux de construction du palais et de la chapelle d'Aix durent une dizaine d'années.

Le site retenu est celui d'un ancien centre balnéaire romain (alimenté par une source à 55°) qui avait été réaménagé dès le règne de Pépin le Bref.

Dans un carré d'une vingtaine d'hectares, rappelant le plan des camps romains, plusieurs groupes de bâtiments viennent s'articuler sur l'ensemble thermal antique.

Au nord-est, la salle de réception *(aula)* accueille les assemblées des grands et les ambassades étrangères.

A l'est, se trouvent probablement les appartements particuliers du roi et de sa famille *(camera)*.

Au sud, s'élèvent les lieux de culte, disposés en forme de croix latine, dont la célèbre chapelle octogonale construite par l'architecte Eudes de Metz.

L'ensemble est cerné par une enceinte à quatre portes à l'extérieur de laquelle sont installés le marché, les habitations des marchands et les résidences des dignitaires de la cour.

Au-delà, se trouvent le cimetière et le parc à gibier (« breuil »).

C'est là qu'est placé, entre autres, l'éléphant offert à Charlemagne par le calife de Bagdad !

En effet, le rayonnement de la capitale impériale outrepasse largement les frontières de l'espace franc.

LA SECONDE VAGUE D'INVASION : IXe SIECLE - Xe SIECLE.

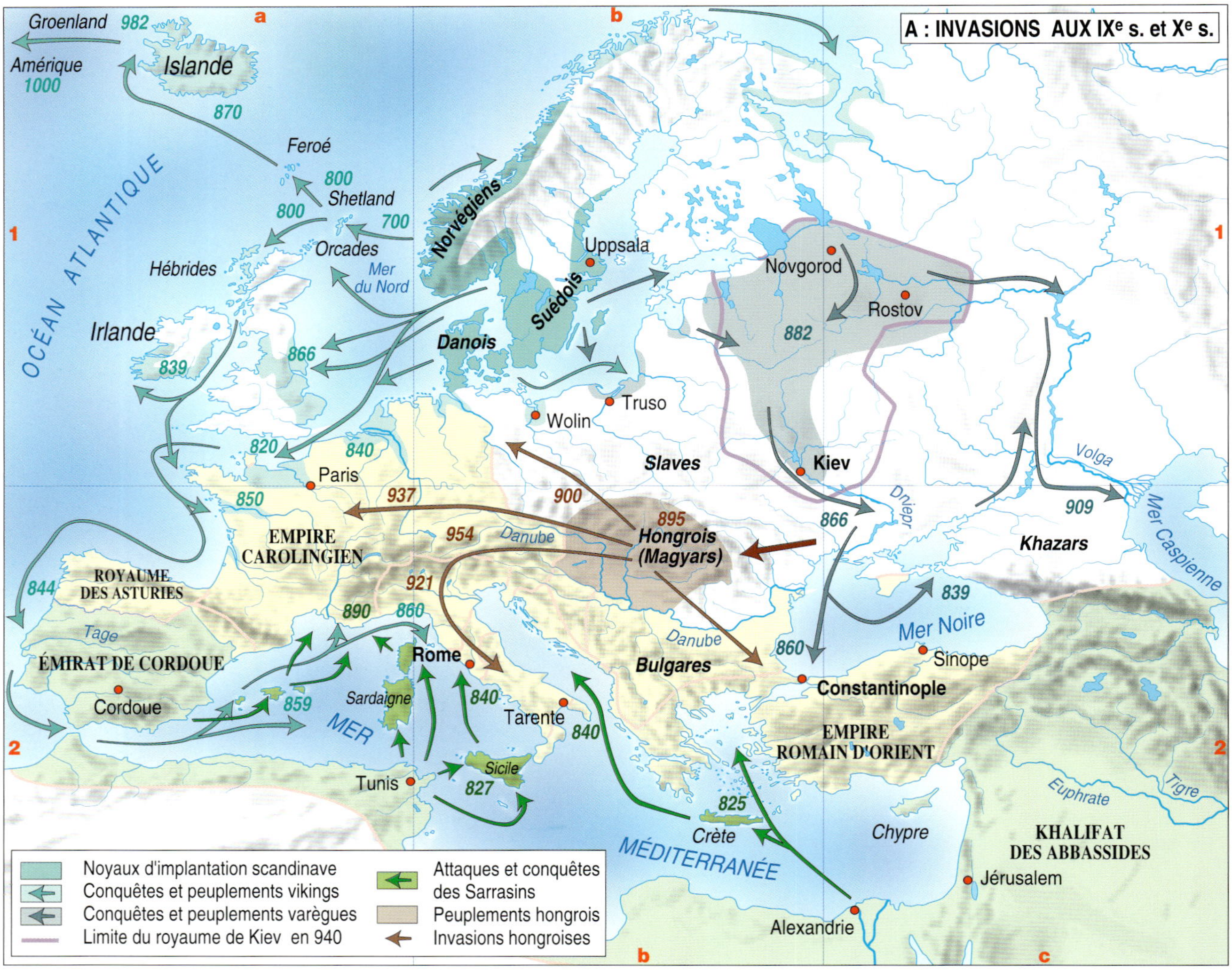

La « seconde vague d'invasion » que connaît l'Europe au cours des IXe-Xe siècles, à partir de la Scandinavie (Normands : « hommes du Nord ») et du bassin du Danube (Magyars), se traduit par des incursions meurtrières et des expéditions de pillage qui constituent un facteur d'instabilité politique. A terme, elle a toutefois pour conséquence la conversion de ces peuples au christianisme et l'intégration de nouveaux Etats à la Chrétienté. Simultanément, à partir d'Espagne ou d'Afrique du Nord, les pirates Sarrasins mettent en coupe les régions méditerranéennes de l'Europe : leur implantation en Sicile et en Italie du Sud vise moins à étendre l'Islam qu'à accroître l'efficacité des raids grâce à de nouvelles bases de départ.

av. 700 : Les Norvégiens s'implantent dans les archipels des Orcades et des Hébrides au nord de l'Ecosse - Début de l'expansion vers l'est des Suédois (Varègues).

793-795 : Raids vikings contre les établissements monastiques du nord de la Grande-Bretagne.

795 : Premiers raids vikings en Irlande.

799 : Premières incursions des Vikings en Gaule.

804 : Premiers contacts terrestres entre Danois et Francs.

806 : Premier raid sarrasin en Corse.

808 : Premiers raids sarrasins en Italie.

810 : Premier raid danois sur le littoral de la Frise.

811 : Victoire du khan des Bulgares Krum sur l'empereur byzantin Nicéphore Ier qui est tué à Virbitza.

813 : L'empereur Léon l'Arménien, successeur de Nicéphore Ier, expulse les Bulgares de Thrace.

820 : Attaque de l'abbaye de Noirmoutier par les Normands.

826 : Harold de Danemark à Inghelheim. Mission d'Anschaire au Danemark - Implantation normande en Frise.

827 : Invasion des Sarrasins en Sicile et en Crète.

v. 838 : Premier raid sarrasin en Gaule - Première ambassade varègue à Byzance.

840 : Prise de Tarente par les Sarrasins.

840-841 : Les Norvégiens s'implantent à Dublin.

843 : Sac de Nantes par les Normands.
844 : Raids normands en Espagne : sac de Séville.
845 : Sac de Paris par les Normands - Sac de Hambourg.
846 : Sac de Rome par les Sarrasins.
850-851 : Etablissement des Normands à l'embouchure de la Seine et de la Loire.
856-860 : Les Varègues (Suédois) sur la route de Byzance.
859 : Raid normand en Italie.
v. 860 : Découverte et occupation de l'Islande par les Vikings norvégiens - Invasion des Petchenègues dans la plaine du Danube d'où ils chassent les Khazars qui avaient eux-mêmes remplacé les Avars.
862 : Mission de Cyrille et Méthode en Moravie - Sous la pression des Petchenègues, les Hongrois (Magyars) menacent la Germanie.
864 : Baptême du khan bulgare Boris.
866 : Invasion normande en Angleterre : conquête de la Northumbrie, de l'East-Anglie (870) et de la Mercie (874).
870 : Prise de Malte sur les Byzantins par les musulmans.
871 : Reprise de Bari par les Byzantins.
875 : Fondation de Reykjavik par les Vikings.
878 : Prise de Syracuse par les musulmans.
v. 880 : Premier raid varègue en Perse.
880 : Reprise de Tarente par les Byzantins.
881 : Victoire de Louis III sur les Normands à Saucourt-en-Vimeu.
882 : Oleg le Sage réunit les établissements varègues du Nord (Novgorod) et du Sud (Kiev) : fondation du royaume de Kiev.
883 : Sac du Mont-Cassin par les Sarrasins.
885-886 : Siège de Paris par les Normands.
889 : Les Hongrois (Magyars) chassés d'Ukraine par les Petchenègues.
890 : Incursion des Sarrasins sur les côtes de Provence.
v. 902 : Occupation des Baléares par les Sarrasins.
894 : A la tête des Bulgares, Siméon (893-927) reprend la guerre contre les Byzantins.
895 : Les Hongrois atteignent la Pannonie.
896 : Installation des Vikings à l'embouchure de la Seine.
899 : Les Hongrois en Italie.
900 : Raid hongrois en Bavière.
904 : Les Bulgares occupent l'Albanie et la Macédoine.
910 : Défaite de l'armée byzantine devant les Hongrois.
911 : Traité de Saint-Clair-sur-Epte - Traité entre Byzance et les Russes.
913 : Siméon couronné *basileus* des Bulgares.
913 - 917 : Raids hongrois en Lorraine.
914 : Siméon de Bulgarie menace Constantinople - Prise d'Andrinople.
916 : Les Sarrasins sont chassés du Garigliano.
917 : L'armée byzantine est écrasée par Siméon de Bulgarie à Achéloos, puis Katasyrtai.
919 : Les Vikings en Bretagne.
921-926 : Les Hongrois ravagent l'Italie du Nord.
924 : Siège de Constantinople par les Bulgares - Raid hongrois en Languedoc.
924 : Les Hongrois dévastent la Provence et la vallée du Rhône.
932 : Raid sarrasin contre Gênes.
933 : Victoire de Henri Ier l'Oiseleur sur les Hongrois à Mersebourg.
937 : Raids hongrois en France, Italie et Allemagne.
948 : Restauration du Mont-Cassin.
950-986 : Règne d'Harald Blatand (« Dent bleue ») : unification du Danemark et domination de la Norvège.

Charlemagne massacrant les Sarrasins.
Bibliothèque nationale de France, fr. 2813, f° 114 v°

954 : Raids hongrois en France et en Allemagne - Reprise définitive d'York par les Anglais.
955 : Otton le Grand, roi de Germanie, écrase les Hongrois à la bataille du Lechfeld et repousse les Slaves sur la Recknitz.
957 : Baptême d'Olga, princesse régente de Kiev, à Constantinople.
961 : Conquête de la Crète par Nicéphore Phocas.
966 : Baptême du prince Miezko de Pologne - Baptême du roi de Danemark Harald Blatand.
967 : Reprise de la guerre entre Byzance et les Bulgares.
980 : Attaques des Danois en Grande-Bretagne.
982 : Découverte du Groenland par le Viking Eric le Rouge - Défaite et mort d'Otton II au cap Colonne.
983-986 : Sous la direction du *basileus* Samuel (977-1014), les Bulgares conquièrent la Thessalie, une partie de la Grèce puis l'Albanie.
985 : Baptême de Vajk (Etienne) de Hongrie.
989 : Baptême de Vladimir, grand prince de Kiev.
991 : Invasion danoise en Angleterre.
1000 : Svend, roi de Danemark, réunifie son royaume - Les Vikings atteignent l'Amérique du Nord (« Vinland » = Terre-Neuve ?).
1001 : Sacre d'Etienne, roi de Hongrie, par le pape Sylvestre II.
1003 : Raid sarrasin contre Lérins.
1014 : Après des années de lutte, l'empereur Basile II écrase l'armée bulgare de Samuel à Cimbagoulou.
1018 : Annexion de la Bulgarie à l'Empire byzantin.

LES INVASIONS EN GAULE : IXe SIECLE - Xe SIECLE.

799 : Premières incursions des Vikings en Gaule.
810 : Premier raid danois sur le littoral de la Frise.
820 : Attaque des Vikings contre l'abbaye Saint-Philibert de Noirmoutier : les moines se replient à Déas (Saint-Philbert de Grand-Lieu).
836 : Les moines de Déas fuient devant les Normands en emportant les reliques de saint Philibert.
v. 838 : Premiers raids sarrasins en Gaule.
841 : Raid normand contre Rouen.
842 : Attaque normande contre Quentovic - Raids sarrasins contre Arles, Marseille et Bénévent.
843 : Sac de Nantes par les Normands.
844 : Les Normands devant Toulouse.
845 : Siège et pillage de Paris par les Normands.
848 : Raid normand contre Bordeaux.
853 : Incendie de Saint-Martin de Tours par les Vikings.
850-851 : Etablissement des Normands à l'embouchure de la Seine et de la Loire.
862 : Charles le Chauve confie à Baudouin de Flandre un commandement contre les Normands.
866 : Mort de Robert le Fort à Brissarthe (près d'Angers) devant les Vikings.
875 : Les moines de Noirmoutier finissent par s'installer à Tournus.
881 : Victoire de Louis III à Saucourt-en-Vimeu sur les Normands.
885-886 : Siège de Paris par les Normands : Charles le Gros achète leur départ.
v. 890 : Ravages des Normands en Picardie - Les Sarrasins sur les côtes de Provence : fondation de la base de *Fraxinetum* (La Garde-Freinet).

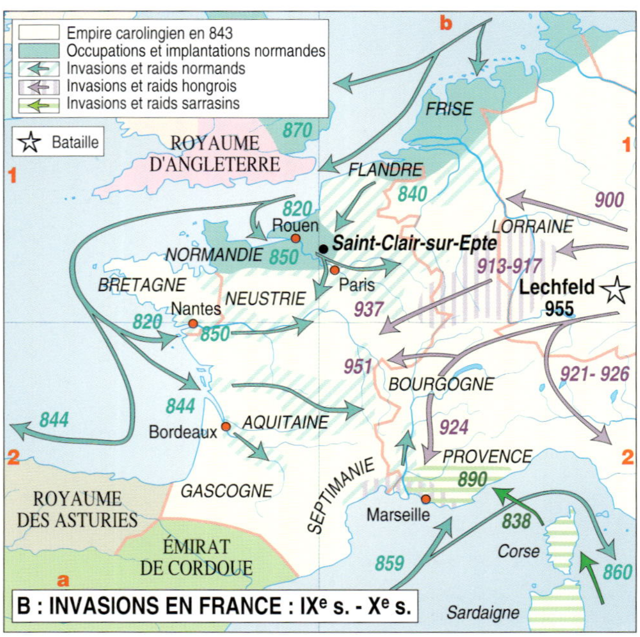

B : INVASIONS EN FRANCE : IXe s. - Xe s.

891 : Défaite d'Eudes devant les Normands en Vermandois.
896 : Installation des Normands à l'embouchure de la Seine.
898 : Incursions scandinaves en Bourgogne - Victoire de Richard d'Autun sur les Normands à Argenteuil-sur-Armençon.
900 : Raid hongrois en Bavière.
911 : Raid hongrois en Bourgogne - Traité de Saint-Clair-sur-Epte : le chef normand Rollon reçoit de Charles le Simple les comtés de Rouen, Evreux et Lisieux.
912 : Baptême de Rollon.
913-917 : Raids hongrois en Lorraine.
916 : En Italie, les Sarrasins sont chassé du Garigliano.
919-920 : Attaques normandes en Bretagne.
921 : Robert le Fort concède aux Normands de la Loire le comté de Nantes et la Bretagne.
921 - 926 : Les Hongrois ravagent l'Italie du Nord.
924 : Les Hongrois dévastent la Provence et la vallée du Rhône - Rollon reçoit le Maine et Bayeux.
926 : A Fauquembergue (près de Saint-Omer), Herbert de Vermandois sauve la vie du roi Raoul de Bourgogne face aux Normands.
v. 930 : Raid hongrois en Bourgogne - Les Normands de la Loire vaincus devant Limoges par le roi Raoul de Bourgogne.
931 : Soulèvement avorté des Bretons contre les Normands : exil d'Alain Barbetorte en Angleterre.
932 : A la mort de Rollon, son fils Guillaume Longue-Epée lui succède.
933 : Guillaume Longue-Epée reçoit Avranches et le Cotentin de Raoul dont il reconnaît l'autorité.
936 : Retour d'Alain Barbetorte en Bretagne.
937 : Prise de Nantes par Alain Barbetorte.
939 : Victoire d'Alain Barbetorte à Trans sur les Normands.
942 : Assassinat de Guillaume Longue-Epée à l'instigation du comte Arnoul de Flandres.
943-945 : Les Francs réoccupent Rouen.
945 : Louis IV d'Outremer, prisonnier des Normands, est libéré par Hugues le Grand et confié à la garde de Thibaud de Blois.
946 : Libération de Louis IV.
947 : Incursions des Hongrois en France, Italie et Allemagne.
972-973 : Les Sarrasins sont chassés de La Garde-Freinet par le comte Guillaume de Provence.
996-1026 : Richard II, duc de Normandie.
1003 : Raid sarrasin contre Lérins.
av. 700 : Les Norvégiens s'implantent dans les archipels des Orcades et des Hébrides au nord de l'Ecosse.
793-795 : Raids vikings contre les monastères de Lindisfarne, Jarrow et Iona en Grande-Bretagne.
795 : Premiers raids vikings en Irlande.
807 : Devant les incursions des Vikings, la plupart des moines de Iona se replient à Kells, en Irlande.
832 : Raid viking contre Armagh, en Irlande.

839 : En Grande-Bretagne, défaite des Pictes et des Scots devant les Vikings.
840-841 : En Irlande, les Vikings installent des « *longphorts* » (bases navales) à Dublin et à Linns.
v. 860 : Les Vikings atteignent l'Islande.
865 : Premiers *danegelds* (tributs) levés par les Vikings en Angleterre.
865 : Débarquement danois en Angleterre.
866-867 : Prise d'York et conquête de la Northumbrie par les Vikings.
870 : Bataille de Thetford : conquête de l'East-Anglie par les Vikings.
871-900 : Alfred le Grand, roi de Wessex.
871 : Les Danois attaquent le Wessex.
874 : Conquête de la Mercie par les Vikings.
876 : Fondation du royaume d'York (*Danelaw*) par les Vikings.
878 : Bataille d'Edington (*Ethandun*) remportée par Alfred le Grand, roi de Wessex, sur les Danois.
902 : Destruction du premier établissement scandinave à Dublin.
910-920 : Edouard l'Ancien, successeur d'Alfred le Grand (900-925), et Athelred reconquièrent la plus grande partie du Danelaw.
911 : Traité de Saint-Clair-sur-Epte : fondation de la Normandie.
915 : En Irlande, reprise des raids vikings contre le Munster.
917 : Restauration du royaume viking de Dublin par le chef normand Sitric.
936 : En Irlande, attaque et incendie de Dublin par Donnchad, roi de Tara.
937 : En Angleterre, bataille de Brunenburth remportée par Athelstan (925-940), successeur d'Edouard, sur les Vikings alliés aux Scots et aux Bretons du Strathclyde.
954 : Reprise définitive d'York par les Anglais.
973 : Couronnement et sacre à Cantorbéry d'Edgar le Pacifique (959-975).
980 : Reprise des attaques des Vikings en Grande-Bretagne et en Irlande.
991 : En Angleterre, défaite d'Aethelred le Malavisé à Maldon devant les Danois à qui il doit payer le *danegeld*.
1013 : Invasion normande en Angleterre dirigée par le roi danois Svend.
1014 : Svend, reconnu roi du Danelaw, s'empare de Londres. A sa mort, son fils Knut le Grand est choisi pour roi par les troupes danoises en Angleterre et épouse la veuve d'Aethelred - En Irlande, bataille de Clontarf entre Brian Boru, allié aux Normands de Limerick et le roi de Leinster, allié aux Normands de Dublin.
1016 : Bataille d'Ashingdon remportée par Knut le Grand sur Edmond, successeur d'Aethelred.
1019 : A la mort de son frère Harald, Knut le Grand devient roi de Danemark.
1030 : Knut le Grand, maître de la Norvège.
1035 : Mort de Knut le Grand : dislocation de son empire.
1042 : En Angleterre, avènement d'Edouard le Confesseur.
1051-1052 : Conflit entre le roi Edouard le Confesseur et le comte Godwin de Wessex.
1064-1065 : Séjour en Normandie du comte Harold, fils de Godwin.
1066 : Mort d'Edouard le Confesseur : Harold monte sur le trône - Victoire d'Harold à Stanford Bridge sur le roi de Norvège Harald le Sévère - Bataille d'Hastings : conquête de l'Angleterre par Guillaume de Normandie.

Arbre généalogique de Richard Cœur de Lion.
Bibliothèque municipale de Toulouse.

L'EXTRÊME-ORIENT (IXe-Xe SIÈCLE).

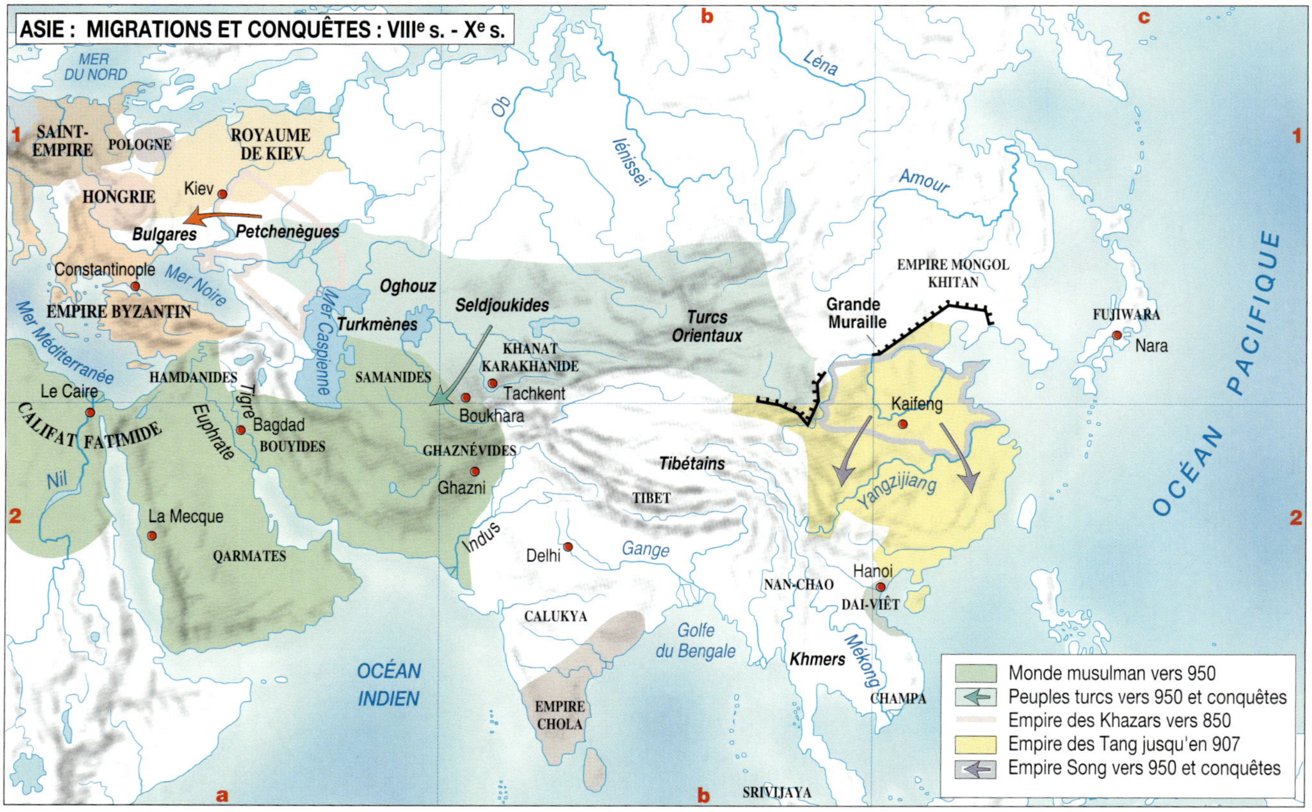

Le monde indien et l'espace chinois dominent l'Asie orientale. Tandis que l'Islam progresse au Turkestan et en Inde du Nord, les migrations vers l'Extrême-Orient de populations nomades d'Asie centrale aboutissent à la création d'Etats plus ou moins sinisés. Simultanément en Asie du Sud-Est, des pays s'efforcent de s'émanciper de la tutelle chinoise tandis que, sous l'influence indienne, s'épanouissent thalassocraties et empires agricoles. Au Japon, qui interrompt ses relations diplomatiques avec la Chine au cours du IXe siècle, le clan Fujiwara accapare le pouvoir jusqu'au milieu du XIe siècle.

vers 800 : A Java, édification du temple de Boroboudour par la dynastie des Sailendra.
802-850 : Règne du *devaraja* (roi-dieu) Jayavarnam II, considéré comme le fondateur du royaume khmer du Cambodge.
821 : Traité sino-tibétain (ratifié à Lhassa en 822).
835 : Invasion de la Birmanie par le royaume de Nan-Chao.
840 : En Mongolie, fin de l'empire des Oïgours refoulés par les Turcs kirghiz.
A partir de 848 : Les Oïgours occupent le Sin-kiang.
849 : Fondation du royaume de Pagan en Birmanie.
854 : En Inde du Nord, fondation à Mansura dans le Sind de la dynastie hibbaride, relevant nominalement du califat abbasside.
860 : Conquête du Turkestan par les Oïgours et les Turcs - Les Petchenègues envahissent l'empire des Khazars (peuple turc converti au judaïsme).
860-870 : A partir du Yunan, extension du royaume de Nan-Chao.
874 : En Perse, fondation de la dynastie des Samanides.
874-884 : En Chine, rébellion itinérante de Houang Tch'ao, qui saccage Canton (878) et occupe temporairement (881) la capitale Tch'ang ngan.
875 : Fondation du royaume samanide en Sogdiane.
877 : Réunification du Chenla (sud de la péninsule indochinoise) par le roi khmer Indravarman Ier (877-889).
878 : Fin de la dynastie tibétaine.
889-900 : Edification de Phnom Bakheng, première capitale royale d'Angkor, par Yasovarman Ier.
v. 920 : Conversion des Bulgares de la Volga à l'islam.
935-936 : Annexion du royaume de Silla par Koryo ; unification de la Corée.
907 : En Chine, Tchou Wen (Tchou Tsi'uan-tchong) détrône le dernier empereur T'ang, et fonde la dynastie Heou Leang (Leang « postérieurs »). En Chine du Nord, début de la période dite des « cinq dynasties » ; la Chine du Sud est morcelée en dix « royaumes ».
924 : Fin de l'Empire kirghiz de Mongolie - Fondation du royaume oïgour de Kan-tchéou.
937 : En Chine du Nord, la dynastie Heou Tsin (Tsin « postérieurs ») transfère sa capitale à K'ai-fong.
939 : Emancipation du Tonkin vis-à-vis des Han du Sud établis à Canton : avènement de la dynastie Ngô (939-967).
944-968 : Règne de Rajendravarman à Angkor : construction du Banteay Srei.
945 : Expédition de Rajendravarman contre le Champa.
947 : Attaque de K'ai-fong par les Mongols khitat. Ils se replient vers le nord et fondent la dynastie des Leao (capitale Yen-king : Pékin).

Le nom des Mongols khitat, fondateurs de l'Empire khitan, est à l'origine de celui de « Cathay » par lequel Marco Polo et les Occidentaux du Moyen Age désignent la Chine.

958-1005 : A Lhassa, Rin chan bzon-po.
960 : En Chine, le général Tchao Kouang-yin (Tai-tsou) fonde la dynastie des Song à K'ai-fong.
962 : En Inde du Nord, fondation de la dynastie des Ghaznévides.
967 : Avènement de la dynastie Dinh au Tonkin.
975 : Prise de Nankin par les Song.
980-981 : Au Tonkin, Lê Hoan fonde la dynastie Lê « antérieure ».
985-1014 : En Inde du Sud, règne du roi chola Rajaraja qui, à partir du pays tamoul, étend son pouvoir sur la côte de Coromandel, envahit Ceylan et annexe les Maldives.
985 : Les Turcs seldjoukides s'installent dans la région de Boukhara - En Inde du Nord, les Ismaéliens se réclamant du califat fatimide d'Egypte, après s'être emparés de Multan (977) dans le Sind, évincent les Hibbarides.
988 : En Inde du Nord, avènement de Mahmoud de Ghazna qui, au nom du calife abbasside, mène des expéditions répétées contre les Ismaéliens de Multan.
986 : En Chine, victoire des Khitat sur les Song.
999 : Chute des Samanides devant les Karakhanides qui conquièrent la Sogdiane.
1004 : En Chine, traité de Shanyuan entre les Khitat et les Song qui versent tribut.
1010 : En Inde du Nord, fondation de la dynastie ismaélienne des Sumras qui dirige le Sind jusqu'au milieu du XIVe siècle - Au Tonkin, avènement de la dynastie des Ly : Ly Cong Van (1009-1028) transfère la capitale de Hoa-Lu à Thang-Long (Hanoi) et fonde le *Dai Viet* (« Grand Viet »).
1026 : Mahmoud de Ghazna remporte la victoire de Somnâth dans le Kathiawar.
1028-1054 : Règne de Ly Phat Ma sur le Dai Viet.
1037 : Mort de Mahmoud de Ghazna : les Ghaznévides dominent le Pendjab durant près d'un siècle et demi.
1038 : En Chine, fondation du royaume de Si Hia par les Tanguts auxquels les Song versent tribut.
1040 : Victoire de Dandanakan remportée par les Sedjoukides sur les Ghaznévides.
1042 : Au *Dai Viet*, Ly Phat Ma promulgue le *Minh-Dao* (Code législatif).
1044 : Expédition maritime victorieuse du Dai Viet contre le Champa.
1057 : Anawrahta (1044-1077), roi de Pagan, annexe le royaume mon de Thaton.

JAPON : ERE HEIAN : L'ASCENSION DES FUJIWARA

794 : La capitale est transférée de Nara à Heian (Kyoto).
801 : Campagne contre les Aïnu du nord de Honshu.
806 : De retour d'un voyage en Chine, le bonze Kukai fonde la secte bouddhiste du Tendai.
838 : Dernière ambassade auprès de la Chine des Tang. Le Japon se replie sur lui-même.
834 : Soulèvement des Aïnu.
857 : Avènement des Fujiwara - Fujiwara Yoshifusa (804-872) devient grand chancelier.
866 : Fujiwara Yoshifusa, premier *sesshô* (« régent d'un empereur mineur ») étranger à la famille impériale.
887 : Fujiwara Mototsune, *kampaku* (« grand rapporteur » ; « chancelier »).
889 : Taïra Takamochi, descendant de l'empereur Kammu (782-805) fonde le clan Taïra.
941 : Exécution de Fujiwara Sumitomo pour piraterie dans la Mer intérieure.
961 : Minamoto Tsunemoto, petit-fils de l'empereur Seiwa (858-876), fonde le clan Minamoto.
995-1027 : Suprématie de Fujiwara Michinaga.

Vue actuelle du temple de Boroboudour édifié vers 800 à Java. Ph. © Unesco.

UNE THALASSOCRATIE MALAISE : SHRIVIJAYA

On désigne sous ce nom une succession d'empires commerciaux qui ont contrôlé, du VIIe au XIVe siècle, à partir de Sumatra, les routes maritimes empruntant les détroits de Malakka et de la Sonde. Plus qu'un Etat structuré, il devait s'agir d'une communauté d'intérêts centrée sur la cité de Palembang et qui rayonnait non seulement sur l'île de Sumatra, mais aussi, à certaines périodes, sur la plus grande partie de l'île de Java, les côtes de la péninsule indochinoise, Ceylan et les Philippines. Vers 680-690, le pèlerin chinois I Ching, qui a séjourné plusieurs années à Palembang avant de se rendre en Inde, décrivait ce port comme un entrepôt où faisaient étape les navires venant de Chine ou s'y rendant et comme un centre d'études bouddhistes réputé. La dynastie des Sailendra qui dominait à la fois Shrivijaya et le centre de Java a fait édifier dans cette dernière île, à l'extrême fin du VIIIe siècle, Borodoudour, un temple de Shiva transformé en stupa bouddhiste. A partir du début du XIe siècle, Shrivijaya subit la rivalité de Java et l'expansionnisme du royaume indien chola, mais est surtout victime de l'essor maritime de la Chine.

L'EUROPE EN L'AN MIL

Rappel :
La restauration de l'Empire germanique dans la seconde moitié du xᵉ siècle stabilise les Slaves et les Hongrois que leur évangélisation fait entrer dans l'Occident chrétien. Des Etats embryonnaires se constituent, qui s'opposent à la pression de la Germanie. Une même évolution se produit en Orient où la Russie convertie au christianisme se constitue face à Byzance.

881 : Charles III le Gros, roi de Germanie, est couronné empereur d'Occident.
885 : Assemblée de Ponthion : les grands proclament l'empereur Charles le Gros roi de Francie occidentale.
885-886 : Siège de Paris par les Normands.
887 : Déposition de l'empereur Charles le Gros - Arnulf, roi de Germanie.
885 : Mort de Méthode, archevêque de Pannonie et de Moravie. Expulsion du clergé slave par le roi Svatopluk de Grande Moravie.
888 : A la mort de Charles le Gros, Eudes, marquis de Neustrie, est élu roi des Francs et sacré à Compiègne - Rodolphe Iᵉʳ est couronné roi de Bourgogne.
894 : Siméon (893-927), tzar des Bulgares, reprend la guerre contre les Byzantins.
895-896 : Sous la pression des Petchenègues, les Magyars (Hongrois), menés par leur chef Arpad, investissent le bassin du Danube.
896 : Arnulf est couronné empereur.
897 : Couronnement impérial de Guy de Spolète.
898 : En Francie occidentale, Charles III le Simple succède à Eudes.
901 : Victoire d'Alphonse III, roi d'Oviedo, sur les musulmans à Zamora - Couronnement impérial de Louis de Provence.
910 : Mort d'Alphonse III le Grand : Léon, capitale du royaume chrétien d'Espagne.
910-920 : Edouard l'Ancien (900-925), successeur d'Alfred le Grand, et Athelred reconquièrent la plus grande partie du Danelaw.
910-928 : Tomislav, roi de Croatie.
911 : Traité de Saint-Clair-sur-Epte - Traité entre Byzance et les Russes.
913 : Siméon couronné *basileus* des Bulgares.
917 : L'armée byzantine est écrasée par Siméon de Bulgarie à Achéloos puis Katasyrtai.
919 : Henri Iᵉʳ de Saxe (875-936 - dit l'Oiseleur) devient roi de Germanie.

924 : Athelstan, roi de Wessex - Siège de Constantinople par les Bulgares.
928 : Soumission des Bulgares à Constantinople - Prise de Théodosiopolis, capitale de l'Arménie, par les Byzantins.
929 : Abd al-Rahman III instaure le califat de Cordoue.
936 : Couronnement à Aix-la-Chapelle d'Otton Ier, roi de Germanie - A la mort de Raoul de Bourgogne, Louis IV d'Outremer (936-954) est sacré roi de Francie occidentale.
937 : En Grande-Bretagne, victoire d'Athelstan sur les Normands à Brunenburth.
939 : En Germanie, victoire d'Andernach remportée par Otton Ier sur les grands révoltés.
948 : Synode d'Ingelheim.
950-986 : En Scandinavie, règne d'Harald Blåtand (« Dent bleue ») : unification du Danemark et domination de la Norvège.
951 : Otton Ier, roi d'Italie.
955 : Otton Ier écrase les Hongrois à la bataille du Lechfeld et repousse les Slaves sur la Recknitz.
957 : Baptême d'Olga, princesse régente de Kiev, à Constantinople.
959 : Ambassade d'Olga de Kiev à Francfort - Edgar, roi de Wessex.
960 : Baptême du roi de Danemark, Harald Blåtand.
961 : Conquête de la Crète par les Byzantins.
962 : Restauration de l'Empire par Otton Ier le Grand.
963 : Basile II, empereur d'Orient
965 : Conquête de Chypre par les Byzantins.
967 : Reprise de la guerre entre Byzance et les Bulgares.
966 : Baptême de Miezko de Pologne.
968 : Destruction de l'Etat des Khazars.
969 : Jean Tzimiscès, empereur d'Orient. Les Byzantins s'emparent d'Antioche. Alep reconnaît la suzeraineté byzantine.
972 : Mariage du futur Otton II avec la princesse byzantine Théophano.
973 : Avènement d'Otton II.
975 : En Angleterre, mort d'Edgar le Pacifique. Les Byzantins s'emparent de Damas.
980 : Reprise des attaques des Vikings en Grande-Bretagne et en Irlande.
982 : Défaite d'Otton II au cap Colonne.
983 : Mort d'Otton II : avènement d'Otton III. Soulèvement des Slaves ; révolte d'Henri le Querelleur.
985 : Baptême de Vajk (Etienne), futur roi de Hongrie - Prise de Barcelone par al-Mansur : Borrell de Barcelone fait appel au roi de France Louis V.
987 : Mort de Louis V : avènement d'Hugues Capet.
989 : Baptême de Vladimir Ier Svajtoslavic, grand duc de Kiev.
991 : Invasion danoise en Angleterre.
992 : Avènement de Boleslav Chobri en Pologne.
995 : Olaf Tryggveson, roi de Norvège : fondation de la première église norvégienne.
996 : Avènement de Robert le Pieux - Couronnement impérial d'Otton III.
997 : Sac de Compostelle par al-Mansur.
999 : Gerbert d'Aurillac, précepteur d'Otton III, accède à la papauté sous le nom de Sylvestre II.
999-1017 : Arrivée des Normands en Italie du Sud.
1000 : Svend, roi de Danemark, réunifie son royaume - Pèlerinage d'Otton III à Gniezno, sur les reliques de saint Adalbert, évangélisateur de la Pologne.
1001 : Sacre d'Etienne, roi de Hongrie, par le pape Sylvestre II. Le prince Oldrich réunit Bohême et Moravie.
1002 : Mort d'Otton III.
1003 : Mort du pape Sylvestre II - Invasion normande en Angleterre dirigée par le roi danois Svend.
1004 : Naissance du royaume de Navarre.
1004-1035 : Sanche le Grand, roi de Navarre, unifie l'Espagne chrétienne et amorce la Reconquista.
1014 : Svend, reconnu roi du Danelaw, s'empare de Londres - A sa mort, son fils Knut le Grand est choisi pour roi par les troupes danoises en Angleterre.
1014-1018 : Destruction de l'empire bulgare par Basile II et annexion de la Bulgarie à l'Empire byzantin.
1015-1028 : Règne d'Olaf, roi de Norvège.
1019 : Knut le Grand, roi de Danemark.
1024 : Couronnement impérial et mort d'Henri II.
1027 : Couronnement impérial de Conrad II.
1028-1050 : Règne de l'impératrice Zoé à Byzance.
1030 : Knut le Grand, maître de la Norvège.
1031 : Fin du califat omeyyade de Cordoue : multiplication des *Reyes de Taifas*.
1035 : Mort de Knut le Grand : dislocation de son empire.
1036 : Victoire de Jaroslav Vladimirovic sur les Petchenègues.

LES TERREURS DE L'AN MIL

Sur la foi de chroniques tardives, les historiens du XIXe siècle se sont figurés que l'approche de l'an Mil avait suscité dans la chrétienté une peur panique dans l'attente de la fin du monde. En fait, aux yeux des clercs de l'époque, le millénaire de la naissance du Christ (1000) et celui de sa mort (1033) devaient être marqués par « des miracles et des prodiges ». Certains d'entre eux n'ont pas sans doute manqué de se servir de ces événements pour inciter les fidèles à la pénitence. Mais aucune préoccupation eschatologique ne transperce dans ces témoignages. Au contraire, un *Traité sur l'Antéchrist*, rédigé au milieu du Xe siècle, démontre que la fin du monde doit être reportée à une date ultérieure (la conjoncture politique n'y étant pas favorable).

Adalbéron, archevêque de Reims, sacrant Hugues Capet en 987. Bibliothèque municipale de Toulouse.

L'ISLAM (IXe SIÈCLE - Xe SIÈCLE)

Sous le califat abbasside, Bagdad devient un prestigieux foyer de civilisation qui connaît son apogée sous Haroun al-Rachid (786-809). Mais à partir de la seconde moitié du IXe siècle, les mercenaires turcs détiennent la réalité du pouvoir et de nouvelles dynasties locales (Samanides, Fatimides…) s'émancipent du pouvoir central. Le déclin de l'empire abbasside est l'occasion pour l'Empire byzantin d'une expansion territoriale et d'une reprise des échanges économiques.

750 : Bataille du Grand Zab et défaite du dernier calife omeyyade, Merwan II. L'Abbasside al-Saffah est proclamé calife.
754 : Avènement d'al-Mansur, second calife abbasside. Khaled Barmek, grand vizir.
756 : Exécution de tous les princes omeyyades - Le seul qui n'ait pas été exterminé, Abd al-Rahman Ier (756-788) fonde l'émirat omeyyade de Cordoue en Espagne.
758 : Abd al-Rhaman ibn Rostem s'empare de Kairouan et crée un Etat englobant la Tripolitaine, la Tunisie et l'est de l'Algérie.
759 : Les Francs reprennent Narbonne aux musulmans.
761 : Abd al-Rhaman ibn Rostem, battu par le gouverneur d'Egypte, se replie dans l'Oranie actuelle et fonde la dynastie des Rustemides (776-911) dont la capitale est Tahert (Tiaret).
762 : Fondation de Bagdad - Révolte des partisans d'Ali à Médine.
786 : Nouvelle révolte des partisans d'Ali à Médine - Califat de Haroun al-Rachid à Bagdad.
789 : Idris Ier fonde la dynastie idrisside (789-814) à Volubilis (Oualili) au Maroc.
800 : Ibrahim Ier ibn al-Aghlab (800-812) fonde la dynastie aghlabide à Kairouan en Tunisie.
803 : Haroun al-Rachid écarte les Barmecides du vizirat.
806 : Premier raid sarrasin en Corse.
808 : Fondation de Fès, capitale des Idrissides, par Moulay Idris II.
813 : Califat d'Abd Allah al-Ma'Mun à Bagdad.
817-838 : Règne de l'aghlabide Ziyadat Allah Ier.
821 : Construction du *ribat* (monastère fortifié) de Sousse.
825 : Conquête de la Crète par les musulmans.
827-878 : Conquête de la Sicile par les Aghlabides.
828 : Partage du royaume idrisside à la mort d'Idris II.
831 : Prise de Palerme par les musulmans.
836 : Fondation de Samarra par le calife al-Muctasim qui y installe sa capitale.
840 : Prise de Bari et de Tarente par les musulmans.
843 : Prise de Messine par les musulmans.
846 : Raid sarrasin contre Rome.
847 : Califat d'al-Mutawakkil (847-861), défenseur du sunnisme contre les progrès des chiites.
869 : Prise de Malte par les musulmans.

Un monastère fortifié : le *Ribat* de Sousse, construit en 821.
Ph. Office national du tourisme tunisien.

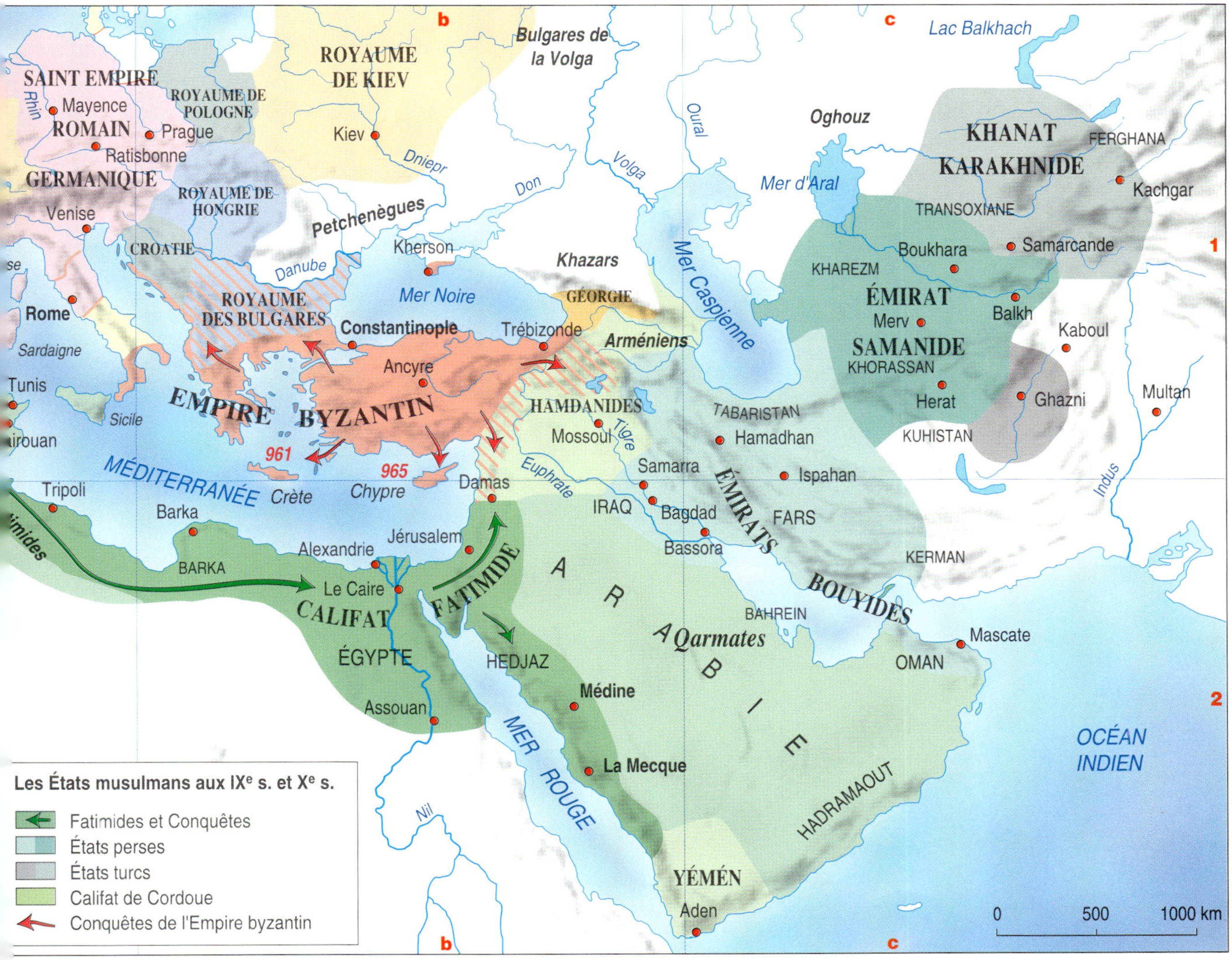

871 : En Egypte, le général turc Ahmad ibn Tulun fonde la dynastie tulunide - En Sicile, Bari est reprise par les Byzantins.
874 : Saman Khudat fonde la dynastie samanide au Khorasan.
876 : Début de la construction de la mosquée d'Ibn Tulun au Caire.
892 : Le calife al-Mutamid abandonne Samarra pour revenir à Bagdad.
v. 900 : Fondation de l'émirat zaydite au Yémen.
910 : Le *madhi* chiite Ubayd Allah chasse le dernier émir aghlabide de Kairouan et fonde le califat fatimide.
911 : Prise de Tahert par les Fatimides.
916 : Fondation de Madhia, capitale des Fatimides - Contrôle de la Sicile par les Fatimides.
920 : Prise de Fès par les Fatimides.
925 : Expédition fatimide en Egypte.
929 : A Cordoue, l'émir Abd al-Rahman III fonde le califat omeyyade.
930 : Prise de La Mekke par les Qarmates chiites.
934 : Raid sarrasin contre Gênes.
935 : En Egypte, la dynastie ikhchidite supplante celle des Tulunides.
936 : Apparition à Bagdad de la fonction de « grand émir ».
945 : Occupation de Bagdad par les Bouyides : le califat est devenu symbolique.
961 : Reconquête de la Crète par les Byzantins.
969 : Accord entre le calife fatimide al-Moezz (953-975) et l'empereur byzantin Nicéphore Phocas - Conquête de l'Egypte par Djauher.
973 : Le calife fatimide al-Moezz s'installe au Caire.
976 : Régence d'ibn Abi Amir (al-Mansur) sur le califat de Cordoue.
978 : Prise de Fès par Bologgin ibn Ziri.
987 : Reprise de Fès par les Berbères Zenata.
988 : Conquête de la Syrie par les Fatimides.

LA FRANCE CAPÉTIENNE : Xe-XIIe SIÈCLE.

Au XIe siècle, dans une « France sans Etat », l'ordre seigneurial pallie l'affaiblissement du pouvoir capétien tant dans le domaine royal que dans l'ensemble du royaume. L'affirmation de l'autorité royale au cours du XIIe siècle exploite les liens féodo-vassaliques pour fonder une monarchie féodale.

v. 987 : Concile du Puy ; début du mouvement de paix de Dieu.
987 : Election et sacre d'Hugues Capet (987-996).
989 : Concile de paix de Charroux.
996 : Avènement de Robert II le Pieux (996-1031).
1016 : Conquête du duché de Bourgogne par Robert II qui le confie à son second fils Henri - Assemblée de paix de Verdun-sur-le-Doubs.
v. 1020 : Lettre de l'évêque Fulbert de Chartres au duc d'Aquitaine Guillaume de Poitiers définissant les relations entre seigneurs et vassaux.
1027 : Eudes de Blois, maître de la Champagne - Son fils aîné étant mort, Robert II le Pieux fait sacrer Henri, son second fils - Le concile d'Elme promeut la « trève de Dieu ».
1031 : Mort de Robert II le Pieux à Melun. Avènement d'Henri Ier (1031-1060).
1034 : Robert, frère d'Henri Ier, duc de Bourgogne.
1035 : En Normandie, Guillaume le Bâtard succède à Robert Ier le Libéral (« le Diable ») : soulèvement de la noblesse.
1040 : En Anjou, Geoffroy Martel succède à Foulques Nerra.
1047 : Guillaume le Batard bat les seigneurs normands révoltés à Val-ès-Dunes avec l'aide d'Henri Ier.
1049 : Mariage d'Henri Ier avec Anne de Kiev.
1057 : Défaite d'Henri Ier et de Geoffroy Martel devant Guillaume le Bâtard à Varaville.
1060 : Avènement de Philippe Ier (1060-1108), sacré à Reims l'année précédente.
v. 1060 : Première mention d'un hommage-lige en Vendômois.
1063 : Conquête du Maine par Guillaume de Normandie.
1070 : Echec de la commune du Mans.
1071 : Défaite de Philippe Ier à Cassel devant Robert le Frison.
1077 : Philippe Ier annexe le Vexin français.
1086 : Guillaume IX, duc d'Aquitaine.
1087 : Mort de Guillaume le Conquérant : son fils aîné, Robert Courteheuse, hérite de la Normandie.
1093 : Raymond de Saint-Gilles réunit officiellement le duché de Narbonne et le comté de Toulouse.
1092 : Philippe Ier répudie la reine Berthe pour épouser Bertrade de Montfort, « enlevée » au comte d'Anjou, Foulques le Réchin.
1095 : Excommunication de Philippe Ier - Prédication de la première croisade au concile de Clermont par le pape Urbain II.
1097 : Début de la « guerre du Vexin » entre Philippe Ier et Guillaume le Roux, roi d'Angleterre.
v. 1099 : Commune de Beauvais.
1099 : Nouvelle excommunication de Philippe Ier.
1106 : Défaite et capture de Robert Courteheuse à Tinchebray. Son frère, Henri Ier Beauclerc, roi d'Angleterre, met la main sur la Normandie.
1108 : Confirmation de la commune de Noyon - Décès de Philippe Ier et avènement de Louis VI le Gros (1108-1137).
1112 : Commune de Laon.

1113 : Traité de Gisors entre Louis VI et Henri Ier Beauclerc.
1125 : Thibaud IV réunit les comtés de Blois et de Champagne.
1127 : Assassinat de Charles le Bon, comte de Flandre.
1130 : Campagne de Louis VI contre Thibaud IV de Champagne et Geoffroy Plantagenêt, comte d'Anjou - Campagne contre Thomas de Marle, châtelain de Coucy, qui est tué.
1131 : Mort de Philippe, fils aîné de Louis VI. Sacre de Louis le Jeune.
1137 : Avènement de Louis VII (1137-1180) qui vient d'épouser Aliénor d'Aquitaine.
1144 : Union de l'Anjou et de la Normandie entre les mains de Geoffroy Plantagenêt.
1152 : Concile de Beaugency : annulation du mariage entre Louis VII et Aliénor qui se remarie avec Henri II Plantagenêt.
1154 : Décès d'Etienne de Blois, roi d'Angleterre ; Henri II Plantagenêt lui succède.
1166 : Philippe d'Alsace, comte de Flandre.
1177 : Traité d'Ivry entre Louis VII et Henri II Plantagenêt.
1179 : Le concile de Latran III condamne l'hérésie cathare - Sacre de Philippe Auguste qui est associé au trône.
1180 : Confirmation de la commune de Dreux - Avènement de Philippe II Auguste (1180-1223) qui vient d'épouser Isabelle de Hainaut.
1185 : Traité de Boves : annexion de l'Amiénois et du Vermandois au domaine royal.
1189 : Capitulation d'Henri II à Azay-le-Rideau - Décès d'Henri II. Richard Cœur de Lion lui succède et conclut avec Philippe Auguste le traité de Gisors.
1190 : Edification du Louvre et début de la construction de l'enceinte de la rive droite à Paris (achevée en 1210).
1191 : Troisième croisade : traité de Messine entre Philippe Auguste et Richard Cœur de Lion - Retour précipité de Philippe Auguste en France, afin de régler la succession de Philippe de Flandre.
1193 : Capture de Richard Cœur de Lion par Léopold d'Autriche. Accord entre Philippe Auguste et Jean sans Terre - Mariage de Philippe Auguste et d'Ingeburge de Danemark, annulé dès le lendemain.
1194 : Victoire de Fréteval remporté par Richard Cœur de Lion sur Philippe Auguste : perte des archives royales qui sont reconstituées et conservées dans la tour du Louvre (Trésor des Chartes).
1196 : Mariage de Philippe Auguste avec Agnès de Méranie - Edification du Château-Gaillard par Richard Cœur de Lion.
1199 : Mort de Richard Cœur de Lion au siège du château de Chalus, en Limousin. Le royaume est frappé d'interdit à la suite du remariage du Capétien.
1200 : Traité de Péronne avec la Flandre - Traité du Goulet entre Philippe Auguste et Jean sans Terre.
1202 : « Commise » sur les fiefs de Jean sans Terre par Philippe Auguste. Capture d'Arthur de Bretagne à Mirebeau par Jean sans Terre.
1203 : Assassinat d'Arthur de Bretagne par Jean sans Terre.
1204 : Prise du Château-Gaillard par Philippe Auguste : conquête de la Normandie, de l'Anjou, du Maine et du Poitou.
1207 : Excommunication de Raymond VI de Toulouse.
1209-1213 : Croisade contre les Albigeois.
1212 : Pierre de Dreux (Mauclerc), « baillistre » de Bretagne - Conquête du comté de Toulouse par Simon de Montfort.
1213 : Coalition de Jean sans Terre, Ferrand de Portugal, époux de Jeanne de Flandre, et de l'empereur Otton IV de Brunswick contre Philippe Auguste. Destruction de la flotte royale à Damme - Victoire de Simon de Montfort à Muret sur Pierre d'Aragon.
1214 : Défaite de Jean sans Terre à la Roche-aux-Moines - Victoire de Philippe Auguste à Bouvines sur l'empereur Otton IV de Brunswick - Trêve de Chinon.
1215 : Le concile de Latran IV entérine les conquêtes de Simon de Montfort.
1216 : Débarquement du prince Louis d'Outremer en Angleterre - Mort de Jean sans Terre.
1218 : Mort de Simon de Montfort au siège de Toulouse.
1219 : Expédition du prince Louis en Languedoc : massacre de Marmande.
1223 : Mort de Philippe Auguste ; premières grandes funérailles royales. Avènement de Louis VIII (1223-1226).

Robert II le Pieux remettant un écrit au pape.
Bibliothèque municipale de Toulouse.

LA PRISE DE POUVOIR PAR HUGUES CAPET (987-996)

La puissante famille des Robertiens, fermement implantée en Neustrie (entre Seine et Loire), a soutenu assez longtemps les Carolingiens pour en tirer des dignités qui l'ont élevée au-dessus des autres grandes familles du royaume. Hugues Capet compte déjà deux rois (Eudes et Robert Ier) parmi ses ancêtres. Son surnom, « Capet » (qui fait référence à sa chape d'abbé laïc), rappelle qu'il a hérité de son père, Hugues le Grand, l'abbatiat de Saint-Martin de Tours. Son alliance avec l'autre foyer spirituel du royaume, l'archevêché de Reims, favorable à l'Empire ottonien, lui permet d'évincer définitivement la dynastie carolingienne. En mai 987, le Carolingien Louis V décède accidentellement durant une partie de chasse. Son frère cadet, Charles de Lorraine, est écarté du pouvoir grâce à l'archevêque Adalbéron de Reims. Hugues Capet est élu roi à Senlis. En juin (ou juillet ?), il est couronné (à Noyon) puis sacré (à Noyon ou à Reims ?) par Adalbéron de Reims. Le 25 décembre 987, à Orléans, il fait sacrer son fils Robert qu'il associe ainsi au pouvoir. En 988, Charles de Lorraine s'empare de Laon. Mais, en 991, l'évêque Adalbéron de Laon le livre à Hugues Capet qui l'emprisonne à Orléans où il meurt peu après.

Saint Louis sur son lit de mort, recevant Charles Ier d'Anjou.
Bibliothèque municipale de Toulouse.

LES STRATÉGIES MATRIMONIALES DE PHILIPPE Ier (1060-1108)

Les mariages royaux sont un des instruments de la diplomatie capétienne. En 1092, le roi Philippe Ier répudie Berthe de Frise qui lui a donné un fils, le futur Louis VI. Il épouse alors devant l'évêque de Senlis, Bertrade de Montfort qu'il a enlevée au comte d'Anjou, Foulques le Réchin, sans que celui-ci y ait d'ailleurs trouvé à redire. Par cette alliance, le roi conforte sa position en Île-de-France et s'assure des chances d'avoir d'autres fils (au cas où Louis viendrait à périr). Mais, au même moment, les réformateurs grégoriens s'efforcent d'imposer une stricte morale conjugale, fondée sur le consentement mutuel et prohibant la consanguinité. L'évêque Yves de Chartres, disciple de Lanfranc du Bec et actif réformateur dénonce cette union. Excommunié à trois reprises, non pour bigamie (Berthe étant décédée entre-temps) mais pour inceste (les deux conjoints étaient de loin apparentés), Philippe Ier finit par s'incliner en 1105 à Paris. Toutefois, le clergé réformateur se montre conciliant : Philippe Ier et Bertrade continuent de vivre ensemble jusqu'à leur mort et sont même reçus fort cordialement par Foulques le Réchin à Angers en 1106.

LOUIS IX : « SAINT LOUIS »

A la mort de Louis VIII (1226) au retour de la croisade contre les Albigeois, son fils Louis IX n'a que 12 ans. C'est donc la reine mère, Blanche de Castille, qui exerce la régence. Cette situation, sans précédent dans l'histoire de la dynastie capétienne, est un gage de la vitalité acquise par le pouvoir capétien. Pourtant, la notion d'Etat demeure confuse. Louis VIII a inféodé à ses enfants, à titre d'apanages, un tiers du domaine royal. Le nouveau roi doit faire face à une coalition féodale encouragée par Henri III d'Angleterre. Louis IX finit par écraser la révolte du Poitou animée par Guy de Lusignan, appuyée par Raymond VII de Toulouse et soutenue par Henri III. Il remporte les victoires de Saintes et de Taillebourg (1242) ; Raymond VII doit conclure le traité de Lorris (1243). Les dernières places fortes cathares tombent (Montségur, en 1244) et Jeanne, l'héritière du comté de Toulouse, épouse Alphonse de Poitiers, le frère de Louis IX.

Le Capétien respecte les apanages mis en place par son père et mène une politique extérieure active. En 1258, le traité de Corbeil entre l'Aragon et le royaume capétien assure à ce dernier la suzeraineté sur le Languedoc et la Provence (à l'exception de Montpellier), en échange de la renonciation à ses prétentions sur la Catalogne. Le traité de Paris (1259) rend à Henri III, non seulement la Guyenne mais aussi le Quercy, la Saintonge, le Limousin et le Périgord. En échange, le roi d'Angleterre renonce aux autres possessions des Plantagenêts annexées par Philippe Auguste. Le prestige de Louis IX est si grand qu'il exerce fréquemment son arbitrage à l'extérieur du royaume : en Angleterre (1264, entre Henri III et ses barons révoltés) mais aussi en Flandre et dans l'Empire. Les deux croisades qu'il organise (en 1248 et en 1270 : il meurt de la peste devant Tunis), en dépit du poids qu'elles représentent sur le trésor royal, contribuent au renforcement du prestige monarchique.

PHILIPPE IV LE BEL (1285-1314)

Il gouverne avec l'appui de conseillers spécialisés dans les affaires financières (les banquiers italiens Biche et Mouche) ou juridiques (les légistes, comme Guillaume de Nogaret). La notion de souve-

raineté inspirée du droit romain commence à se substituer à la notion féodale de suzeraineté.
Toutefois il poursuit la politique pluriséculaire d'accroissement du domaine royal. Les empiétements des conseillers royaux en Guyenne provoquent les récriminations du roi d'Angleterre Edouard Ier (1272-1307). Philippe IV le Bel riposte d'abord par la « commise » du fief (1294). Puis, il préfère négocier une réconciliation qui aboutit au mariage de sa fille Isabelle avec le futur Edouard II d'Angleterre. Cette union va fournir ultérieurement le prétexte de la guerre de Cent Ans. En Flandre, Philippe IV le Bel se préoccupe des velléités d'indépendance des communautés urbaines. Au terme d'une longue guerre, il parvient à prendre le contrôle de la partie méridionale du comté. Il entreprend d'étendre les frontières orientales du royaume en direction de la Saône et du Rhône aux dépens de l'Empire. D'autre part, déclaré « empereur en son royaume » par ses légistes, le « roi très chrétien » reprend la lutte des empereurs romains-germaniques contre la papauté. Il engage l'épreuve de force contre le pape Boniface VIII (1294-1303) qui prétend exercer son contrôle sur le clergé du royaume capétien. Dans ce contexte, la canonisation de saint Louis (1297) apparaît comme un compromis à l'occasion d'une trêve passagère. Tous les moyens sont bons pour affaiblir les positions de la papauté : falsification des bulles pontificales ; appel à l'opinion avec la convocation des Etats à Notre-Dame en 1302 ; attentat d'Anagni en 1303 contre Boniface VIII qui meurt peu après. C'est la fin des ambitions théocratiques de la papauté.

LES CAPÉTIENS : TABLEAU GÉNÉALOGIQUE

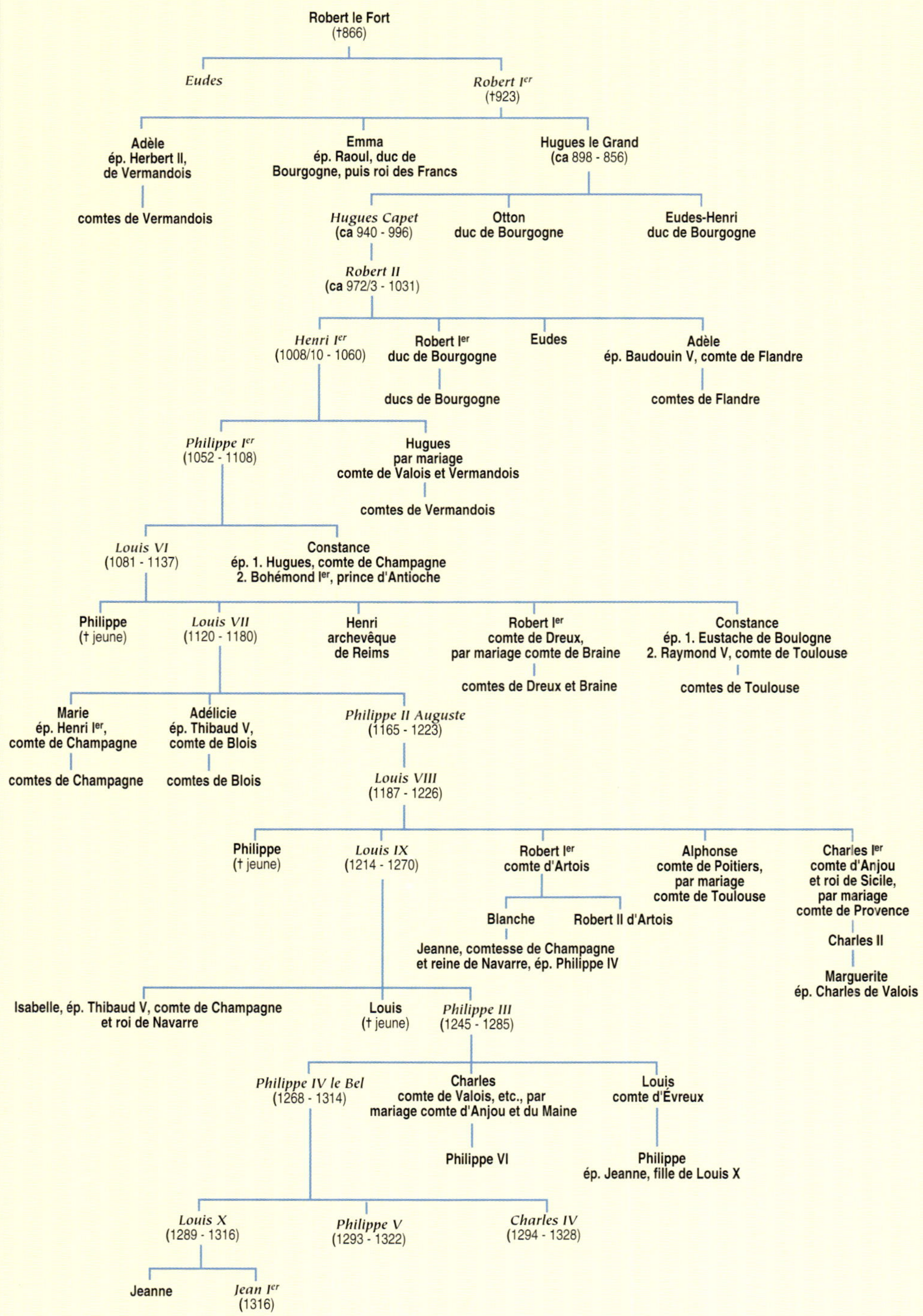

LES ILES BRITANNIQUES : XIe-XIIIe SIÈCLE.

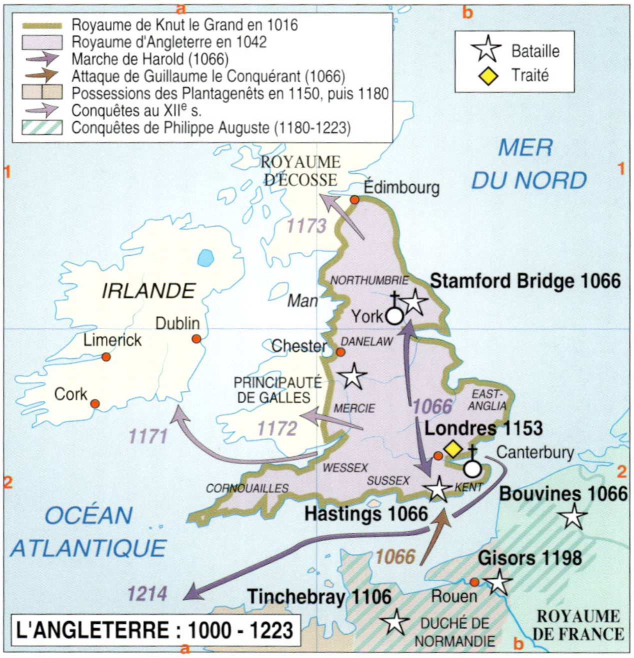

1013 : Invasion de l'Angleterre par le roi danois Svend.

1014 : Svend, reconnu roi du *Danelaw*, s'empare de Londres - A sa mort, son fils Knut le Grand (1014-1035) lui succède et épouse la veuve d'Aethelred - En Irlande, bataille de Clontarf (23 avril) entre BrianBorú, allié aux Normands de Limerick et le roi de Leinster, allié aux Normands de Dublin.

1016 : Bataille d'Ashingson remportée par Knut le Grand sur Edmond, successeur d'Aethelred - A la mort d'Edmond, Knut devient roi de toute l'Angleterre.

1019 : A la mort de son frère Harald, Knut le Grand devient roi de Danemark.

1030 : Knut le Grand, maître de la Norvège.

1035 : Mort de Knut le Grand : dislocation de son Empire.

1040 : Macbeth, roi d'Ecosse.

1042 : Avènement d'Edouard le Confesseur (1042-1066).

1051-1052 : Conflit entre le roi Edouard le Confesseur et le comte Godwin de Wessex.

1056 : Le roi gallois Gruffydd Ap Llewelyn prête serment de fidélité à Edouard le Confesseur.

1057 : Après avoir tué Macbeth, Malcolm Canmore devient roi d'Ecosse.

1064-1065 : Séjour en Normandie du comte Harold, fils de Godwin.

1066 : Mort d'Edouard le Confesseur : Harold lui succède - Victoire d'Harold à Stanford Bridge sur le roi de Norvège Harald « le Sévère » - Bataille d'Hastings : conquête de l'Angleterre par Guillaume de Normandie - 25 décembre : Guillaume le Conquérant est couronné roi d'Angleterre (1066-1087).

1070 : Sac du *Danelaw* par les Normands de Guillaume le Conquérant - Lanfranc, archevêque de Cantorbéry.

1072 : Le roi d'Ecosse Malcolm Canmore prête serment à Guillaume le Conquérant.

1073 : Réorganisation de l'Eglise d'Angleterre.

1074 : Dernière expédition danoise en Angleterre.

1086 : Compilation du *Domesday Book* (« Livre du Jugement dernier »).

1087 : Mort de Guillaume le Conquérant : Guillaume le Roux (1087-1100), roi d'Angleterre ; Robert Courteheuse, duc de Normandie.

1093 : Anselme du Bec, archevêque de Cantorbéry - Défaite et mort de Malcolm Canmore, roi d'Ecosse.

1100 : Henri Ier Beauclerc, roi d'Angleterre : première charte des libertés anglaises (*Coronation charter*).

1106 : Victoire d'Henri Ier Beauclerc sur Robert Courteheuse à Tinchebray.

1109 : Guerre du Vexin entre Henri Ier Beauclerc et Louis VI : bataille de Gisors.

1111 : En Irlande, concile de Ráith Braisil : réorganisation de la géographie ecclésiastique de l'île.

1113 : Traité de Gisors : Louis VI reconnaît la suzeraineté d'Henri Ier Beauclerc sur le Maine et la Bretagne.

1116 : Reprise des hostilités entre Henri Ier et Louis VI.

1119 : Victoire d'Henri Ier Beauclerc sur Louis VI à Brémule - Paix de Gisors - Naufrage de la *Blanche-Nef* : mort de Guillaume Adelin, héritier du trône d'Angleterre.

1127 : Mariage de Mathilde, fille d'Henri Ier Beauclerc, avec Geoffroy Plantagenêt.

1135 : Etienne de Blois (1135-1154), roi d'Angleterre.

1137 : Etienne de Blois confirme la paix précédemment conclue entre Henri Ier Beauclerc et Louis VI.

22 août 1138 : Bataille de l'Etendard entre le roi David Ier, roi d'Ecosse, et Etienne de Blois.

1139-1153 : Guerre civile entre les partisans de Mathilde et ceux d'Etienne de Blois.

1144 : Conquête de la Normandie par Geoffroy Plantagenêt qui cède Gisors à Louis VII.

1152 : Mariage d'Henri Plantagenêt et d'Aliénor d'Aquitaine, répudiée par Louis VII - En Irlande, concile de Kells-Mellifont : réforme de l'Eglise.

1153 : Mort d'Eustache de Boulogne, fils unique d'Etienne de Blois qui, par le traité de Willingford, désigne Henri Plantagenêt comme son héritier au trône d'Angleterre.

1154 : Couronnement d'Henri II Plantagenêt (1154-1189) à Londres.

1155 : Thomas Becket, chancelier du royaume.

1156 : Geoffroy, frère de Henri II, s'empare du comté de Nantes.
1158 : Fiançailles de Henri le Jeune, fils aîné d'Henri II, et de Marguerite, fille de Louis VII - Intervention d'Henri II en Bretagne.
1159 : Conflit franco-anglais : siège de Toulouse.
1160 : Traité de Chinon : à l'occasion du mariage de Henri le Jeune et de Marguerite de France, Henri II annexe le Vexin.
1161-1666 : Trêve franco-anglaise.
1162 : Thomas Becket, archevêque de Cantorbéry.
1163 : Hommage des princes gallois Owain Gwynedd et Rhys ap Gruffydd de Deheubarth à Henri II.
1164 : Exil de Thomas Becket en France - *Assises of Arms* et Constitutions de Clarendon.
1166-1169 : Hostilités franco-anglaises - Mainmise sur la Bretagne par Henri II qui donne son fils Geoffroy en mariage à l'héritière du duché.
1166 : Assises de Clarendon - Rory O'Connor, grand roi d'Irlande. Son rival, Dermot Mac Murrough, roi de Leinster, prête hommage à Henri II.
1169 : Traité de Montmirail entre Louis VII et Henri II.
1170 : Assassinat de Thomas Becket dans la cathédrale de Cantorbéry.
1169-1170 : Débarquement en Irlande de Richard Strongbow, gendre de Dermot Mac Murrough.
1171 : Richard Strongbow succède à Dermot Mac Murrough : début de la pénétration anglaise en Irlande et prise de Dublin : Hugh de Lacy, Justicier d'Irlande.
1173 : Canonisation de Thomas Becket - Révolte des fils de Henri II contre leur père - Entrevue de Gisors entre Louis VII et Henri II.
1174 : Le roi d'Ecosse Guillaume le Lion, battu et capturé à Alnwick, prête hommage-lige à Henri II - Traité de Montlouis entre Henri II et ses fils.
1175 : Traité de Windsor : Rory O'Connor se soumet à Henri II.
1176 : Assises de Northampton (serment de fidélité à Henri II de tous les hommes libres ; destruction des « châteaux adultérins »).
1177 : Jean, fils cadet d'Henri II, « seigneur d'Irlande » - Traité de Nonancourt entre Louis VII et Henri II Plantagenêt.
1183 : Décès d'Henri le Jeune.
1186 : Mort de Geoffroy de Bretagne dans un tournoi.
1188 : Alliance de Bonsmoulins entre Philippe Auguste er Richard Cœur de Lion contre Henri II - Bulle pontificale *Cum universi* : les évêques écossais ne relèvent que du pape et non de l'archevêque de Cantorbéry.
1189 : Capitulation d'Henri II à Azay - Décès d'Henri II. Richard Cœur de Lion (1189-1199) lui succède et conclut avec Philippe Auguste le traité de Gisors.
1193 : Richard Cœur de Lion ayant été capturé en Autriche au retour de la troisième croisade, Jean sans Terre jure fidélité à Philippe Auguste et lui cède une partie de ses domaines.
1194 : Victoire de Richard Cœur de Lion sur Philippe Auguste à la bataille de Fréteval.
1198 : Victoire de Richard Cœur de Lion sur Philippe Auguste à Courcelles, en Vexin.
1199 : Mort de Richard Cœur de Lion. Jean sans Terre (1199-1216) lui succède.
1200 : Traité du Goulet entre Philippe Auguste et Jean sans Terre.
1202 : « Commise » sur les fiefs de Jean sans Terre. Invasion de la Normandie et de l'Anjou par Philippe Auguste.
1204 : Prise du Château-Gaillard par Philippe Auguste. Conquête de la Normandie, de l'Anjou, du Maine et du Poitou.
1208 : Innocent III jette l'interdit sur le royaume d'Angleterre et excommunie Jean sans Terre l'année suivante.
1212 : Début de la construction du château de Dublin.
1213 : Menacé de déposition par Innocent III, Jean sans Terre se reconnaît vassal du Saint-Siège - Coalition de la Flandre, de l'Angleterre et de l'Empire contre Philippe Auguste.
1214 : Jean sans Terre, débarqué à La Rochelle, est battu à la Roche-aux-Moines - Victoire de Philippe Auguste à Bouvines sur les alliés du Plantagenêt - Trêve de Chinon négociée par le légat pontifical Robert de Courçon.
15 juin 1215 : Concession de la Grande Charte (*Magna Carta*) dans la « Prairie de la Conférence » (Runnymead, près de Windsor).
1216 : Débarquement du prince Louis d'Outremer en Angleterre à l'appel des barons anglais - Mort de Jean sans Terre et avènement de son fils Henri III (1216-1272).

Représentation de Guillaume le Conquérant sur la célèbre « tapisserie » de Bayeux.
Ph. H. Hughes.

LE SAINT EMPIRE ROMAIN GERMANIQUE : Xe-XIIe SIÈCLE.

972 : Mariage du futur Otton II avec la princesse byzantine Théophano.

973 : Fondation de l'évêché de Prague - Décès d'Otton Ier et avènement d'Otton II.

982 : Bataille navale du cap Colonne - Mort d'Otton II.

983 : Avènement d'Otton III : régence de Théophano - Révolte des Slaves ; perte des territoires à l'est de l'Elbe.

996 : Couronnement impérial d'Otton III (996-1002).

999-1003 : Pontificat de Gerbert d'Aurillac, sous le nom de Sylvestre II.

1002 : Election d'Henri II de Bavière (1002-1024).

1004 : Conquête de la Bohême par Henri II.

1018 : Paix de Bautzen entre Henri II et le roi de Pologne Boleslav Ier : ce dernier, dispensé d'hommage, obtient la Lusace et la région de Bautzen (Mismie).

1024 : Election de Conrad II (1024-1039), fondateur de la dynastie salienne (1024-1125).

1025 : Knut le Grand occupe la marche de Schleswig.

1026-1027 : Campagne de Conrad II en Italie du Nord - Annexion du Trentin à l'Empire.

1027 : Couronnement impérial de Conrad II.

1032 : Annexion du royaume de Bourgogne à l'Empire.

1033 : Le roi de Pologne Mieszko II reconnaît la suzeraineté de l'empereur Conrad II.

1037 : Conrad II s'appuie sur la petite noblesse révoltée et lui accorde l'hérédité des fiefs.

1039 : Avènement d'Henri III (1039-1056) : réforme de la papauté.

1044 : Division de la Lorraine.

1047 : Couronnement impérial de Henri III.

1049 : Henri III fait élire pape l'évêque Bruno de Toul sous le nom de Léon IX (1049-1054).

1054 : L'empereur Henri III restitue la Silésie à Casimir Ier, roi de Pologne.

1056 : Henri IV (1056-1106) est élu roi de Germanie.

1073 : Election pontificale de Grégoire VII - Révolte des Saxons contre Henri IV.

1075 : Victoire d'Henri IV sur les Saxons à Hambourg - Paix de Gerstungen.

1075 : *Dictatus papae* : Début de la « querelle des investitures ».

Rappel :

Au début du xe siècle, le royaume de Francie orientale est constitué de quatre principaux duchés (Saxe, Franconie, Souabe et Bavière). Les ducs qui se partagent le pouvoir élisent roi Conrad Ier de Franconie (911-918), puis le duc de Saxe, Henri l'Oiseleur (919-936), qui fonde la dynastie saxonne. Son fils, Otton Ier, restaure à son profit la dignité impériale.

936 : Avènement d'Otton Ier.

936-937 : Organisation des Marches orientales pour protéger les frontières qui sont repoussées jusqu'à l'Oder.

939 : Révolte des ducs Eberhard de Franconie et Gislebert de Lorraine - Victoire d'Otton Ier à Andernach.

944 : Otton Ier impose son autorité à la Lorraine.

951 : Intervention d'Otton Ier en Lombardie.

955 : Victoires d'Otton Ier au Lechfled contre les Hongrois et sur la Recknitz contre les Slaves.

961 : Otton Ier, roi d'Italie.

962 : Couronnement impérial d'Otton Ier par le pape Jean XII.

1080 : Rodolphe de Souabe est tué à la bataille de Hohenmölsen.
1083 : Couronnement impérial d'Henri IV par Clément III - Grégoire VII se réfugie à Salerne.
1088 : Election pontificale d'Urbain II.
1106 : Abdication d'Henri IV qui décède à Liège - Avènement d'Henri V.
1106-1125 : Henri V donne la Saxe à Lothaire de Supplimbourg.
1110 : Henri V rétablit la suzeraineté de l'Empire sur la Bohême.
1122 : Concordat de Worms entre le pape Calixte II et l'empereur Henri V.
1125 : Lothaire III de Supplimbourg, élu roi de Germanie, relance la conquête de l'Est.
1133 : Couronnement impérial de Lothaire III.
1137 : Avènement de l'empereur Conrad III de Hohenstaufen : les Welf écartés du pouvoir.
1142 : Paix de Francfort : Henri le Lion, duc de Saxe ; Albert l'Ours, margrave de Brandebourg.
1152 : Avènement de Frédéric Ier de Hohenstaufen (Frédéric Barberousse) qui instaure un compromis dans la lutte entre les partisans des familles Welf (« Guelfes ») et Waiblingen (« Gibelins »)/Hohenstaufen.
1156 : Couronnement impérial de Frédéric Ier - L'Autriche est érigée en duché et dotée de privilèges exceptionnels.
1157 : Apparition de la formule « Saint Empire » - Diète de Besançon : incident entre Frédéric Ier et le légat pontifical.
1158 : Frédéric Ier accorde le titre de roi de Bohême à Vladislav II (1140-1172).
1180-1181 : Procès d'Henri le Lion, duc de Saxe et de Bavière : démembrement du duché de Saxe.

En 1180, l'Allemagne compte 106 principautés (16 laïques et 90 ecclésiastiques) auxquelles s'ajoutent de nombreux comtés, villes libres, etc.

1181 : Conquête de la Poméranie aux dépens de la Pologne, par Albert l'Ours, margrave de Brandebourg.
1189-1193 : Révolte d'Henri le Lion (finalement apaisée par Henri VI).
1190 : Mort de Frédéric Ier au cours de la troisième croisade - Avènement d'Henri VI : révolte des féodaux.
1191 : Couronnement impérial d'Henri VI.
1196 : Proposition avortée par Henri VI de rendre la royauté héréditaire en échange d'un élargissement de la succession aux grands fiefs.
1197 : Décès d'Henri VI : révolte des princes dans tout l'Empire - Frédéric II hérite de l'Italie du Sud.
1198 : Pontificat d'Innocent III qui soutient Otton IV de Brunswick (fils de Henri le Lion) contre Philippe de Souabe, frère de Henri VI.
1201 : Couronnement impérial d'Otton IV de Brunswick.
1210 : Excommunication d'Otton IV par Innocent III.
1211 : Frédéric II de Hohenstaufen, roi des Romains.
1215 : Avènement de Frédéric II, roi de Germanie.
1212 : Bulle d'or de Sicile : Frédéric II reconnaît les privilèges du roi de Bohême, vassal de l'Empire.
1214 : Défaite de l'empereur Otton IV de Brunswick à Bouvines.
1220 : Couronnement impérial de Frédéric II : *Privilegium* en faveur des princes ecclésiastiques - Eike von Repgow rédige le *Sachsebsoiegel* (« Miroir des Saxons »), traité de droit coutumier.
1226 : Bulle d'or de Rimini : début de la conquête de la Prusse par l'ordre des chevaliers teutoniques.
1228 : Henri VII, « roi d'Allemagne ».
1231 : Diète de Worms ; constitution *In favorem principum* promulguée par Henri VII (et confirmée par Frédéric II en 1232) qui abandonne de nombreuses prérogatives aux princes.
1232-1237 : Frédéric II réprime la révolte de Henri VII en Allemagne.
1235 : Paix de Mayence : réconciliation des Guelfes et des Gibelins.
1245 : Déposition de Frédéric II par le concile de Lyon.
1246-1247 : Henri Raspe, landgrave de Thuringe, élu roi de Germanie.
1247 : Election de Guillaume de Hollande.
1250 : Mort de Frédéric II.
1246/1250-1273 : « Grand interrègne ».

Le pape Innocent III approuvant l'ordre des Frères Prêcheurs, dans le *Miroir Historial* de Vincent de Beauvais (manuscrit du XVe siècle).
© Ph RMN - R.G. Ojeda.

LA PÉNINSULE IBÉRIQUE : X^e^-XIIe SIÈCLE.

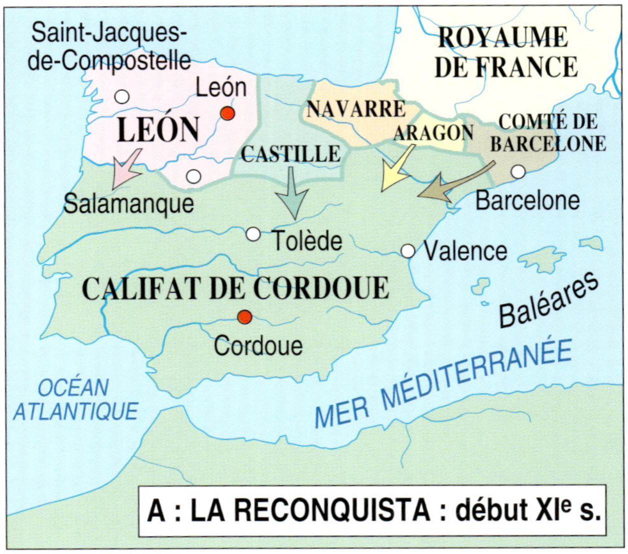

Amorcée par Sanche le Grand (1000-1035) et poursuivie par Ferdinand Ier (1037-1065), la Reconquista de l'Espagne par les chrétiens finit par prendre l'aspect d'une précroisade : appui constant de la papauté et renforts venus du royaume de France. Face à la croisade à laquelle les opérations militaires en Espagne sont explicitement assimilées par le pape dès 1102, l'intervention des tribus d'Afrique du Nord (Almoravides puis Almohades) au secours d'al-Andalus prend les formes du *djihad*.

Rappel :

711 : Tariq ibn Ziyad, gouverneur de Tanger, franchit le détroit de Gibraltar (djabal-al-Tariq).

756 : Fondation de l'émirat omeyyade de Cordoue par Abd al-Rahman Ier (756-788).

778 : Siège de Saragosse par Charlemagne - L'arrière-garde franque conduite par Roland est détruite par les Basques à Roncevaux.

785 : Prise de Gérone par les Francs - Construction de la Grande Mosquée de Cordoue.

v. 776 : *Commentaire sur l'Apocalypse* par l'abbé Beatus de Liebana.

791-842 : Dans les Asturies, Alphonse II fixe sa capitale à Oviedo.

801 : Prise de Barcelone par Louis le Pieux, roi d'Aquitaine - Fondation de la marche d'Espagne.

818 : Répression à Cordoue de la « Révolte du Faubourg » menée par les *Muwalladun* (Espagnols convertis à l'Islam).

833-848 : Agrandissements de la Grande Mosquée de Cordoue.

844 : Sac de Séville par les Normands.

851-859 : A Cordoue, parmi les mozarabes, mouvement des martyrs volontaires.

878 : Dans les Asturies, Garcia, successeur d'Alphonse II, transfère sa capitale d'Oviedo à León.

905-926 : Sanche Ier Garcés prend le titre de roi de Pampelune (avènement de la dynastie basque des Jimenas en Navarre).

920 : Victoire d'Abd al-Rahman III sur l'armée de Léon à Valdejunquera.

Mozarabes (*musta'rib* : « arabisé ») : terme forgé au XIXe siècle pour désigner les chrétiens (*dhimmi*) d'al-Andalus vivant sous domination musulmane.

929 : L'émir Abd al-Rahman III fonde le califat omeyyade de Cordoue.

939 : Victoire de Simancas remportée par Ramire II de Léon sur Abd al-Rahman III : progression des chrétiens jusqu'à Salamanque.

944 : Révolte du comte de Castille Fernán González contre Ramire II de León.

953-956 : Ambassade à Cordoue de Jean de Gorze au nom d'Otton Ier.

976 : Le vizir Muhammad ibn Abi Amir (al-Mansur : « le Victorieux ») exerce la régence à la place du calife de Cordoue.

985 : Sac de Barcelone par al-Mansur.

987 : Le comte de Barcelone Borell II (« duc de Gothie » depuis 972) refuse de prêter serment à Hugues Capet.

988 : Sac de León par al-Mansur.

997 : Sac de Saint-Jacques-de-Compostelle par al-Mansur.

1002 : Mort d'al-Mansur : déclin du califat.

1012-1039 : Démembrement du califat de Cordoue. Fondation de principautés musulmanes indépendantes (*Reyes de Taifas*) :

1012-1090 : Zirides à Grenade.
1016-1057 : Hammoudides à Malaga.
1023-1091 : Abbadides de Séville.
1027-1094 : Aftasides à Badajoz.
1039-1110 : Houdides de Saragosse.

1028 : Annexion de la Castille par le roi de Navarre Sanche III le Grand - Prise de León.

1031 : Disparition du califat omeyyade de Cordoue.

1037 : Bataille de Tamaron : Ferdinand Ier de Castille annexe le León.

1054-1065 : Début de la Reconquista par Ferdinand Ier qui franchit le Douro.

1063 : Le pape Alexandre II accorde l'indulgence à ceux qui combattent les « persécuteurs des chrétiens ».

1064 : Sac de Barbastro (reprise l'année suivante par le roi musulman de Saragosse).

1072 : Alphonse VI (1040-1109) est sacré roi de Castille et de León.

1076 : Réunion de la Navarre et du León.

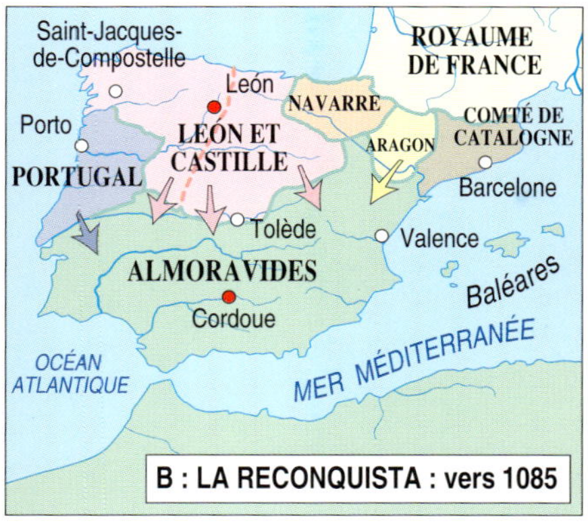

L'église de Saint-Jacques-de-Compostelle représentée dans un médaillon. Bibliothèque municipale de Tours.

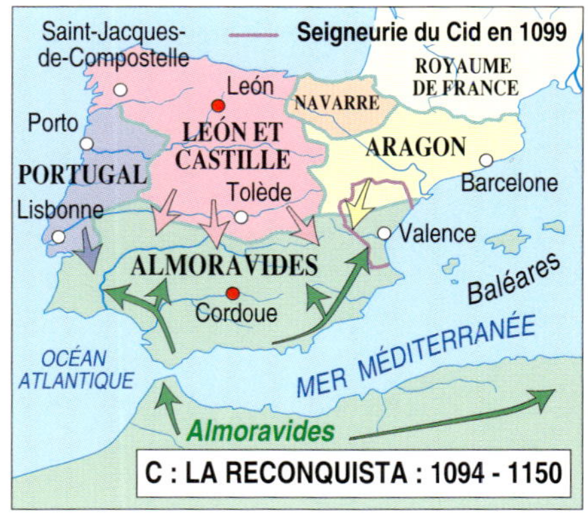

v. 1080-1122 : Reconstruction de la cathédrale de Saint-Jacques-de-Compostelle.
1085 : Prise de Tolède par Alphonse VI de Castille, « roi de toute l'Espagne », qui y transfère sa capitale et prend le titre d'*imperator*.
1086 : Débarquement des Almoravides à Algésiras sous la direction de Yusuf ibn Tashfin et défaite d'Alphonse VI de Castille à Zallaca (Sagragas).
1090 : Victoire d'ibn Tashfin à Aledo.
1091 : Ibn Tashfin soumet les *Reyes de Taifas*.
1094 : Prise de Valence par Ruy Diaz de Vivar.

Le « Cid Campeador » : Ruy (Rodrigo) Diaz de Vivar (1043-1099) est un chevalier de Burgos qui, banni de Castille par Alphonse VI en 1081, s'est mis au service du roi musulman de Saragosse (d'où son surnom de Cid : *c̄id* : « lion », appliqué au guerrier). Rappelé par Alphonse VI après la défaite de Zallaca, il conquiert Valence où il règne jusqu'à sa mort. Il est devenu le héros des chansons de geste qui se sont développées dans l'ambiance de la Reconquista. Ainsi, en 1142, un jongleur de Medinaceli compose le *Cantar de mio Cid* à la gloire du « Cid Campeador ». L'auteur semble avoir mis en œuvre des chants en langue vulgaire dont les spécialistes soupçonnent l'existence à partir de traductions latines (*Carmen campidoctoris* dès 1090).

1097 : Création du comté de Porto.
1102 : Raid des Almoravides contre Valence qui est reprise.
1104 : Avènement d'Alphonse Ier, roi d'Aragon et de Navarre.
1106 : Prise de Séville par les Almoravides.
1108 : Défaite à Uclès des troupes d'Alponse VI devant les Almoravides.
1135 : Couronnement impérial d'Alphonse VII à León.
1137 : Union du royaume d'Aragon et de la Catalogne.
1139 : Victoire d'Ourique remportée sur les musulmans par le « prince de Portugal », Alphonse Enriquez, qui prend le titre de roi.
1143 : Alphonse Ier Enriquez (1110-1185), roi du Portugal, fixe sa capitale à Coimbra - Il se fait vassal du pape qui reconnaît son titre royal.
1146 : Débarquement des Almohades en Espagne.
1147 : Prise de Lisbonne par Alphonse Ier Enriquez.
1151 : Traité de Tudillén entre l'Aragon et la Castille programmant le futur partage d'al-Andalus.
1155 : Occupation de Grenade par les Almohades : les Almoravides se replient aux Baléares.
1158 : Fondation de l'ordre militaire de Calatrava.
1163 : Séville, capitale d'al-Andalus.
1188 : Première réunion des *Cortes* à León.
1195 : Défaite des Castillans à Alarcos devant les Almohades.
1198 : Mort d'Averroès (ibn Ruchd), philosophe cordouan, exilé au Maroc.
1204 : Mort de Maïmonide en exil au Caire.
1212 : Défaite des Almohades à Las Navas de Tolosa.

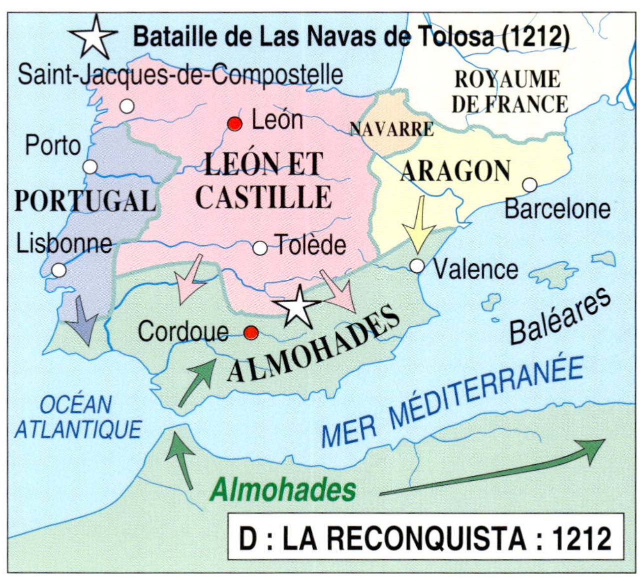

LA POLOGNE : Xe-XIIIe SIÈCLE.

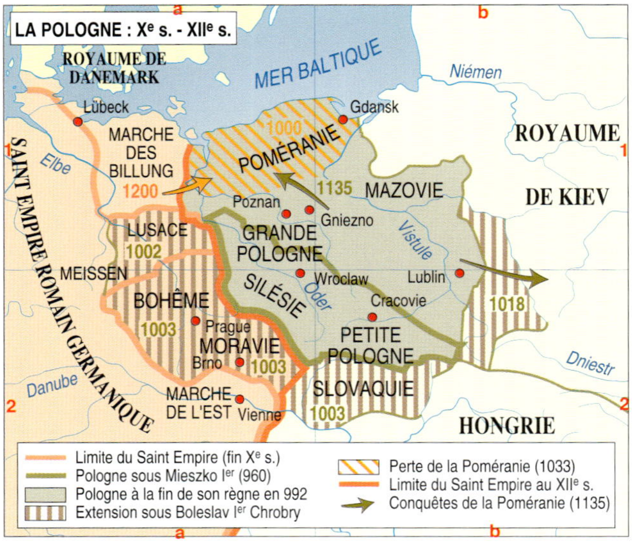

Reconstitution du plan de Kiev au Moyen Age,

(Extrait de *Kyiv*, ouvrage collectif, publié par Kyiv House), (D.R.).

Dans la seconde moitié du xe siècle, se forme l'Etat polonais à l'embouchure de la Vistule et de l'Oder.

966 : Baptême du prince Mieszko Ier (vers 960-992), fondateur de la dynastie des Piasts, sans doute à Poznan par Jordan de Ratisbonne.

968 : En Pologne, fondation de l'évêché de Poznan, relevant de l'archevêché allemand de Magdebourg - Jordan et ses compagnons évangélisent la Pologne.

985 : Mieszko prête hommage à Otton Ier et place la Pologne sous la protection du Saint-Siège (*Dagome judex* : « jugement de Dagobert »).

992 : Avènement de Boleslav Ier Chrobry (« le Vaillant », 992-1025).

997 : Mission d'Adalbert (Voytech) en Prusse : il est exécuté par les Pruthènes à Truso (près d'Elblag) - Ses restes sont ramenés à Gniezno.

1000 : En Pologne, pélerinage d'Otton III à Gniezno sur la tombe de saint Adalbert : fondation de l'archevêché de Gniezno.

1003-1004 : Le roi de Pologne Boleslav Ier occupe la Poméranie, la Moravie et (temporairement) la Bohême.

1018 : Paix de Bautzen avec l'empereur Henri II : Boleslav Ier, dispensé d'hommage, obtient la Lusace et la région de Bautzen (Mismie).

1024 : Boleslav Ier se fait couronner roi de Pologne par l'archevêque de Gniezno.

1025 : Avènement de Mieszko II (1025-1034).

v. 1030 : Anarchie en Pologne : réaction païenne.

1033 : Mieszko II doit reconnaître la suzeraineté de l'empereur Conrad II et céder, entre autres, la Lusace et la Poméranie.

1038 : Invasion de la Pologne par le prince tchèque Vratislav Ier (1035-1055) : Destruction de la cathédrale de Gnieszno, enlèvement des reliques de saint Adalbert ; annexion de la Silésie par la Bohême.

1039 : Avènement de Casimir Ier le Rénovateur (1039-1058) qui transfère sa capitale de Grande Pologne (Poznan) en Petite Pologne (Cracovie).

1054 : L'empereur Henri III restitue la Silésie à Casimir Ier : fondation de l'évêché de Wroclaw.

1059 : Avènement de Boleslav II (1059-1079) le Hardi qui se range au côté de Grégoire VII et s'émancipe de la tutelle impériale.

1076 : Boleslav II, sacré roi de Pologne.

1079 : Boleslav II entre en conflit avec l'évêque Stanislas de Cracovie qu'il aurait fait assassiner. Il est déposé par l'aristocratie et s'enfuit en Hongrie.

1079-1102 : Ladislas Ier Herman renonce à la couronne royale et se rapproche de l'empereur.

1102 : Avènement de Boleslav III Bouche-Torte (1102-1138) qui fait disparaître son frère Zbigniew en 1112.

1119-1128 : Annexion de la Poméranie par Boleslav III : missions (1124-1025 et 1128) de l'évêque Otton de Bamberg.

1135 : Hommage de Boleslav III à l'empereur Lothaire.

1138-1194 : Anarchie : quatre des fils de Boleslav III deviennent tour à tour princes de Pologne.

v. 1200 : La Pologne se ramène à un conglomérat de duchés régionaux autonomes : Petite Pologne (Cracovie), Grande Pologne (Poznan), Silésie, Poméranie, Mazovie (où Varsovie n'est encore qu'un bourg de pêcheurs).

1226 : Le duc Conrad de Mazovie appelle à l'aide les chevaliers Teutoniques pour lutter contre les Prussiens.

v. 1230 : Les chevaliers Teutoniques s'installent à Torun et à Chelmno (Kulm).

1235-1243 : Conquête de la Prusse par les chevaliers teutoniques qui y fondent un état monastique.

1241 : Déferlement des Mongols en Pologne : prise de Cracovie et Wroclaw. Ils sont arrêtés à Legnica, en Silésie.

1259 : Nouvelle attaque mongole sur Sandomierz.

Au cours de la première moitié du XIIIe siècle, le morcellement s'aggrave ; vers 1250, le *Regnum Poloniae* comporte 24 duchés.

LA NAISSANCE DE LA RUSSIE : Xe-XIIIe SIÈCLE.

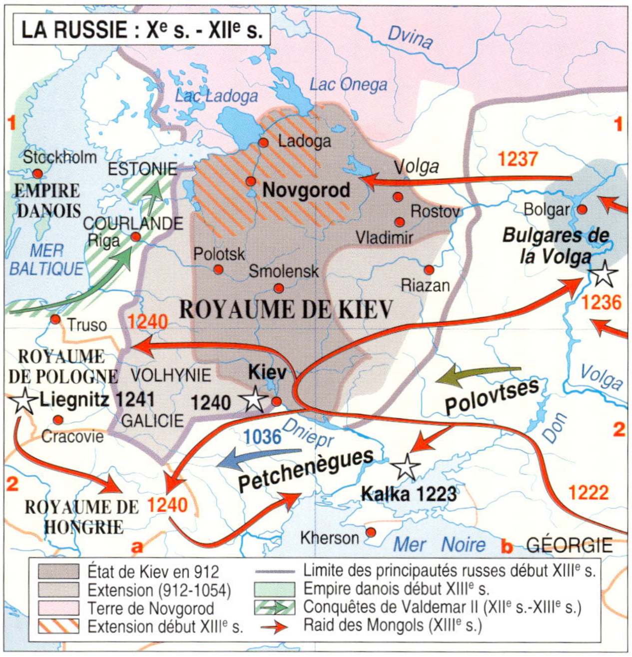

Les Varègues (Vikings suédois) qui, au IXe siècle, assurent les échanges entre la Baltique et la mer Noire fondent des établissements permanents comme Novgorod et Kiev.

v. 860 : Le chef varègue Rurik, à Kiev - Mission de Cyrille en Crimée chez les Khazars (population turque convertie au judaïsme).

909-912 : Le prince de Kiev Oleg le Sage réunit les principautés varègues de Kiev et de Novgorod, donnant naissance à la Russie.

911 : Traité entre Byzance et la Russie.

912 : Première incursion des Petchenègues.

912-945 : Le prince Igor fonde la dynastie des Rurikides à Kiev.

945 : Après l'échec d'une expédition contre Constantinople (941), Igor conclut un nouveau traité avec les Byzantins.

957 : Baptême, à Constantinople, d'Olga, veuve du prince Igor et régente de Kiev.

964-972 : Le prince de Kiev, Sviatoslav, mène des campagnes contre les Khazars, les Bulgares de la Volga et contre Byzance.

971 : Défaite de Sviatoslav devant les Byzantins à Dorostolon.

972 : Défaite et mort de Sviatoslav devant les Petchenègues.

988 : Traité entre Kiev et Byzance - Baptême de Vladimir Ier le Saint ou le Grand (980-1015), qui épouse la princesse byzantine Anne Porphyrogénète.

989-996 : Construction de l'église de la Dîme à Kiev.

1015 : Sviatopolk, fils aîné de Vladimir, prend le pouvoir à Kiev et fait exécuter les princes Boris et Gleb, fils d'Anne Porphyrogénète.

1016 : Destruction de l'Etat des Khazars par les Byzantins.

1019 : Le prince de Novgorod, Jaroslav, bat son frère Sviatopolk près de la rivière Alta et s'empare du trône de Kiev.

1019-1054 : Jaroslav Vladimirovic le Sage (1018-1054) unifie la Russie.

1037-1045 : Construction de la cathédrale Sainte-Sophie de Kiev.

1045-1052 : Construction de Sainte-Sophie de Novgorod.

1051 : Fondation du monastère des Grottes, près de Kiev - Mariage de la princesse Anne de Kiev, fille de Jaroslav, avec le roi capétien Henri Ier.

1054 : A la mort de Jaroslav, morcellement de la Russie en principautés rivales. — Début des hostilités entre les Russes et les Coumans (*Polovtsy*) qui durent un siècle et demi.

1097 : Réconciliation des princes russes à Lioubtbetch.

1113 : Insurrection populaire à Kiev qui place sur le trône Vladimir II Monomaque (1113-1125) - Après sa mort, dislocation de l'Etat kievien en principautés indépendantes.

1141 : Le prince de Galicie Vladimirko réunit plusieurs petites principautés occidentales puis transfère (1144) sa capitale à Halytch.

1147 : Première mention de Moscou.

1158 : Début de la construction de la cathédrale de la Dormition à Vladimir.

1169 : Kiev est pillée par l'armée du prince de Souzdal André Bogolioubski.

1185 : Défaite des princes russes menés par Igor Sviatolslavitch devant les Coumans.

1199 : Création de la principauté de Galicie-Volhynie, convoitée à la fois par les Polonais et les Coumans.

1223 : Victoire des Mongols sur les Russes et les Coumans à la bataille de la Kalka.

1236 : Invasion de la Russie par les Mongols.

1240-1242 : Novgorod se soumet aux Mongols pour se défendre contre les Suédois (défaits sur la Néva) et les chevaliers Porte-glaive (défaits sur le lac Peïpous).

Détail de la reconstitution p. 50.

A partir de 1245, domination des Mongols sur la Russie. En 1251, le khan Batou fonde la Horde d'or qui se détache du gouvernement central de Karakorum en 1260. Les princes russes doivent reconnaître la suzeraineté de la Horde d'or pour obtenir un *yarlik* (lettre de grâce). Les Mongols favorisent l'Eglise russe qui accepte volontiers leur domination.

SOCIÉTÉ, CULTURE ET ENSEIGNEMENT EN OCCIDENT : IXe-XIIIe SIÈCLE.

v. 780 : Mise au point de la minuscule caroline (Bible de Corbie).
v. 786 : *Commentaire sur l'Apocalypse* par Beatus de Liebana.
804 : Décès d'Alcuin (vers 730-804) « *très cher précepteur dans le Christ* » de Charlemagne.
v. 818 : Plan de Saint-Gall.
v. 820 : *Hildebrandlied*, copié à Fulda.
v. 830 : Composition, au pays de Galles, de l'*Historia Brittonum* (la version attribuée à Nennius a probablement été remaniée entre 907 et 1050).
841-843 : *Manuel* composé par Dhuoda, épouse de Bernard de Septimanie, à l'intention de son fils Guillaume.
862-865 : *Periphyseon* (*De divisione naturae*), par Jean Scot Erigène.
ap. 881 : *Séquence de sainte Eulalie* (plus ancien poème en langue romane), à l'abbaye de Saint-Amand.
av. 996 : *Annales* de Flodoard de Reims.
1015-1026 : *Histoire des Normands* par Dudon de Saint-Quentin.
1022 : Exécution des hérétiques d'Orléans.
1028 : *Chronicon*, par Adémar de Chabannes.
av. 1030 : *Poème au roi Robert*, par Adalbéron de Laon.
av. 1040 : *Vie du roi Robert* par Helgaud de Fleury.
v. 1040 : *Chanson de saint Alexis* (en langue romane).
1044 : Lanfranc de Pavie, prieur de l'abbaye du Bec, récemment fondée par Herlouin.
v. 1046 : *Histoires (Historiae),* par Raoul Glaber, dédiées à Odilon de Cluny.
1063 : Anselme d'Aoste, prieur (puis abbé, 1073) du Bec-Herlouin.
v. 1066-1067 : *Gestes des évêques de l'Eglise de Hambourg* par Adam de Brême.
1090 : *Carmen campidoctoris* (composé du vivant du « Cid Campeador »).
v. 1100 (?) : *Chanson de Roland.*
av. 1101 : *Elucidarium* (« Lucidaire ») par Honorius « *Augustodinensis* » (de Ratisbonne/Regensburg, plutôt que d'Autun).
1106 : Mort de Rashi (Rabbi Salomon Isaaki), maître de l'école talmudique de Troyes.
1108 : Fondation de Saint-Victor de Paris par Guillaume de Champeaux, ancien écolâtre de Notre-Dame.
1108-1110 : *Histoires* (*Historia Francorum* et *Historia Moderna*) par Hugues de Fleury.
v. 1115 : *Autobiographie* (*De Vita sua*), par Guibert de Nogent auteur, par ailleurs, d'une *Histoire de la première croisade (Gesta Dei per Francos).*
1121 : Condamnation au concile de Soissons du *Traité sur l'unité et la trinité divine (De unitate et trinitate divina)*, par Abélard.
1123 : Abélard fonde l'école du Paraclet, près de Noyon.
v. 1125 : Traduction anglo-normande de la *Navigation de saint Brendan*, par Benedeit.
v. 1130 : *Canso d'Antiocha*, par Gregori Bechada - Jacques de Venise traduit les traités d'Aristote formant la *Logica nova.*
1136 : *Histoire des rois de Bretagne* (*Historia regum Britaniae*), par Geoffroy de Monmouth.
1139 : Exécution, pour hérésie, de Pierre de Bruys à Saint-Gilles-du-Gard.
1140 : Décret de Gratien - Condamnation par le concile de Sens de la *Théologie* d'Abélard.
v. 1140 : *Chanson de Guillaume.*
av. 1141 : *Didascalicon*, par Hugues de Saint-Victor.
v. 1141 : *Dialogue entre un philosophe, un juif et un chrétien*, par Abélard.
1141-1142 : *Histoire ecclésiastique*, par Orderic Vital.
1142 : Décès d'Abélard - Thierry, chancelier de l'école cathédrale de Chartres (*Heptateuchon* : «Morceaux choisis») - Pierre le Vénérable, abbé de Cluny, fait traduire le Coran en latin - *Cantar de mio Cid*, par un jongleur de Medinaceli, en Espagne.
1149 : *Vision de Tnugdal.*
v. 1150 : *Ysengrinus*, par Nivard
1152 : *Sentences*, par Pierre Lombard.
1155 : *Roman de Brut*, dédié à Aliénor d'Aquitaine, par Wace.
v. 1156 : *Roman d'Eneas.*
v. 1160 : *Roman de Rou* (= Rollon), par Wace.
v. 1162 : *Erec et Enide*, par Chrétien de Troyes.
1160-1170 : *La plainte de Nature* (*De planctu Naturae*), par Alain « de Lille ».
v. 1065 : Benoît de Sainte-Maure dédie le *Roman de Troie* à Aliénor d'Aquitaine.
1167 : Essor des écoles d'Oxford.
v. 1170 : Version de *Tristan* par le trouvère anglo-normand Thomas.
v. 1170-1175 : *Lais* de Marie de France.
1173 : Le marchand lyonnais Pierre Valdes se convertit à la pauvreté.
v. 1175 : *Le Jardin des délices* (*Ortus Deliciarium*) par Herrade de Hohenbourg, abbesse du Mont-Sainte-Odile.
v. 1175-ap. 1205 : Rédaction des premières branches du *Roman de Renart.*
v. 1176 : *Cligès* ou *La fausse morte*, par Chrétien de Troyes.
v. 1177 : *Lancelot ou Le Chevalier à la Charrette,* par Chrétien de Troyes.
1179 : Les Vaudois au concile de Latran III.
v. 1180 : Enseignement de Pierre le Chantre († 1197) à l'école-cathédrale de Notre-Dame de Paris.
ap. 1180 : *Perceval* (inachevé), par Chrétien de Troyes.
v. 1182 : *Anticlaudianus* par Alain « de Lille ».
av. 1185 : *Estoire des ducs de Normandie*, par Benoît de Sainte-Maure.
1185-1186 : *Traité du Purgatoire de saint Patrice*, par H. (?) de Saltrey (cistercien anglo-normand de l'abbaye de Sawtry, au nord de Cambridge).
1188 : *Topographie de l'Irlande*, par Giraud de Barri († v. 1223).
1189-1208 : *Fables*, par Marie de France.
v. 1190 : *De amore*, par André le Chapelain - *Espurgatoire Seint Patriz*, par Marie de France.

1198 : Prédication de Foulques de Neuilly à Paris - Décès d'Averroès en résidence surveillée au Maroc.
v. 1200 : *Chanson des Nibelungen* (Nibelunglied) - *Mort de Brun* (branche du *Roman de Renart*), par le « prêtre de La Croix-en-Brie » - *Miracle de saint Nicolas par personnages*, par Jean Bodel.
1200 : Privilège de Philippe Auguste en faveur des maîtres et écoliers de Paris - Hélinand de Froimond compose les *Vers de la mort*.
1200-1216 : *Parzival*, par Wolfram von Eschenbach.
1201 : Décès de Joachim de Flore.
1202 : *L'Escoufle*, par Jean Renart.
v. 1205 : *Congé*, par Jean Bodel d'Arras († 1210).
1208-1219 : *Gestes de Philippe Auguste*, par Guillaume le Breton, chapelain du roi.
1217 : Installation des Dominicains à Paris.
1218-1224 : *La Philippide*, par Guillaume le Breton.
1219 : Arrivée des Franciscains à Paris.

Une riche bibliothèque. Benoît de Saint-Maure, *roman de Troie*, XIVe siècle. BnF, ms. 782, f°. 2 v°.

UN MAÎTRE ÉMINENT DU Xe SIÈCLE : GERBERT D'AURILLAC († 1003)

D'origine modeste, Gerbert est offert par ses parents, au milieu du xe siècle, au monastère de Saint-Géraud d'Aurillac qui vient d'être réformé sous l'influence de Cluny. Le comte Borell de Barcelone l'y remarque et l'envoie étudier le *quadrivium* (c'est-à-dire les matières scientifiques) en Catalogne, sous la direction de l'évêque Hatton de Vich.

En 970, Gerbert accompagne à Rome Borell et Hatton venus pour obtenir de la papauté l'érection du siège de Vich en métropole. L'intelligence de Gerbert est distinguée par le pape qui le recommande à l'empereur Otton Ier, alors soucieux de restaurer la qualité des études. Gerbert est donc retenu à Rome dans l'entourage impérial et assure vraisemblablement la formation du futur Otton II. L'archidiacre de Reims, Gerranus, venu en ambassade à Rome (972), décide Gerbert à venir enseigner le *quadrivium* à Reims où il devient le conseiller de l'évêque Adalbéron qui le nomme bientôt écolâtre de la cathédrale. Il assure brillamment cette tâche de 973 à la mort de son protecteur en 989, avec un intermède de 981 à 983. Durant cette période, il s'efforce en vain de réformer l'abbaye de Bobbio à la tête de laquelle il a été nommé par Otton II. Après avoir momentanément occupé le siège archiépiscopal de Reims (991-996), Gerbert est invité par Otton III à devenir son précepteur. Il est ensuite promu archevêque de Ravenne en 998 avant que l'empereur ne l'appelle à la papauté sous le nom de Sylvestre II († 1003).
Davantage que les aléas de sa carrière politique et religieuse dans l'orbite des empereurs ottoniens, c'est sa réputation d'enseignant qui fait la gloire de Gerbert. Son appétit de lecture est prodigieux. Dans sa bibliothèque, les auteurs profanes sont plus nombreux que les auteurs sacrés. Les disciplines profanes ont acquis une certaine indépendance vis-à-vis des études religieuses.
Dans son *Histoire*, Richer, ancien élève de Gerbert à l'école-cathédrale, ne manque pas de vanter la science de son maître et le souci de celui-ci de la transmettre grâce à des innovations pédagogiques. Parmi ses élèves (certains ou probables), on trouve, outre Robert le Pieux, Liery, futur archevêque de Sens, et Heriger de Lobbes. On y adjoint parfois, suivant des indications postérieures, le célèbre Fulbert († 1028) de Chartres.

LA *CHANSON DE ROLAND*

Cette épopée, de plus de quatre mille vers, raconte la mort à Roncevaux de Roland, neveu de Charlemagne, et la vengeance de l'empereur. A partir d'un fait historique (l'attaque par des montagnards basques, en 778, de l'arrière-garde franque au retour d'une expédition en Espagne), des complaintes qui enjolivaient l'événement en ont sans doute transmis oralement le souvenir. Composé à l'extrême fin du xie siècle (ou au milieu du xiie siècle), ce poème « guerrier et sacré » apparaît, sous sa forme actuelle, comme l'émanation de la société. En présentant son héros comme le type accompli du croisé, la *Chanson de Roland* témoigne de la prise de conscience d'elle-même par la Chrétienté face aux infidèles. En même temps, elle exprime les contradictions entre la monarchie et les féodaux alors que s'élabore l'idéologie chevaleresque.

L'EXTRÊME-ORIENT ET LA CHINE : Xe-XIIe SIÈCLE.

Du XIe au XIIIe siècle, la Chine connaît de profondes transformations. Sa réunification donne naissance à un vaste marché intérieur qui favorise l'ascension sociale des riches marchands. Les régions méridionales, naguère marginales, deviennent le centre de l'Empire où s'installent les capitales successives des Song (K'ai-fong puis Hang-tcheou). A la frontière du Nord, de puissants Etats enlèvent à la Chine ses provinces septentrionales, coupent la route de la soie et menacent l'empire des Song. Contre le versement de tributs, la Chine méridionale s'assure toutefois une période de prospérité que pourraient caractériser les trois découvertes de l'époque des Song : la boussole, la poudre et l'imprimerie.

960 : En Chine, le général Tchao Kouang-yin (Tai-tsou) fonde la dynastie des Song à K'ai-fong.

961 : Au Japon, Minamoto Tsunemoto, petit-fils de l'empereur Seiwa (858-876), fonde le clan Minamoto.

967 : Avènement de la dynastie Dinh au Tonkin.

971 : Les Song entrent à Canton : fin de la dynastie des Han du Sud.

975 : Les Song entrent à Nankin : fin de la dynastie des T'ang du Sud.

978 : Avènement du roi Jayavarman V (Royaume khmer).

979 : Fin du royaume des Han du Nord : les Song, maîtres de pratiquement toute la Chine - Conflit entre le Tonkin et le royaume du Champa.

980 : Au Tonkin, la dynastie Lê antérieure supplante celle des Dinh.

986 : Défaite des armées des Song près de Chang Ping (au nord-est de Pékin) devant les Kitat qui fondent la dynastie Leao en Mandchourie.

991 : Soumission des Djurtchets (Toungouses) par les Kitat.

994 : Soumission de la Corée par les Kitat.

995-1027 : Au Japon, suprématie de Fujiwara Michinaga.

1004 : En Chine, délimitation de la frontière entre les Kitat et les Song qui versent tribut.

1006 : Au Cambodge, à la suite de troubles successoraux consécutifs à la mort de Jayavarman V, avènement de Suryavarman Ier (1006-1050), qui étend l'Empire khmer jusqu'au bassin du Chao Phraya.

1010 : Ly Cong Van fonde le *Dai Viet* (« Grand Viet ») et transfère la capitale à Thang Long (Hanoi).

1028 : Incursions vitetnamiennes dans l'empire des Song.

1030 : Alliance entre l'Empire khmer et le Champa.

1038 : Fondation du royaume de Si Hia (Xixia) par les Tanguts.

v. 1040 : En Chine, invention de l'imprimerie à caractères mobiles.

1042 : Au *Dai Viet*, Ly Phat Ma promulgue le *Minh Dao* (Code législatif).

1044-1077 : Règne d'Anaruddha qui fonde le Royaume pagan en Birmanie : développement politique et religieux ; extension territoriale.

1044 : Expédition maritime victorieuse du Dai Viet contre le Champa - En Chine, traité entre les Hia et les Song qui versent tribut.

1050-1066 : Au Cambodge, règne d'Udayaditiavarman II qui doit maîtriser les Cham et construit le Baphuaon à Angkor.

1057 : Prise de Thaton par Anaruddha qui soumet les Môns.

1059 : Incursion vietnamienne au Kiang-si.

1069 : Dans la Chine des Song, Wang Ansi, ministre de l'empereur Chen tsong entreprend des réformes fiscales, administratives et militaires.

1096 : Première « chefferie » (*muang*) thai à Pha Yao.

1113-v. 1150 : Apogée de l'Empire khmer sous le règne de Suryavarnam II qui combat les Birmans, le Dai Viet et le Champa - Edification du temple d'Angkor Vat.

1115 : Les Djurtchets, anciens vassaux des Kitat, repoussent ceux-ci vers les bords de l'Ili où ils soumettent les Oïgours du Tarim.

1125 : Les Djurtchets prennent K'ai-fong, capitale des Song, capturent l'empereur et fondent la dynastie Kin.

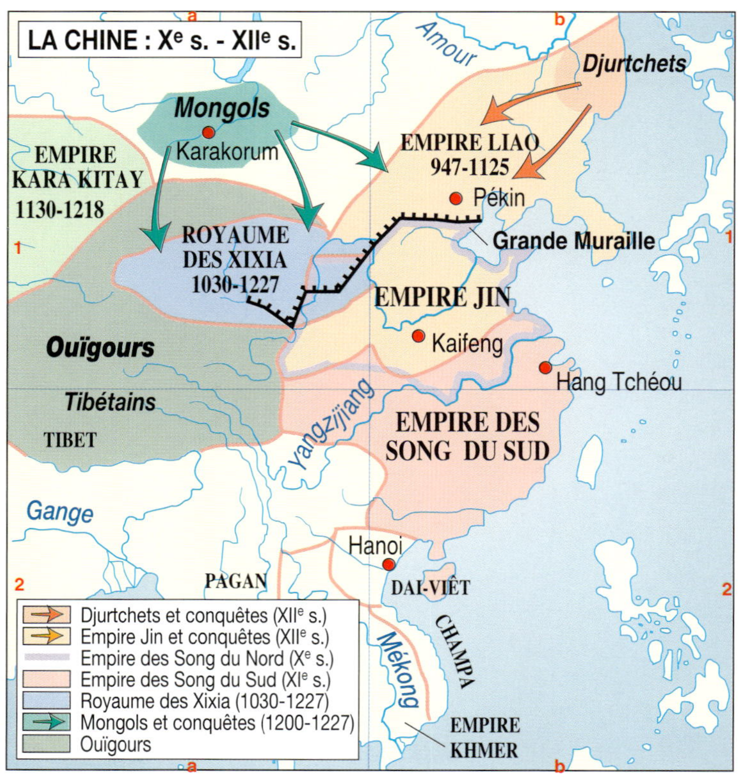

1126 : Soumission de la Corée aux Kin.
1127 : Les Song établissent la capitale de leur empire à Hang tcheou : dynastie des Song du Sud (Nan Song).
1130-1141 : Le Kitat Ye-liu Ta-che fonde le Kara-Kitai.
1135-1147 : Qabul Khan fonde le premier empire mongol.
1141 : Les Kara-Kitai battent le seldjoukide Sanjar près de Samarkand et refoulent les Turcs vers le sud.
1156-1160 : Au Japon, victoires du clan Taïra sur le clan Minamoto marquées par l'incendie du palais Sanjo.
1167 : Taïra Kiyomori s'installe à Kyoto et prend le titre de grand chancelier d'empire.
1177 : Prise d'Angkor par les forces du Champa.
v. 1180-1220 : Jayavarnam VII soumet le Champa à la domination khmère - Edification du Bayon, au centre d'Angkor Thom.
1180-1185 : Au Japon, reprise des hostilités entre le clan Taïra sur le clan Minamoto. Celui-ci remporte la bataille navale de Dannoura.
1185 : Minamoto Yoritomo, maître du Japon, transfère la capitale à Kamakura, sur la côte du Kanto où était installé son poste de commandement - Création des fonctions de *shogu* (« protecteur militaire ») et de *jito* (« gouverneur domanial » ; ancêtre des samouraï).
1188 : Gengis Khan (Temüdjin) impose son autorité aux tribus mongoles.
1194 : En Chine, défluviation du Huang He en direction du sud du Shandong (jusqu'en 1852 !).
1202 : Gengis Khan écrase les Tatars.
1204 : Victoire de Gengis Khan sur les Kerait : Gengis Khan maître de toute la Mongolie.

Portrait de Gengis Khan, chef des tribus mongoles.
Extrait de *Emperors and Kings of Mongolia* de Dr. D. Bandi et A. Gerelbat, publié par Naran Tuul. Company LTD, communiqué par l'ambassade de Mongolie (D.R.).

1208 : Gengis Khan contourne la grande muraille et conquiert le Tarim.
1211 : Gengis Khan attaque les Kin.
1216 : Gengis Khan, maître de Pékin grâce à une révolte de la garnison.
1221 : Gengis Khan traverse l'Afghanistan et atteint l'Indus.
1227 : Destruction du royaume Si Hia par les Mongols - Mort de Gengis Khan. Ogoday lui succède.

LES RÉFORMES DE WANG ANSI (1021-1086)

Sous la pression des Hia et dans un contexte de transformations socio-économiques, s'affrontent à la cour de K'ai-fong des factions qui alternent au pouvoir jusqu'à l'invasion soudaine des Djurtchets en Chine du Nord en 1125. Il est d'usage (quoique réducteur) d'opposer « conservateurs » et « réformistes ». Les premiers, autour de l'historien Sima Guang, fidèles à la pensée confucéenne (« laisser faire la vertu du prince ») sont les tenants de l'ordre établi. Les seconds, partisans d'un confucianisme éclairé, sont en général favorables à l'interventionnisme de l'Etat et proposent de réduire les privilèges des marchands et des grands propriétaires.
Wang Ansi (1021-1086), qui avait proposé dès 1056 un premier projet de réformes, est appelé au pouvoir par l'empereur Chen tsong en 1068. Il y demeure jusqu'en 1076 quand les conservateurs parviennent à le faire déposer. Rappelé en 1078, il est définitivement écarté à la mort de Chen tsong, son protecteur En 1085. Sima Guang prend sa place et abo lit aussitôt ses réformes.
Les « nouvelles lois » adoptées par Wang Ansi (pour la plupart entre 1069 et 1073) visent d'abord à améliorer la condition paysanne tout en augmentant les recettes publiques. Il rationalise le système de transport des grains destinés à l'impôt (qui sont revendus sur place au lieu d'être acheminés vers la capitale). Il institue des prêts de grains à taux modique au moment des semailles et instaure des centres officiels de prêts sur gage pour lutter contre l'usure. Afin d'améliorer le niveau des fonctionnaires, il augmente la rétribution de ceux-ci, réforme les concours et multiplie les écoles publiques pour élargir le recrutement. Enfin, pour alléger le poids de l'armée de métier sur le budget de l'Empire tout en réduisant les menaces de jacqueries, il réorganise les milices paysannes (*bao jia*) réparties en groupes de dix familles et régulièrement entraînées.
Toutes ces réformes se heurtent aux résistances des fonctionnaires lettrés, chargés de les mettre en œuvre, qui bénéficiaient de la situation antérieure.

L'AFRIQUE DU NORD : L'IFRIKIYA (VIIe-XIIe SIÈCLE).

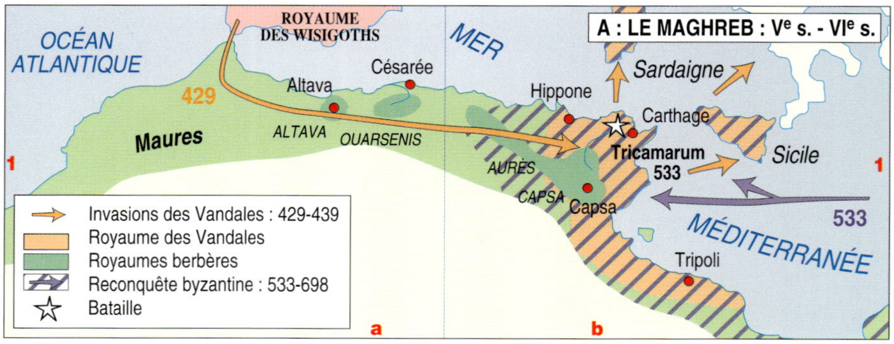

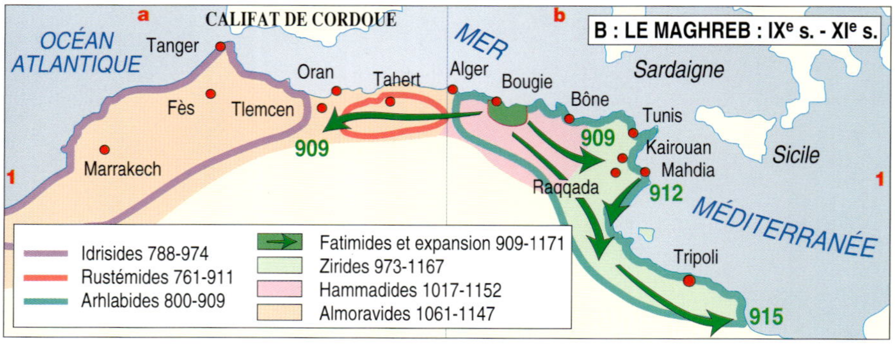

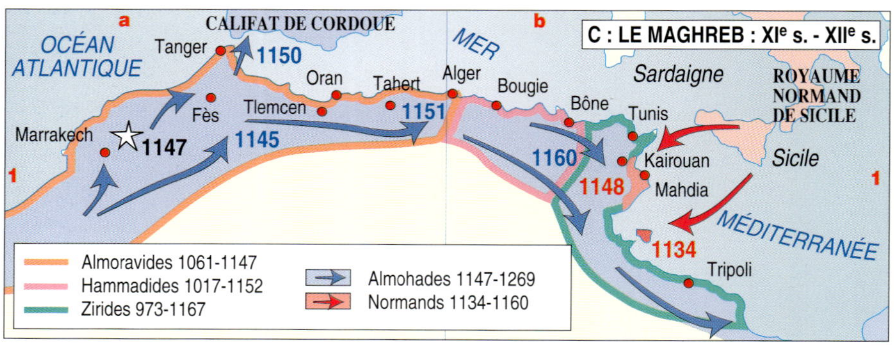

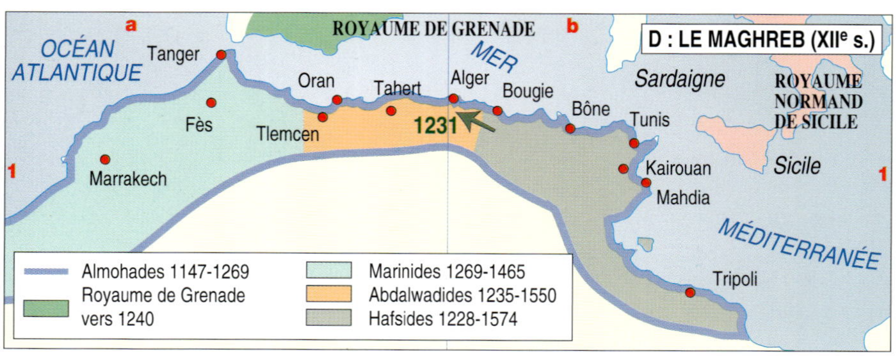

Au IXe siècle, le Maghreb est dominé par trois dynasties islamiques : les Rustémides de Tiaret, les Idrissides de Fès et les Aghlabides de Kairouan. Ceux-ci s'implantent en Egypte et revendiquent le titre de calife en tant que descendants de Fatima, fille du Prophète. En Algérie, les Zirides (972-1167), d'abord gouverneurs des Fatimides, s'émancipent en 1041. Au XIe siècle, les Almoravides (1061-1163) étendent leur pouvoir sur tout le Maghreb, avant d'être évincés par les Almohades (1147-1269). Ceux-ci sont finalement anéantis par les attaques conjointes des chrétiens et des Arabes.

642-643 : Début de la conquête de l'Afrique byzantine par les Arabes (Cyrénaïque et Tripolitaine).
697 : Prise de Carthage par les Arabes.
v. 702 : Soumission de la révolte des Aurès menée par la Kâhina (« devineresse »).
v. 705 : Les troupes de Moussa ibn Noçeir atteignent les côtes atlantiques.
711 : Débarquement à Gibraltar (djabal al-Tarik) des troupes berbères de Tariq ; victoire de Rio Barbate : début de la conquête d'al-Andalus par les musulmans.
756 : Fondation de l'émirat omeyyade de Cordoue par Abd ar-Rahman Ier.
730 : Prise de Tanger par les Kharidjites.
761 : Abd ar-Rhaman ibn Rostem implante la dynastie des Rustémides (776-911) à Tahert (Tiaret en Algérie, fondée en 781).
789 : Idris Ier fonde la dynastie idrisside (789-814) à Volubilis (Oualili, au Maroc).
800 : Ibrahim Ier (800-812) fonde la dynastie aghlabide à Kairouan en Tunisie.
808 : Fondation de Fès, par Idris II.
817-838 : Règne de l'Aghlabide Ziyadat Allah Ier.
821 : Construction du *ribat* (monastère fortifié) de Sousse.
827 : Début de la conquête de la Sicile par les Aghlabides.
828 : Partage du royaume idrisside à la mort d'Idris II.
v. 836 : Reconstruction de la mosquée de Kairouan.
840 : Prise de Bari et de Tarente par les Aghlabides.
841-856 : Règne de l'Aghlabide Mohammed Ier.
843 : Prise de Messine par les Aghlabides.
844 : Raids normands sur les côtes atlantiques du Maroc.
850 : Construction de la mosquée de Sousse.
v. 859 : Construction des remparts de Sousse.
v. 860 : Construction de la mosquée Zaytouna à Tunis.
869 : Prise de Malte.
878 : Prise de Syracuse par les Aghlabides - Fondation de Rakkada, près de Kairouan, par l'émir Ibrahim II.

893 : Abou Abdallah, propagandiste des Fatimides en Ifrikiya.
902 : Prise de Taormina : la Sicile aux mains des Aghlabides.
v. 903 : Fondation d'Oran.
903-909 : Règne du dernier Aghlabide, Zyâdat Allah III.
909 : Prise de Rakkada par Abou Abdallah sur les Aghlabides.
910 : Le *madhi* chiite Obeïd Allah chasse le dernier émir aghlabide de Kairouan et fonde le califat fatimide.
911 : Prise de Tahert par les Fatimides.
913-915 : Premières expéditions fatimides en Egypte.
916 : Fondation de Mahdiya (« la ville du *Mahdi* »), capitale des Fatimides - Contrôle de la Sicile par les Fatimides.
929 : A Cordoue, l'émir Abd ar-Rahman III fonde le califat omeyyade.
943-947 : Soulèvement kharidjite d'Abou Yazid (« l'homme à l'âne ») à partir des Aurès.
944-1003 : Sépultures chrétiennes en Tripolitaine.
959 : Campagne du général fatimide Djauher (d'origine slave) jusqu'à l'Atlantique : les Fatimides contrôlent l'Ifrikiya, le Maghreb et la Sicile.
969 : Accord entre le calife fatimide al-Moezz (953-975) et l'empereur byzantin Nicéphore Phocas - Conquête de l'Egypte par Djauher - Fondation du nouveau Caire (*al-Qahira* : « la ville victorieuse »).
970 : Fondation d'al-Azhar au Caire.
972 : Bologgin ibn Ziri, gouverneur d'Ifridiya au nom des Fatimides, fonde la dynastie berbère des Zirides (972-1152) en Ifrikiya.
973 : Le calife fatimide al-Moezz s'installe au Caire.
976 : Régence de Muhammad ibn Abi Amir (al-Mansur) sur le califat de Cordoue.
988 : Conquête de la Syrie par les Fatimides.
989 : Prise de Tarhet par le Ziride al-Mansur ibn Bologgin.
1001-1010 : Fondation de la Kala des Beni Hammad.
1007-1046 : Sépultures chrétiennes à Kairouan.
1015 : Hammad ibn Buluddin fonde la dynastie des Hammadides en Algérie orientale - Principautés berbères Zénata à l'ouest.
1031 : Disparition du califat omeyyade de Cordoue.
v. 1040 : Prédication par ibn Yasin de la doctrine de la secte des Almoravides.
1040-1042 : Conflits entre Zirides et Hammadides.
1052 : Rupture entre les Zirides et les Fatimides : les Beni Hilal saccagent l'Ifrikiya pour le compte du calife fatimide al-Moustansir.
1054 : Prise de Sidjilmasa par les Almoravides.
1055 : Prise d'Aoudaghost (relai vers le Ghana) par les Almoravides.
1059-1082 : Conquête du Maroc et de l'Algérie par les Almoravides.
1060 : Début de la reconquête de la Sicile sur les musulmans par le Normand Robert Guiscard.
v. 1060 : Fondation de Marrakech par Yusuf Ibn Tachfin, successeur d'Ibn Yasin à la tête des Almoravides.
1067 : Fondation de Bougie par les Hammadides.
v. 1075 : Victoire des Almoravides sur le royaume de Ghana.
1076 : Cyriacus, seul évêque d'Afrique du Nord.
1081 : Raids génois et pisans contre Mahdia.
1083 : Prise de Ceuta par Ibn Tachfin, avec l'appui de la flotte sévillane.
1085 : Implantation normande en Sicile - Prise de Tolède par Alphonse VI.
1086 : Victoire des Almoravides sur Alphonse VI de Castille à Zallaca.
v. 1121 : Au Maroc, Ibn Toumert entreprend sa prédication à l'origine de la secte des Almohades.
1131 : Les Beni Ghaniya aux Baléares.
1135 : Achèvement de la mosquée de Tlemcen - La flotte de Roger II de Sicile occupe Djerba.
1045 : Débarquement des Almohades en Espagne.
1147 : Prise de Marrakech par Abd al-Moumin, successeur d'Ibn Toumert à la tête des Almohades.
1148 : Les Normands de Sicile occupent les ports tunisiens.
1151 : Annexion du royaume hammadide de Bougie par les Almohades.
1154 : Prise de Bône par Roger II de Sicile qui contrôle toute la région comprise entre Djidjelli (près de Bougie) et Tripoli.
1160 : Les Almohades, maîtres du Maghreb - Chute des implantations normandes sur les côtes tunisiennes.
1171 : Saladin abolit le califat fatimide d'Egypte et fonde la dynastie ayyubide.
1184 : Début des incursions des Beni Ghaniya au Maghreb afin de restaurer les Almoravides.
1195 : Victoire des Almohades à Alarcos sur la Castille.
1212 : Défaite des Almohades en Espagne à Las Navas de Tolosa - Début de la reconquête des Baléares par Jacques Ier d'Aragon.
1235 : Fondation du royaume des Abdalwadides de Tlemcen.
1236 : Chute de Cordoue - Fondation du royaume hafside à Tunis.

Extrait d'une carte de l'Afrique du Nord dans l'*Atlas Catalan*, datant du XIVe siècle. Bibliothèque nationale de France, ESP 30.

Almoravides : Au milieu du XIe siècle, sous le commandement d'Ibn Yasin, des guerriers berbères, adeptes du malikisme, s'entraînent dans leurs monastères fortifiés (*ribat*) du Sahara occidental dans le but de purifier l'islam (*murabitun* : « gens des *ribat* » ; Almoravides).

Almohades : Au début du XIIe siècle, parmi les Berbères de la Montagne marocaine, Ibn Toumert est proclamé *mahdi* (notion spécifiquement chiite) mais prône une doctrine fondamentalement sunnite fondée sur l'unité absolue de Dieu (*al-Muwahhid* : « celui qui professe l'unité divine » ; Almohade).

BYZANCE ET LE MOYEN-ORIENT AU XIe SIÈCLE.

Sous la dynastie macédonienne (867-1057), l'Empire byzantin connaît son « second âge d'or » après l'époque de Justinien. Il reprend l'offensive contre les Arabes, soumet les Bulgares, reprend le contrôle de l'Arménie et de l'Italie du Sud. Mais, dans la seconde moitié du XIe siècle, l'Empire subit la menace conjointe des Turcs, des Petchenègues et des Normands à laquelle s'ajoute bientôt l'arrivée de la première croisade.

976 : Avènement du *basileus* Basile II le Bulgaroctone (976-1025) : apogée de l'Empire byzantin.
977 : Avènement du tsar Samuel de Bulgarie.
983 : Conquête de la Thessalie puis du nord de la Grèce par Samuel, tsar des Bulgares.
985 : Prise de Larissa par Samuel, tsar des Bulgares - Baptême de Vajk (Etienne), fils du duc Geza de Hongrie.
986 : Défaite de Basile II devant les Bulgares au défilé de la porte Trajane - Conquête de l'Albanie par les Bulgares.
988 : Traité entre Kiev et Byzance - Baptême du prince Vladimir Ier de Kiev (980-1015) qui épouse la princesse byzantine Anne Porphyrogénète : l'Eglise russe reconnaît la suprématie du patriarche de Constantinople.
991-1018 : Campagnes byzantines contre les Bulgares.
992 : Traité de commerce entre Byzance et Venise.
995 : Intervention byzantine à Alep.
996 : Défaite du tsar Samuel sur les bords du Spermios : les Bulgares chassés de Grèce.
995 : Reconquête d'Alep, Homs, Shaizar par Basile II.
997 : Le tsar bulgare Samuel est battu par le général byzantin Nicéphore Ouranos, mais occupe la Rascie et Dioclée - Avènement d'Etienne de Hongrie.
1001 : Couronnement d'Etienne de Hongrie par le pape Sylvestre II.
1003 : Sac d'Andrinople par les Bulgares.
1008 : Prise de Vodena et de Skopje par les Byzantins.
1014 : Les Bulgares sont écrasés à Cimbalougou, près de Serrés - Mort du tsar Samuel.
1018 : Annexion de la Bulgarie à l'empire byzantin.
1020 : Annexion des principautés arméniennes et soumission de l'Ibérie par Basile II.
1025 : Mort de Basile II - Son frère, Constantin VIII, qui partageait avec lui le pouvoir, lui survit trois ans.
v. 1030-1058 : Stéphane Ier, roi de Hongrie.
1031 : Le Turc seldjoukide Toghroul-Beg s'émancipe des Ghaznévides et fonde une principauté indépendante autour de Merv.
1040 : Soulèvement des Bulgares menés par Pierre Deljan, descendant de Samuel.
1042 : Emancipation de la principauté de Zéta (Dioclée).
1045 : Annexion du royaume arménien d'Ani.
1046 : Conquête de l'Iran par les Seldjoukides.
1047 : Le Normand Robert Guiscard en Italie.
1048 : Les Petchenègues franchissent le Danube.
1051 : Prise d'Ispahan par les Seldjoukides.

1054 : Conquête de la Géorgie par les Seldjoukides - Grand schisme entre Byzance et Rome.
1055 : Prise de Bagdad par les Turcs. Le calife abbasside décerne le titre de sultan à Toghroul-Beg.
1057 : Prise de pouvoir d'Isaac Comnène à Byzance : fin de la dynastie macédonienne. Les Turcs seldjoukides ravagent l'Arménie.
1064 : Prise de Belgrade par les Hongrois - Invasion des Balkans par les Ouzes qui sont décimés par la peste.
1065 : Prise d'Ani, capitale de l'Arménie, par Alp Arslan, neveu et successeur de Toghroul-Beg.
1067 : Prise de Césarée par Alp Arslan.
1070 : Prise d'Alep par Alp Arslan.
1071 : Prise de Bari par Robert Guiscard - Bataille de Mantzikert remportée sur l'armée byzantine par Alp Arslan : le *basileus* Romain IV Diogène est capturé.
1072 : Soulèvement slave dans les Balkans.
1074 : Echange d'ambassades entre le pape Grégoire VII et le *basileus* Michel VII Doukas : un projet d'intervention militaire en Orient est finalement différé.
1075 : Prise de Damas par les Seldjoukides.
1076 : Le roi de Croatie, vassal de Rome.
1077 : Le roi de Serbie, vassal de Rome.
1078 : Prise de Nicée par les Seldjoukides - Ils enlèvent Jérusalem au califat fatimide du Caire.
1079 : Prise de Chrysopolis (face à Constantinople) par les Turcs.
1080 : Fondation du sultanat de Roum par Soliman.

Enluminure représentant des croisés devant Jérusalem en juin 1099, en prière dans leur campement, extrait de l'*Histoire d'outre-mer* par Guillaume de Tyr (1280). Cliché Bibliothèque municipale de Lyon, ms. 828, f° 73.

1081 : Venise contraint la flotte normande à lever le siège de Dyrrachium (Durazzo) - Victoire de Robert Guiscard sur l'armée byzantine.
1082 : Venise participe à la reconquête de la Thessalie par Byzance : concession de privilèges commerciaux aux Vénitiens dans tout l'Empire.
1089 : Les Petchenègues occupent Andrinople.
1090 : Alexis Ier fait appel aux Coumans contre les Petchenègues qui menacent Byzance.
1091 : Les Petchenègues sont écrasés par Alexis Ier au Leburnion.
1095 : Concile de Plaisance : les ambassadeurs du *basileus* Alexis Ier Comnène sollicitent du pape Urbain II l'envoi de mercenaires occidentaux en renfort - Appel de Clermont : Urbain II prêche la croisade.
1096 : La croisade populaire de Pierre l'Ermite est écrasée par les Turcs devant Nicée.
1097 : Offensive byzantine sur les côtes d'Asie Mineure - Les armées croisées font leur jonction devant Constantinople et prêtent allégeance au *basileus* - Nicée conquise sur les Turcs est restituée au *basileus* - Victoire de Dorylée sur le sultan de Roum.
1098 : Prise d'Edesse, puis d'Antioche par les croisés - Les Fatimides d'Egypte reprennent Jérusalem aux Seldjoukides.
1099 : Prise de Jérusalem par les croisés.
1100-1101 : Défaite des arrière-croisades en Asie Mineure.

LE SCHISME DE 1054

Les tensions entre Rome et Byzance sont l'expression de l'affrontement entre les prétentions à l'universalisme (théocratie) de la papauté romaine et l'affirmation de l'universalisme (césaropapisme) de l'empereur et du patriarche de Constantinople. De plus, au milieu du XIe siècle, le pape Léon IX et l'empereur Constantin IX Monomaque sont en conflit d'intérêt en Italie du Sud. En 1053, Léon IX, placé en résidence surveillée à Bénévent par les Normands d'Italie du Sud, prend l'initiative d'adresser le cardinal Humbert de Moyenmoutier, Frédéric de Lorraine (le futur pape Etienne IX), et l'archevêque Pierre d'Amalfi en mission diplomatique à Constantinople pour lever les différends liturgiques et théologiques entre les deux Eglises. Le patriarche Michel Cérulaire refuse tout compromis. Pour faire pression sur l'empereur, le cardinal Humbert de Moyenmoutier excommunie solennellement le patriarche, en juillet 1054, dans l'église Sainte-Sophie de Constantinople. Expulsés par une émeute populaire, les légats pontificaux sont à leur tour excommuniés par le synode convoqué à cet effet par Michel Cérulaire.
La portée de l'événement n'apparaît pas immédiatement. Ce n'est pas la première crise entre Orient et Occident (schisme de Photius : 867-879). Léon IX était mort depuis trois mois quand Humbert de Moyenmoutier a pris l'initiative d'excommunier en son nom Michel Cérulaire : le légat a donc outrepassé ses pouvoirs. Les relations entre Rome et Byzance reprennent d'ailleurs par la suite comme si de rien n'était. La véritable rupture intervient à l'occasion de la prise de Constantinople par les croisés en 1204. Ni le concile de Lyon II (1274) ni celui de Florence (1336-1339) ne parviennent à rétablir durablement l'unité entre Orient et Occident. L'anathème réciproque n'est levé qu'en 1964 mais, au début du XXIe siècle, les rivalités entre catholiques et orthodoxes représentent toujours une faille en activité sur la carte géopolitique de l'Europe.

LE MOYEN ORIENT AU XIIIe SIÈCLE.

RAPPEL :
1204 : Prise de Constantinople par les Croisés : fondation de l'empire latin d'Orient.
1205 : Défaite de l'empereur latin Baudouin Ier à Andrinople devant les troupes bulgares de Kalojean.
1206 : Théodore Lascaris, couronné *basileus* à Nicée - Assassinat de Muhammad de Ghor. Les Turcs contrôlent alors toute l'Inde du Nord : Qutub al-Din Aïbak, se proclame sultan de Delhi - Le chef mongol Temudjin (1167-1227), prend le titre de Genghis Khan (« le très grand souverain »).
1207 : Fondation de l'empire bulgare par Kalojean.
1208 : Victoire de Phillipopoli remportée par l'empereur latin de Constantinople, Henri de Hainaut sur les Bulgares.

1211 : A Delhi Iltutmish fonde la « dynastie des esclaves » (mameluks).
1219 : Début des raids mongols menés par Djebe et Subutai contre l'Iran et la Russie.
1221 : Les Mongols de Gengis Khan atteignent l'Indus.
1223 : Conquête du Kharezm par Gengis Khan - Raid mongol sous la direction de Subutai en Ukhraine : Russes et Coumans (*Polovtsy*) sont écrasés sur la Kalka. Ruine des principautés russes.
1227 : Mort de Gengis Khan : Ogoday lui succède - Djaghatai reçoit le Karakitai qui devient khanat Djaghatai - Le khanat de Qiptchaq (« Horde d'Or ») échoit à Batou tandis que l'un de ses frères prend la tête de la « Horde Blanche » (actuel Kazakhstan).
1229 : L'empereur Frédéric II, devenu « roi de Jérusalem » par son mariage, négocie le traité de Jaffa avec le sultan d'Egypte al-Kamil.
1230 : Victoire d'Ivan Asen II à Klokotnica : Chute de l'empire grec de Thessalonique et annexion de l'Epire par la Bulgarie.
1231 : Incursion mongole en Iran.
1235 : Echec du siège de Constantinople par les Bulgares associés à l'empire grec de Nicée - Le grand khan Ogoday fait de Karakorum la capitale de l'empire mongol.
1236 : Invasion de la Russie par les Mongols, sous la conduite du khan Batou qui anéantit les Bulgares de la Kama.
1238 : Répression de la révolte de Boukhara contre la domination mongole.
1240 : Les Mongols pillent Vladimir, Moscou et détruisent Kiev. L'Ukraine tributaire de la Horde d'Or.
1242 : Raids mongols dans les Balkans.
1243 : Défaite à Köse Dagh des Seldjoukides qui deviennent vassaux des Mongols - En Russie, le khan Batou fonde *Saraï* (« le palais »), quartier général de la Horde d'Or, à l'embouchure de la Volga.
1244 : Le despotat de Thessalonique, vassal de Nicée - Prise de Jérusalem par les Turcs kharezmiens pour le compte du sultan du Caire.
1245 : Domination des Mongols de la Horde d'Or sur toute la Russie : les principautés russes, tributaires des Mongols.

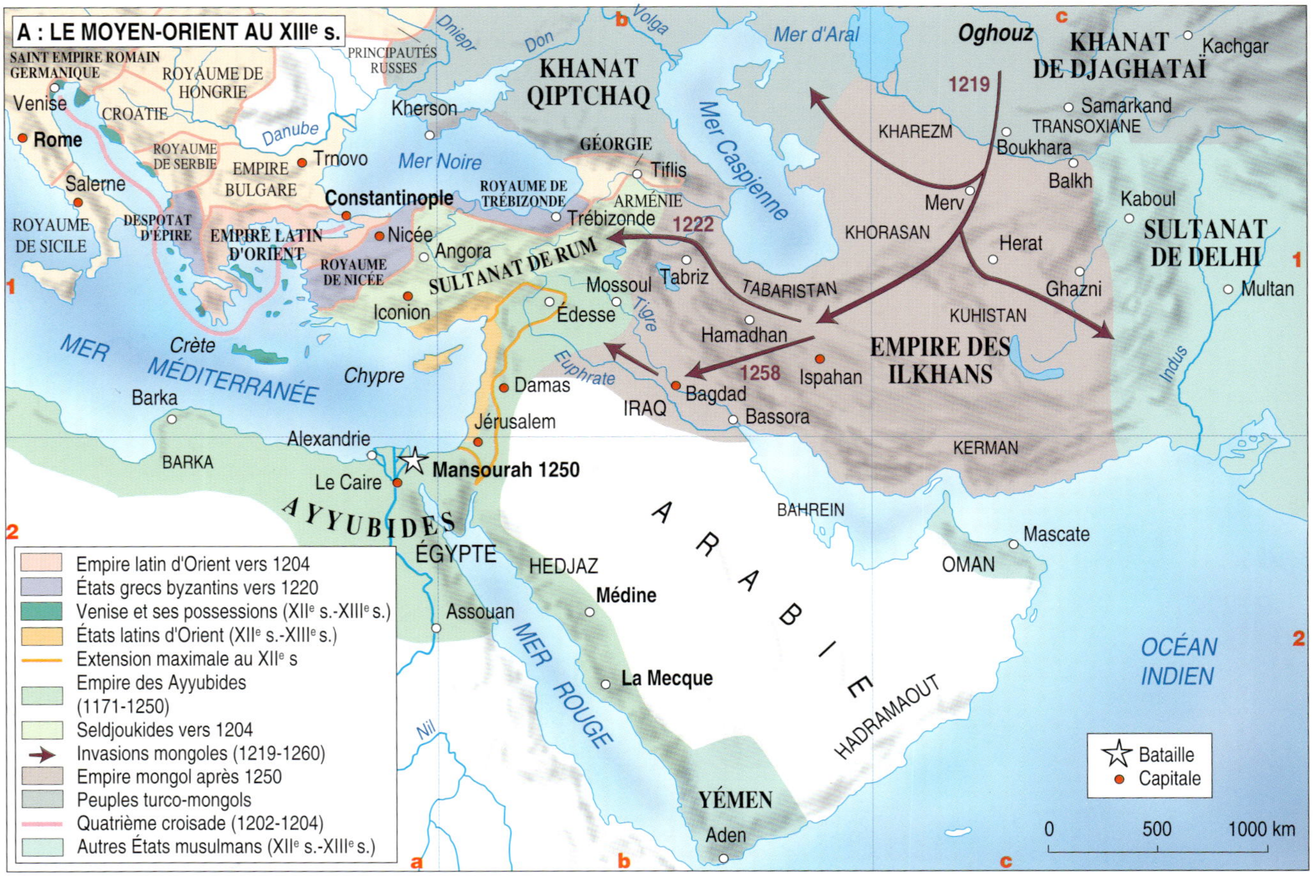

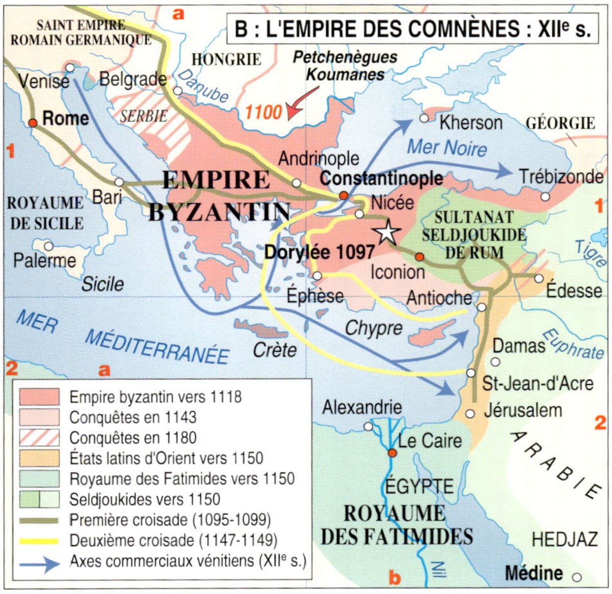

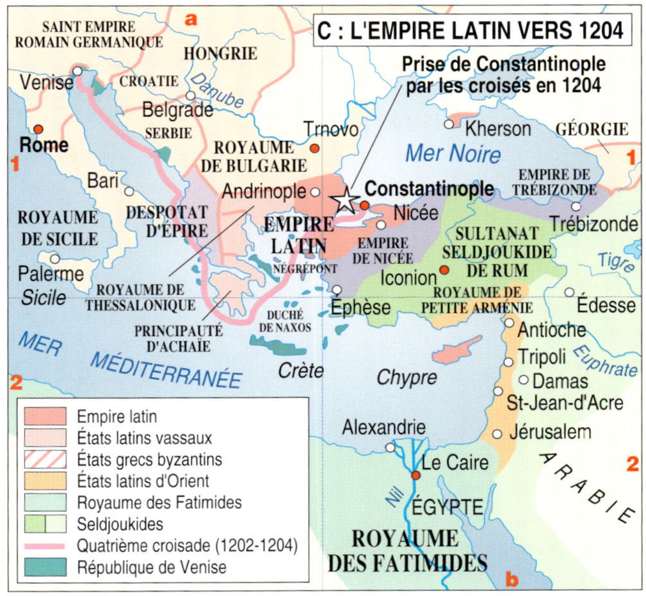

1247 : Les Turcs s'emparent de Tibériade et d'Ascalon.
1250 : En Egypte, bataille de La Mansourah : les Mameluks prennent le pouvoir au Caire.
1251 : Mongké (1251-1259) est élu grand khan à Karakorum - Batou établit la suzeraineté de la Horde d'Or (Khanat de Qiptchaq) sur la Russie.
1254 : Soumission du despote d'Epire Michel à l'empire de Nicée.
1257 : Berké succède à son frère Batou à la tête de la Horde d'Or.
1258 : Prise de Bagdad par les Mongols d'Hulagu. Fin du califat abasside - Fondation du royaume de Perse (Ilkhanat) : conquête de la Syrie par les Mongols.
1259 : Victoire de Pélagonia remportée par l'empereur Michel VIII Paléologue (1258-1261) sur le despote d'Epire.
1260-1277 : Au Caire, Baïbars, sultan des Mameluks.
1260 : La Syrie reprise par les Mameluks. Défaite des Mongols à Ain Jalout devant les Mameluks : l'Ilkhanat s'arrête à l'Euphrate.
1261 : Traité secret de Nymphée entre Gênes et l'empire grec de Nicée - Restauration de l'Empire byzantin par Michel VIII Paléologue (1224-1282).
1262 : Expédition byzantine en Morée.
1264 : Soumission du despotat d'Epire au *basileus* Michel VIII Paléologue.
1265 : Le sultan Baïbars prend Césarée et Arsouf.
1267 : Traité de Viterbe entre le roi de Sicile Charles d'Anjou et l'ancien empereur latin de Constantinople Baudouin II.
1267-1272 : Progrès de Charles d'Anjou en Grèce.
1268 : Prise de Jaffa et d'Antioche par le sultan Baïbars.
1270 : Mort de Louis IX devant Tunis.
1272 : Traité entre Byzance et la Horde d'Or.
1274-1275 : Les Mameluks ravagent la Cilicie.
1275-1295 : En Asie centrale, guerre civile entre les partisans de Koubilay et ceux de Qaidu, proclamés tous deux grand khan.
1277 : Charles d'Anjou, prétendant à la couronne de Jérusalem, s'empare d'Acre.
1280 : Alliance des Francs et des Mongols contre les Mameluks.
1281 : Victoire de Homs remportée par les Mameluks sur les Mongols.
1285 : Le sultan Kalaoun entreprend la conquête des établissements francs : Marqab (1285), Lattakié (1287), Tripoli (1289).
1291 : Chute de Saint-Jean-d'Acre devant Khalil, successeur de Kalaoun : fin des Etats latins d'Orient.
1302 : Fin du sultanat seldjoukide en Anatolie : le Turc Osman se proclame sultan et unifie les principautés turques.
1304-1311 : La compagnie catalane, engagée par Byzance contre les Turcs, met à sac la Thrace et la Macédoine.
1311 : Victoire du lac Copaïs remporté par les Catalans sur les Francs.
1326 : Prise de Brousse par les Turcs ottomans.

LES EMPEREURS DE CONSTANTINOPLE DU XIe AU XIIIe SIÈCLE

Dynastie des Doucas et des Comnènes
Isaac Ier Comnène (1057-1059)
Constantin X Doucas (1059-1067)
Romain V Diogène : 1067-1071
Michel VII Doucas (1071-1078)
Nicéphore III Botaniate (1078-1081)
Alexis Ier Comnène (1081-1118)
Jean II Comnène (1118-1143)
Manuel Ier Comnène (1143-1180)
Alexis II Comnène (1180-1183)
Andronic Ier Comnène (1183-1185)

Dynastie des Anges
Isaac II (1185-1195)
Alexis III (1185-1203)
Isaac II (associé à son fils Alexis IV) (1203-1204)
Alexis V Murzuphle (1204)

Empereurs latins de Constantinople
Baudouin de Flandre (1204-1205)
Henri de Hainaut (1206-1216)
Pierre de Courtenay (1217)
Yolande (1217-1219)
Robert de Courtenay (1221-1226)
Baudouin II (1228-1261)
Régence de Jean de Brienne (1229-1237).

Empereurs grecs de Nicée
Théodore Ier Lascaris (1204-1222)
Jean III Vatatzès (1222-1254)
Théodore II Lascaris (1254-1258)
Jean IV Lascaris (1258-1259)
Michel VIII Paléologue (1259-1261)

Dynastie des Paléologues
Michel VIII (1261-1282)
Andronic II (1282-1328) associé à son fils Michel IX (1295-1320).

AUX ORIGINES DE LA CROISADE.

Rappel :
La vogue du pèlerinage à Jérusalem se développe au XIe siècle. L'empire byzantin, menacé par les Turcs, recrute des mercenaires en Occident. L'Eglise latine cherche un palliatif à l'essouflement de la paix de Dieu dans l'esprit de guerre sainte (ou plutôt de guerre « sacrée ») : à l'instar du peuple élu, les chrétiens doivent reconquérir la Terre promise.

1055 : Le Turc seldjoukide Toghroul-Beg prend Bagdad. Le calife abbasside lui décerne le titre de sultan.
1071 : Bataille de Mantzikert remportée sur l'armée byzantine par Alp Arslan, neveu et successeur de Toghroul-Beg.
1074 : Echange d'ambassades entre le pape Grégoire VII et le *basileus* Michel VII Doukas : un projet d'intervention militaire en Orient est finalement différé.
1078 : Les Turcs seldjoukides enlèvent Jérusalem au califat fatimide du Caire : les pèlerinages chrétiens se poursuivent.
1095 : Concile de Plaisance : les ambassadeurs du *basileus* Alexis Ier Comnène sollicitent du pape Urbain II l'appui de guerriers occidentaux.
27 novembre 1095 : Appel de Clermont. Urbain II prêche la croisade.

1096 : LA CROISADE POPULAIRE

avril 1096 : Prédication de Pierre l'Ermite. Sans attendre l'armée croisée, des bandes populaires prennent la route de Jérusalem.

Des prédicateurs populaires comme Pierre l'Ermite et Gautier Sans Avoir mettent en mouvement des troupes qui comprennent de nombreux non-combattants. Elles ont toutefois à leur tête des chefs expérimentés (Foucher de Chartres, par ex.). Au passage, elles se livrent à des pillages et à des massacres de juifs. Quand cette croisade populaire parvient devant Constantinople, le *basileus* la fait embarquer pour l'Asie Mineure.

21 novembre 1096 : Les croisés de Pierre l'Ermite sont écrasés par les Turcs devant Nicée.
avril-mai 1097 : Les armées croisées font leur jonction devant Constantinople.
19 juin 1097 : Nicée conquise sur les Turcs est restituée au *basileus*.
5 juillet 1097 : Victoire de Dorylée sur le sultan de Roum.
mars 1098 : A l'appel des Arméniens, Baudouin de Boulogne s'empare d'Edesse et y instaure le premier Etat croisé.
3 juin 1098 : Antioche tombe aux mains de Bohémond de Tarente après de longs mois de siège.
aout 1098 : Les Fatimides d'Egypte reprennent Jérusalem aux Turcs.
13 janvier 1099 : Sous la pression de l'armée croisée, Raymond de Saint-Gilles doit marcher sur Jérusalem.

1096-1099 : LA CROISADE DES SEIGNEURS

Urbain II projetait sans doute de lever une seule armée dirigée par le légat pontifical Adhémar de Monteil, évêque du Puy et par le comte de Toulouse, Raymond de Saint-Gilles. Mais des contingents féodaux s'organisent indépendamment : les Normands d'Italie du Sud, avec Bohémond de Tarente ; les barons de France du Nord, avec Hugues de Vermandois, frère du roi, le duc de Normandie Robert Courteheuse et le comte Etienne de Blois ; les Lotharingiens, avec les fils du comte de Boulogne, Godefroy de Bouillon et son frère Baudouin. A leur arrivée à Constantinople, la majorité des chefs croisés prêtent serment de fidélité à Alexis Ier Comnène. Toutefois, Raymond de Saint-Gilles refuse de se plier aux exigences du *basileus*.

15 juillet 1099 : Prise de Jérusalem après un siège de cinq semaines - Quinze jours de massacres et de pillages.
20 juillet 1099 : Election de Godefroy de Bouillon qui prend le titre d'« avoué du Saint-Sépulcre ».
12 aout 1099 : L'armée égyptienne, arrivée du Caire, est défaite à Ascalon.
25 décembre 1099 : Couronnement à Bethléem de Baudouin de Boulogne, roi de Jérusalem.
1101 : Défaite des expéditions de renfort en Asie Mineure.

Pierre l'Ermite devant le pape Urbain II, dans les *Chroniques* de Guillaume de Tyr, manuscrit enluminé du XVe siècle conservé à la Bibliothèque d'Amiens Métropole (ms. 0483, f° 001). © CNRS-IRHT.

1147-1149 : LA SECONDE CROISADE

La nouvelle de la chute d'Edesse (1144) détermine le Capétien Louis VII puis l'empereur Conrad III à se croiser. L'expédition tourne au pèlerinage princier. Les mésententes entre croisés et leur ignorance du contexte politique régional aboutissent à l'échec de la croisade. Le mythe de l'invincibilité des Francs a vécu.

23 décembre 1144 : Zengï, atabek turc de Mossoul, s'empare d'Edesse.
1146 : Assassinat de Zengï. Son fils Nur al-Din Mahmud lui succède.
1er mars 1146 : Le pape Eugène III promulgue la croisade.
31 mars 1146 : Prédication de Bernard de Clairvaux devant l'assemblée des barons à Vézelay.
27 décembre 1146 : A la diète de Spire, l'empereur Conrad III se croise sous l'influence de Bernard de Clairvaux.
novembre 1147 : Les Turcs battent Conrad III à Dorylée. Celui-ci rejoint Acre par mer.
mars 1148 : Epuisés par la traversée de l'Anatolie, Louis VII et ses chevaliers s'embarquent à Attalya en direction d'Antioche. Les non-combattants, abandonnés à eux-mêmes, sont décimés par les Turcs.
juin 1148 : Louis VII et Conrad III font leur jonction devant Jérusalem.
juillet 1148 : Expédition avortée contre Damas : le siège est levé par Nur al-Din Mahmud, fils de Zengï.
septembre 1148 : Conrad III regagne l'Allemagne.
Pâques 1149 : Retour en France de Louis VII.
1169 : Saladin, lieutenant de Nur al-Din Mahmud, abolit le califat fatimide d'Egypte et rattache celui-ci au califat abbasside.
1175-1187 : Après la mort de Nur al-Din Mahmud, Saladin, investi par le calife de l'Egypte et de la Syrie, anime le *djihad* contre les Francs.
1179 : Croisade avortée de Philippe de Flandre.
4 juillet 1187 : Bataille de Hattin. Saladin anéantit les troupes du roi de Jérusalem, Guy de Lusignan.
9 juillet 1187 : Prise de Saint-Jean-d'Acre par Saladin.
2 octobre 1187 : Prise de Jérusalem par Saladin qui reconquiert presque toute la Palestine franque (à l'exception de Tyr, Tripoli et Antioche).
1188 : A l'appel du pape, l'empereur Frédéric Barberousse, le roi de France Philippe Auguste et le roi d'Angleterre Richard Cœur de Lion prennent la croix.

1189-1192 : LA TROISIÈME CROISADE

Réplique de l'Occident à l'offensive de Saladin, la 3e croisade est dirigée par les principaux souverains d'Occident. Elle épuise ses forces dans le siège d'Acre et ne parvient pas à reprendre Jérusalem. Toutefois, la constitution du « royaume d'Acre » introduit pour près d'un siècle une pièce nouvelle sur l'échiquier politique oriental.

A : LES 1re, 2e et 3e CROISADES

LES CROISADES DANS LA PREMIÈRE MOITIÉ DU XIIIe SIÈCLE.

1189 : Guy de Lusignan met le siège devant Acre.
mai 1190 : Victoire de Frédéric Barberousse sur le sultan turc d'Iconium (Konya) en Anatolie.
10 juin 1190 : Noyade de Frédéric Barberousse en traversant le Salef en Cilicie : dispersion de l'armée impériale.
1191 : Richard Cœur de Lion enlève Chypre aux Byzantins.
12 juillet 1191 : L'arrivée des croisés permet de prendre Acre assiégée depuis deux ans - Retour de Philippe Auguste en France.
septembre 1191 : Défaite de Saladin à Arsouf.
1192 : Guy de Lusignan est investi du royaume de Chypre.
août 1192 : Défaite de Saladin à Jaffa, mais Richard Cœur de Lion ne parvient pas à atteindre Jérusalem.
2 septembre 1192 : Richard Cœur de Lion conclut avec Saladin une trêve de trois ans qui accorde aux chrétiens la liberté de pèlerinage à Jérusalem et leur concède une bande côtière, de Tyr à Jaffa.
1193 : Mort de Saladin et partage de son empire. Son frère instaure le sultanat ayyubide du Caire.
1197 : La mort de l'empereur Henri VI interrompt son projet de croisade : prise de Beyrouth par l'avant-garde impériale.
1198 : Dès son avènement, le pape Innocent III appelle à la croisade.
1198-1199 : Prédication de la croisade par Foulques de Neuilly. Boniface de Montferrat et Baudouin de Flandre dirigent l'expédition.

1202-1204 : LA QUATRIÈME CROISADE

Contre la volonté du pape Innocent III qui l'a inspirée, la croisade est détournée sur Constantinople. Outre la création d'un éphémère empire latin d'Orient, le résultat essentiel de cette croisade est la création d'un vaste empire colonial vénitien en mer Egée.

1202 : Prise de Zara (Zadar) pour le compte du doge de Venise, Henri Dandolo.
1203 : Alexis Ange, fils de l'empereur byzantin détrôné Isaac Ange, sollicite l'aide des croisés - Prise de Constantinople : excommunication de la croisade par Innocent III ; Isaac est rétabli sur le trône.
1204 : Sac de Constantinople : empire latin d'Orient (Baudouin Ier, 1204-1205). Partage entre les croisés : domaine vénitien ; royaume de Thessalonique (Boniface de Montferrat) ; duché d'Athènes (Otton de La Roche) ; principauté d'Achaïe (ou de « La Morée » ; Geoffroy de Villehardouin) - Constitution d'Etats grecs : futur empire de Nicée (Théodore Lascaris) ; futur empire de Trébizonde (Alexis Ier Comnène) ; futur despotat d'Epire (Michel Ier Ange Comnène).

Après la chute de Jérusalem (1187), la croisade change de contenu. C'est d'ailleurs au milieu du XIIIe siècle qu'apparaît le terme lui-même. Il désigne alors toute expédition encouragée par la papauté et dotée d'une indulgence spécifique. Dès lors, il est possible d'utiliser l'institution contre d'autres infidèles que les musulmans. D'autre part, il y a eu, au XIIIe siècle, beaucoup plus de « passages » que ne laisserait penser la numérotation traditionnelle.

Plan de Jérusalem datant du XIIe siècle.
Cambrai, Médiathèque municipale.

1205 : Défaite d'Andrinople devant les Bulgares : Henri de Hainaut, empereur (1206-1216).
1208 : Victoire de Philippopoli sur les Bulgares.

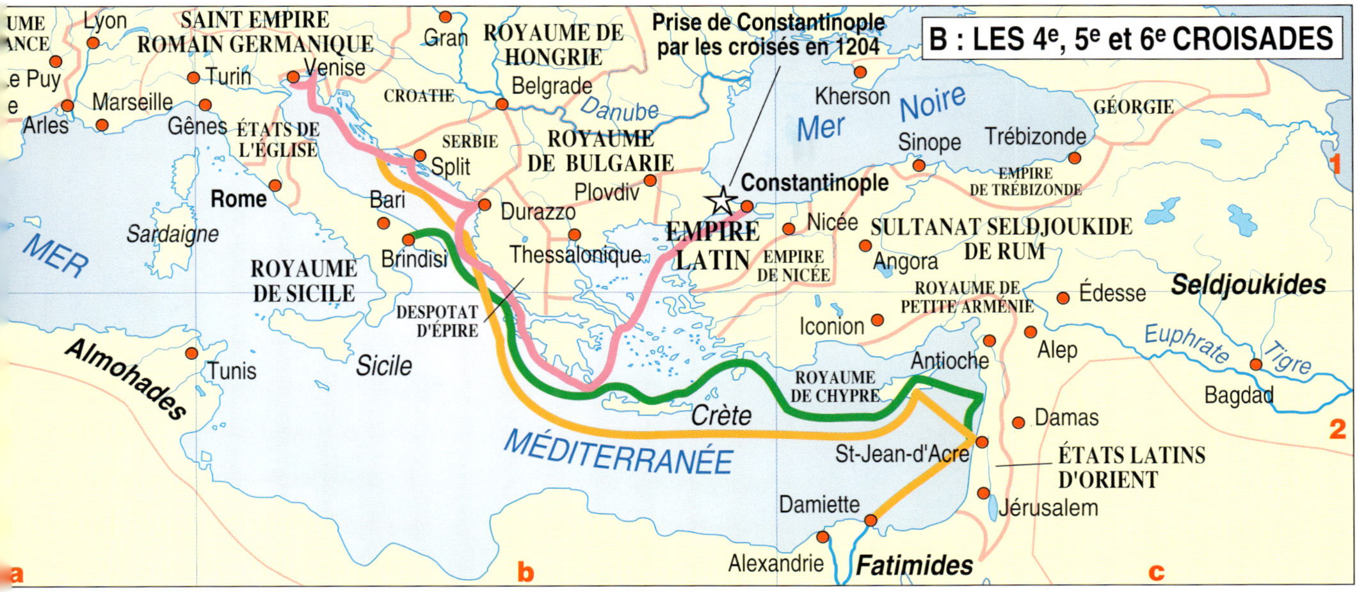

1212 : Croisade des « enfants » : la plupart sont vendus comme esclaves.

1215 : Le concile de Latran IV promulgue la croisade. L'empereur Frédéric II se croise, mais diffère son départ.

1217-1219 : LA CINQUIÈME CROISADE

Sous la conduite de Jean de Brienne, roi de Jérusalem, et d'André II de Hongrie, les croisés entreprennent de couper l'Egypte de la Palestine, afin de contraindre le sultan à échanger Jérusalem contre Damiette. L'intransigeance du légat pontifical Pélage fait échouer le projet. Les croisés ne peuvent battre en retraite qu'en abandonnant Damiette.

1217 : Echec de Léopold VI d'Autriche et d'André de Hongrie devant le Mont-Thabor (près d'Acre).

1218-1219 : Siège de Damiette et prise de la ville par les croisés : rejet par le légat du pape de la proposition du sultan d'échanger Damiette contre Jérusalem - François d'Assise en Egypte.

août 1221 : Expédition désastreuse des croisés vers Le Caire : encerclés devant Mansourah, ils capitulent - Perte de Damiette.

Coffret d'ivoire pourpré rapporté de Constantinople par les Champenois lors de la IVe croisade (Byzance, première moitié du XIe siècle).

Trésor de la cathédrale de Troyes, n° 4. Propriété de l'État, cliché D. Vogel.

1228-1229 : LA SIXIÈME CROISADE

Devenu roi de Jérusalem par son mariage avec la fille de Jean de Brienne (1225), l'empereur Frédéric II, bien qu'excommunié, débarque à Acre à la fin de 1228. Il négocie avec le sultan d'Egypte al-Kamil le traité de Jaffa (11 février 1229). Il obtient la restitution de Bethléem, Nazareth et de Jérusalem à condition de laisser aux musulmans les mosquées d'Omar et d'al-Aqsa. Il prend la couronne le 17 mars 1229, mais est contraint de quitter la Terre sainte en mai 1229 devant l'hostilité des seigneurs locaux et des représentants de la papauté.

1239 : « Croisade des barons » dirigée par Thibaud IV de Champagne et Richard de Cornouailles.

1241 : Accord restituant aux chrétiens Jérusalem occupée momentanément par les musulmans.

23 août 1244 : A la suite d'incessantes guerres civiles, Jérusalem tombe définitivement aux mains des Turcs kharezmiens pour le compte du sultan du Caire.

17 octobre 1244 : Défaite de La Forbie (près de Gaza). En décembre, Louis IX, malade, fait vœu de se croiser.

1245 : Au concile de Lyon, le pape Innocent IV appelle à la croisade.

L'AUTOMNE DE LA CROISADE.

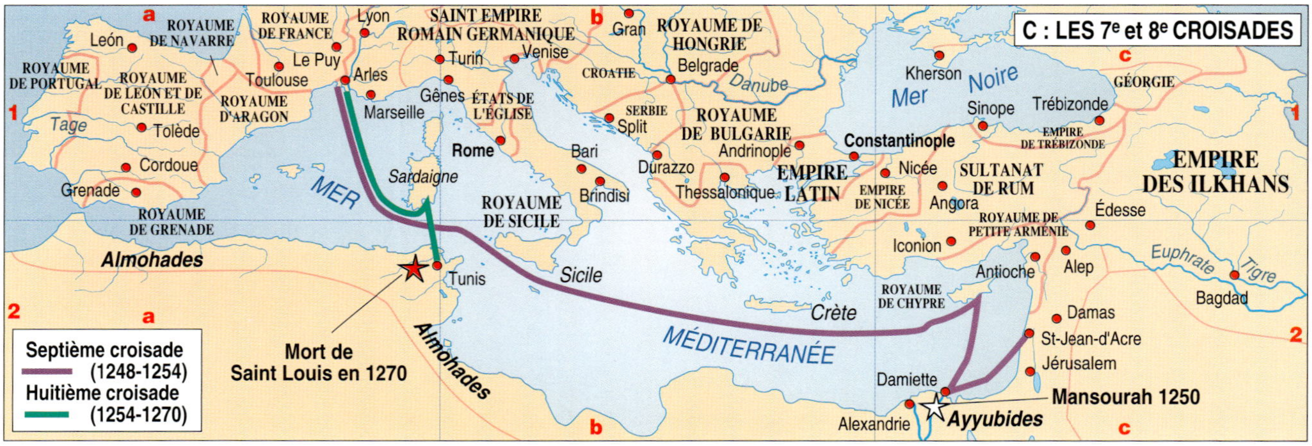

1248-1254 : LA SEPTIÈME CROISADE

Les mêmes causes produisent les mêmes effets : Louis IX renouvelle les erreurs de la cinquième croisade. La capture du roi met en question l'idée de croisade.

août 1248 : Louis IX s'embarque à Aigues-Mortes.
septembre 1248 : Louis IX débarque à Chypre pour y hiverner.
juin 1249 : Prise de Damiette.
avril 1250 : Bataille de la Mansourah : mort de Robert d'Artois. Défaite et capture du roi à Fariskur.
mai 1250 : Louis IX est libéré contre rançon et doit abandonner Damiette - Les Mameluks prennent le pouvoir au Caire.
1251 : En France, « Croisade des pastoureaux » dirigée par le « maître de Hongrie ».
1250-1254 : Louis IX réorganise la défense du royaume d'Acre.
avril 1254 : A l'annonce de la mort de Blanche de Castille († 1252), Louis IX rentre en France.

1270 : LA HUITIÈME CROISADE

La croisade de Tunis n'est qu'un « appendice », une « postface » au mouvement de la croisade : ses conséquences se limitent à Louis IX et à sa famille (Jacques Le Goff).

1258 : Les Mongols s'emparent de Bagdad. Fin du califat abbasside.
1261 : Michel VIII Paléologue (1224-1282) s'empare de Constantinople et restaure l'Empire byzantin.
27 février 1265 : Le sultan Baïbars prend Césarée.
1267 : Louis IX se croise pour la seconde fois.
7 mars 1268 : Le sultan Baïbars prend Jaffa.
1er juillet 1270 : Louis IX s'embarque à Aigues-Mortes.
17 juillet : Débarquement de Louis IX à La Goulette, près de Tunis.
25 août 1270 : Mort de Louis IX devant Tunis.
novembre 1270 : La flotte croisée se rembarque pour la Sicile avec l'accord de l'émir de Tunis.
1271 : Edouard d'Angleterre débarque en Terre sainte. Chute du krak des Chevaliers.
septembre 1272 : Rembarquement d'Edouard d'Angleterre. Les dernières places chrétiennes sans défense.
1274-1275 : Les Mameluks ravagent la Cilicie.
1274 : Le concile de Lyon promulgue la croisade.
1277 : Charles d'Anjou, prétendant à la couronne de Jérusalem, s'empare d'Acre.
1280 : Alliance des Francs et des Mongols contre les Mameluks.
1287 : Prise de Tripoli par les Mameluks.
1289 : Nouvelle proclamation de la croisade (sans suite).
mai 1291 : Chute d'Antioche et de Saint-Jean-d'Acre : fin des Etats latins de Terre sainte - A Chypre, les Lusignans maintiennent le titre de « roi de Jérusalem » jusqu'en 1489. Rhodes demeure jusqu'en 1530 sous le gouvernement des Hospitaliers qui se replient à Malte jusqu'en 1798.

« Je ne vois guère que l'abricot comme fruit possible ramené des croisades par les chrétiens » a écrit plaisamment l'historien Jacques Le Goff.

« LA GRANDE ILLUSION » : LE SYSTÈME DE LA CROISADE.

L'idéal de la croisade conçue comme pérégrination des pauvres élus de Dieu vers la Jérusalem terrestre affleure périodiquement comme en 1212, lors de la croisade des « enfants » ou en 1251, lors de celle des « pastoureaux ».

Cependant, la croisade en tant qu'institution est déjà bien rodée : bulles, légats, dîmes, privilèges. Depuis 1145, la papauté se réserve (par la promulgation d'une bulle) l'initiative de la croisade et en confie la prédication à des légats chargés de la direction spirituelle de l'expédition. Les croisés bénéficient d'un statut privilégié : protection accordée par l'Eglise à leurs biens et à leur famille, moratoire pour leurs dettes.

L'indulgence qui s'attache depuis le XIe siècle au départ en croisade, devient, par le biais de tout un barème de rachat et de dons, un instrument fiscal au service des finances pontificales. Pour la première fois, la troisième croisade est l'occasion de la perception d'une taxe (dîme saladine) sur les revenus ecclésiastiques. Le concile de Latran IV (1214) prévoit, pour financer la cinquième croisade, le versement par les clercs, pendant trois ans, du vingtième de leurs revenus.

Le recours aux routes maritimes rend indispensable la conclusion d'accords politiques et commerciaux avec les cités italiennes (Pise, Gênes, Venise) qui assurent les échanges avec l'Orient. A côté des « passages généraux », deux « passages » annuels (au printemps et en automne) sont régulièrement organisés pour ceux qui accomplissent à titre individuel leur vœu de croisade. Grâce aux donations dont ils bénéficient, les ordres militaires accumulent d'immenses fortunes qui les mettent en mesure de faire crédit aux croisés qui les remboursent à leur retour en Occident.

Ces instruments de fiscalité et de propagande forgés pour la défense de la Terre sainte sont détournés par la papauté pour financer toutes ses grandes entreprises du XIIIe siècle. La Guerre sainte n'est donc plus dirigée exclusivement contre les infidèles, mais se retourne contre tous les ennemis occasionnels de Rome. On serait tenté de conclure avec l'historien britannique Steven Runciman : « Les hauts idéaux de la croisade ont été gâtés par la cruauté et la cupidité, la hardiesse et la résistance aux épreuves par une dévotion aveugle et étroite et la Guerre sainte n'a été qu'un long acte d'intolérance au nom de Dieu, ce qui est le péché même contre l'Esprit. »

LES ORDRES MILITAIRES

Seule armée permanente des Francs en Terre sainte, ces ordres se voient confier la garde des forteresses qu'ils sont les seuls à avoir les moyens d'entretenir (Margat, krak des Chevaliers, Tortose, Château-Pèlerin...).

Les Hospitaliers : Dès 1070, des marchands amalfitains avaient ouvert un hôpital à Jérusalem. Après 1099, un chevalier provençal, Géraud, reprend cette fondation qui devient, en 1113, un ordre indépendant dont la militarisation intervient progressivement. En 1153, les Hospitaliers adoptent la Règle de saint Augustin et, en 1179, ils s'organisent en ordre combattant. Celui-ci survit jusqu'à nos jours sous le nom d'ordre de Malte.

Les Templiers : Vers 1118, Hugues de Payns et quelques « pauvres chevaliers du Christ » assurent la protection des pèlerins sur les routes de Terre sainte. Ils adoptent la Règle des chanoines réguliers augustins. Sous l'influence de Bernard de Clairvaux, chantre de la « nouvelle chevalerie », la *Règle du Temple* est adoptée en 1128 : pour combattre les ennemis de la foi, les Templiers ne relèvent que de l'autorité pontificale. La fortune croissante de l'ordre fait de celui-ci le véritable maître de l'Orient latin au XIIIe siècle. L'effondrement des Etats francs en 1291 remet l'existence du Temple en question. Après la suppression de l'ordre par le concile de Vienne (1312), ses biens sont dévolus aux Hospitaliers.

LES POULAINS

Ce sont les « petits » des « chevaux » (chevaliers) de la première croisade qui se sont installés en Terre sainte et y ont fait souche. Les croisés occidentaux ont tendance à leur reprocher de s'être assimilés aux musulmans et de trop bien s'entendre avec ceux-ci, bref d'avoir appris la tolérance.

Saint Louis à Aigues-Mortes embarquant pour la croisade en août 1248.

Cliché Bibliothèque municipale de Lyon, ms. 880, f° 320.

LES ETATS LATINS D'ORIENT.

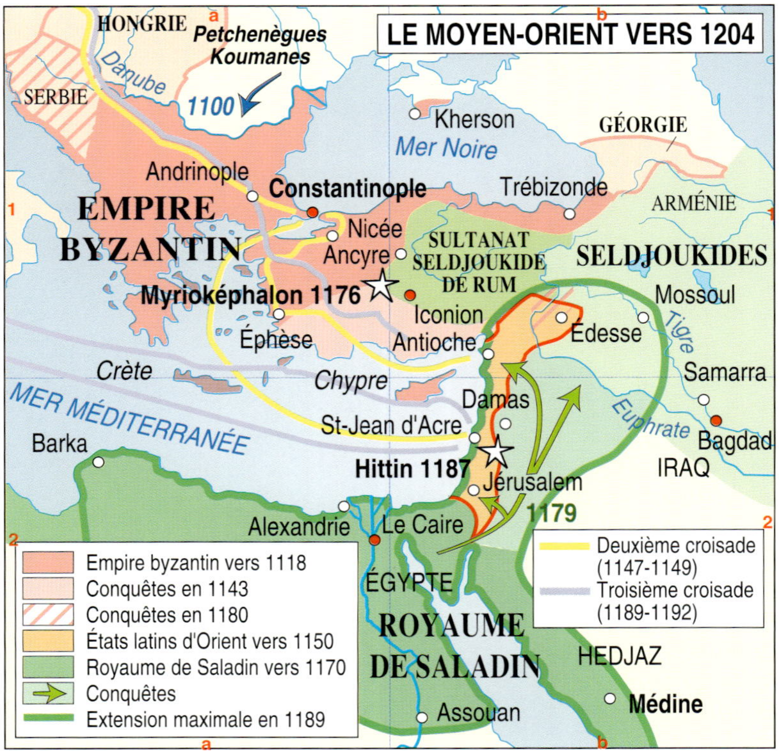

25 décembre 1099 : Couronnement à Bethléem de Baudouin de Boulogne (1100-1118), roi de Jérusalem.

1100-1101 : Echec des arrière-croisades en Asie Mineure.

1101 : Baudouin Ier prend Arsouf et Césarée.

1102 : Prise de Tortose par Raymond de Saint-Gilles.

1103 : Baudouin Ier prend Acre avec l'aide des Génois.

1104 : Bataille de Harran : capture de Baudouin du Bourg, comte d'Edesse, par les Turcs.

1105 : Victoire de Baudouin Ier sur l'armée fatimide à Ramla.

1108 : Echec de l'expédition de Bohémond contre l'empire byzantin à Durazzo : il doit prêter hommage au *basileus* Alexis Ier, mais se retire en Italie, laissant Antioche à son neveu Tancrède.

1109 : Baudouin Ier prend Beyrouth. Chute de Tripoli : constitution du comté de Tripoli, vassal du royaume de Jérusalem, au profit de Bertrand de Saint-Gilles.

1110 : Baudouin Ier prend Sidon avec l'appui de la flotte norvégienne et lève le siège d'Edesse.

1112 : Roger de Salerne, successeur de Tancrède à la tête de la principauté d'Antioche.

1113 : Défaite de Baudouin Ier à Tibériade.

1115 : Alliance des Francs avec l'atabek de Damas : Roger de Salerne, prince d'Antioche, défait l'atabek de Mossoul à Tell Danîth.

1116-1118 : Baudouin Ier attaque l'Egypte.

1118-1131 : Baudouin II, roi de Jérusalem.

1119 : Bataille de l'*Ager sanguinis* (Tell Aqibrin, près d'Artah) : mort de Roger de Salerne, prince d'Antioche.

1124 : Prise de Tyr par Baudouin II.

1125 : Prise d'Alep par les Turcs, bientôt battus à Aziz par Baudouin II. Baudouin II atteint Damas.

1128 : Zengi, maître d'Alep, entreprend le *djihad*.

1130 : Zengi s'empare de Hama et attaque Antioche.

1131-1148 : Foulques d'Anjou, roi de Jérusalem.

1135 : Intervention de Zengi dans le comté de Tripoli.

1137 : Capitulation de Raymond de Poitiers à Monferrand (Barin).

1138 : Raymond de Poitiers, prince d'Antioche, vassal de l'empereur byzantin Jean Comnène.

1139 : Alliance entre le royaume de Jérusalem et Damas contre Zengi qui se replie sur Mossoul.

1142 : Les Francs défaits sur l'Oronte par Zengi.

1143-1145 : Nouveau différend entre les Byzantins et Antioche. Raymond de Poitiers se soumet.

1143-1151 : Les Byzantins chassés de Cilicie par Thoros II.

23 décembre 1144 : Chute d'Edesse - Seconde croisade.

1149 : Prise d'Apamée par Nur al-Din Mahmud qui tue Raymond de Poitiers.

1153 : Baudouin III s'empare d'Ascalon.

1154 : Prise de Damas par Nur al-Din Mahmud.

1155 : Prise de Baalbek par Nur al-Din Mahmud.

1156-1157 : Sac de Chypre par Renaud de Châtillon.

1157 : Prise de Shaisar par Nur al-Din Mahmud.

1158 : Harim reprise par Baudouin III - Nur al-Din Mahmud maître de pratiquement toute la Syrie.

1159 : Intervention de l'empereur byzantin Manuel Ier en Syrie du Nord - Echec du siège d'Alep par les Francs alliés aux Byzantins - Paix entre Byzance et Nur al-Din Mahmud.

1160 : Renaud de Châtillon emprisonné par Nur al-Din Mahmud à Alep.

1163-1174 : Amaury Ier, roi de Jérusalem.

1164 : Nur al-Din Mahmud prend Harim.

1167 : Chirkuh, en Egypte - Prise du Caire par Amaury Ier.

1168 : Echec d'Amaury Ier en Egypte. Prise du Caire par Nur al-Din Mahmud.

1169 : Saladin, lieutenant de Nur al-Din Mahmud, abolit le califat fatimide d'Egypte et rattache celle-ci au califat abbasside - Alliance franco-byzantine : échec du siège de Damiette.

1170 : Amaury Ier bat Nur al-Din Mahmud sur la mer Morte et Saladin à Gaza.

Couronnement de Baudouin, roi de Jérusalem, le 25 décembre 1099 à Bethléem Extrait des *Chroniques* de Guillaume de Tyr, manuscrit enluminé du XVe siècle conservé à la Bibliothèque d'Amiens Métropole. © CNRS-IRHT.

1174-1185 : Baudouin IV, roi de Jérusalem.
1177 : Victoire de Baudouin IV sur Saladin à Montgisard (Tell al-Safiya).
1179 : Expédition de Saladin contre Tyr.
1180 : Trêve entre Saladin et Baudouin IV.
1182 : Saladin attaque Nazareth, Tibériade, Beyrouth.
1183-1184 : Prise d'Alep par Saladin qui ravage la Samarie et la Galilée.
1185-1186 : Baudouin V, roi de Jérusalem, sous la régence de Raymond III de Tripoli.
1186-1192 : Guy de Lusignan, roi de Jérusalem.
1187 : Les exactions contre les caravanes musulmanes de Renaud de Châtillon, devenu seigneur d'Outre-Jourdain après sa libération, entraînent la reprise du *djihad*.
4 juillet 1187 : Bataille de Hattin. Saladin anéantit les troupes du roi de Jérusalem, Guy de Lusignan, puis reconquiert en quelques mois presque toute la Palestine franque (à l'exception de Tyr, Tripoli et Antioche) - Troisième croisade.
1192 : Guy de Lusignan, roi de Chypre - Assassinat de Conrad de Montferrat, seigneur de Tyr (par les « Assassins »).
1192-1197 : Henri II de Champagne, roi de Jérusalem.
1193 : Décès de Saladin.
1194 : Amaury II de Lusignan, roi de Chypre.
1197-1205 : Amaury II de Chypre, roi de Jérusalem.
1197 : Jean Ier d'Ibelin, seigneur de Beyrouth.
1210-1225 : Jean de Brienne, roi de Jérusalem - Cinquième croisade.
1225-1250 : L'empereur Frédéric II, roi de Jérusalem - Sixième croisade.
1229 : Traité de Jaffa.
1232 : Commune d'Acre.
1244 : Prise de Jérusalem par les Turcs kharezmiens. Septième croisade.
1247 : Les Turcs s'emparent de Tibériade et d'Ascalon.
1250-1254 : Conrad IV, « roi de Jérusalem ».
1254-1258 : Conradin, « roi de Jérusalem ».
1258 : Les Mongols s'emparent de Bagdad : fin du califat abbasside.
1260-1277 : Baïbars, sultan des Mameluks.
1260 : Défaite des Mongols à Aïn Jalout devant les Mameluks.
1265 : Les Mameluks reprennent Césarée et Arsouf.
1268 : Prise de Jaffa et d'Antioche par Baïbars.
1269-1284 : Hugues III de Chypre, « roi de Jérusalem » - Huitième croisade.
1274-1275 : Les Mameluks ravagent la Cilicie.
1277 : Charles d'Anjou, prétendant à la couronne de Jérusalem, s'empare d'Acre.
1281 : Victoire de Homs remportée par les Mameluks sur les Mongols.
1282-1291 : Henri II de Chypre, « roi de Jérusalem ».
1285-1289 : Le sultan Kalaoun entreprend la conquête des établissements francs : Marqab (1285), Lattakié (1287), Tripoli (1289).
1291 : Chute de Saint-Jean-d'Acre devant Khalil, successeur de Kalaoun : fin des Etats latins d'Orient.

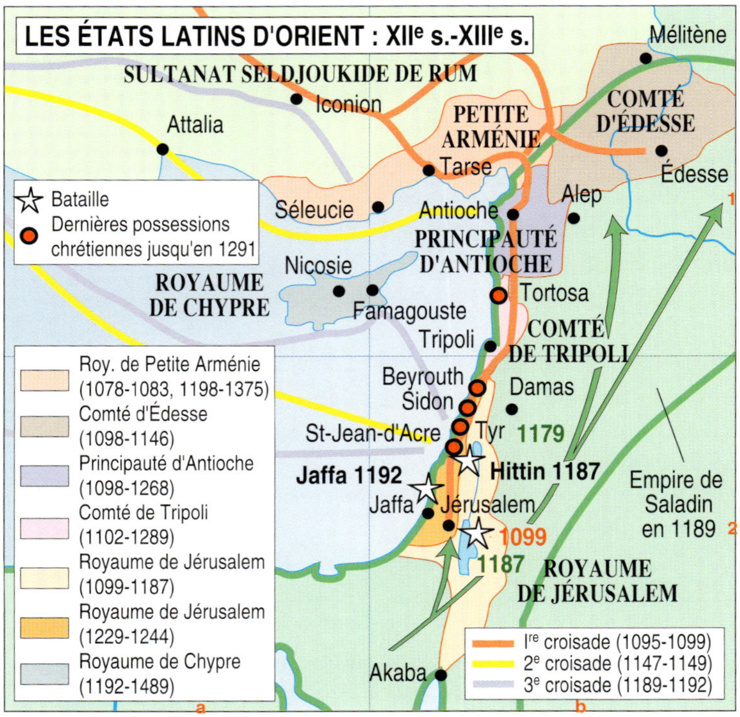

L'ITALIE (XIe-XIIIe SIÈCLE).

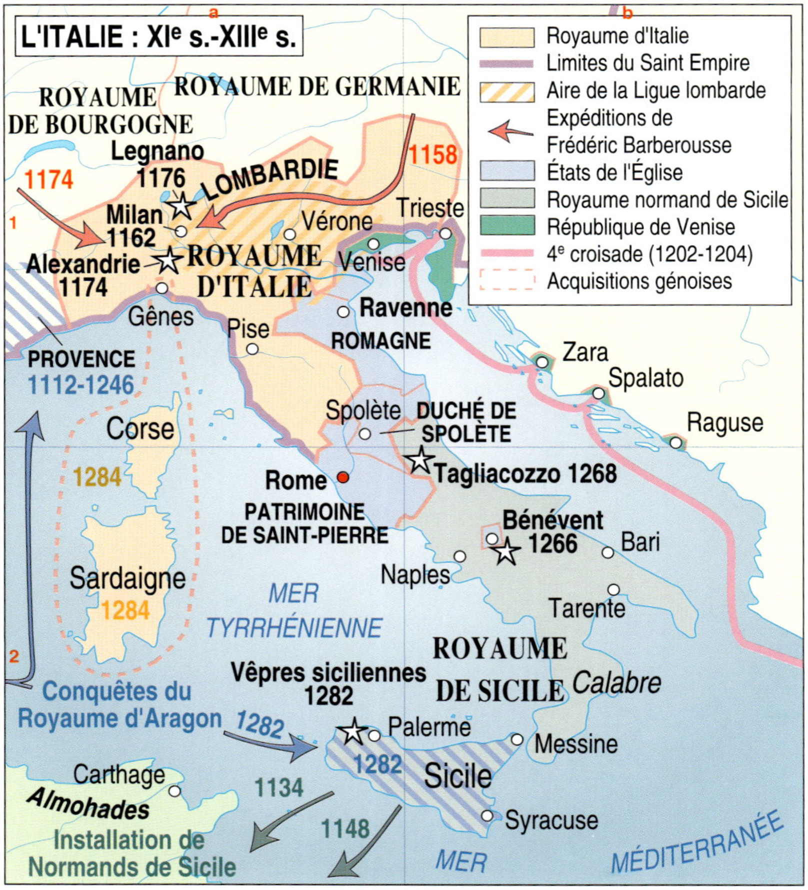

1049 : L'empereur Henri III fait élire pape l'évêque Bruno de Toul sous le nom de Léon IX (1049-1054).

1053 : Le Normand Robert Guiscard écrase l'armée pontificale à la bataille de Civitate et capture Léon IX.

1056 : Henri IV (1056-1106) est élu roi de Germanie.

1057 : Mouvement des Patarins à Milan.

1059 : Décret réservant l'élection pontificale aux cardinaux - Réconciliation du pape Nicolas II avec les Normands.

1061 : Election pontificale d'Alexandre II - Henri IV nomme pape Honorius II.

1073 : Election pontificale de Grégoire VII.

1075 : *Dictatus papae* - Début de la « querelle des investitures » : Henri IV fait déposer le pape Grégoire VII par le synode de Worms.

1076 : Excommunication d'Henri IV par Grégoire VII. Rodolphe de Souabe, prétendant à la royauté.

1077 : Déposition de Henri IV - Assemblée des princes à Tibur - Entrevue de Canossa entre Grégoire VII et Henri IV qui feint de se soumettre.

1078 : Interdiction des investitures laïques par Grégoire VII.

1080 : Henri IV fait de nouveau déposer le pape Grégoire VII qui l'excommunie à nouveau : élection de l'antipape Clément III.

1083 : Prise de Rome par Henri IV qui se fait couronner empereur par Clément III - Réfugié au château Saint-Ange, Grégoire VII est libéré par les Normands de Robert Guiscard qui saccagent Rome.

1081-1085 : Consuls à Pise.

1085 : Mort de Grégoire VII à Salerne.

1088 : Election pontificale d'Urbain II.

1090-1097 : Campagne d'Italie d'Henri IV contre Urbain II. Après la proclamation d'une paix générale, Henri IV prend la tête d'une conjuration des princes et est reconnu empereur par le pape Urbain II.

1091 : Les Normands, maîtres de l'Italie du Sud.

1093 : Formation de la Ligue lombarde. Retour à Rome du pape Urbain II grâce à l'appui des Normands et des Lombards.

1106 : Abdication d'Henri IV qui décède à Liège - Avènement d'Henri V.

1111 : Traité de Sutri entre Pascal II et Henri V.

1122 : Concordat de Worms entre le pape Calixte II et l'empereur Henri V : l'empereur confère l'investiture temporelle (« l'anneau ») ; le pape se réserve l'investiture spritituelle (« la crosse »).

1127 : Avènement de Roger II, roi de Sicile.

1134-1156 : Installation des Normands de Sicile sur la côte orientale de la Tunisie.

1136 : Roger II repousse l'attaque de l'empereur Lothaire (1125-1137).

1137 (38) : Avènement de l'empereur Conrad III de Hohenstaufen.

1140 : *Assises d'Ariano* : premier Code législatif influencé par le droit romain promulgué par les Normands d'Italie du Sud - Début de la construction de la chapelle palatine de Palerme.

1152 : Avènement de Frédéric Ier Hohenstaufen (Frédéric Barberousse) qui restaure le pouvoir impérial compromis dans la lutte entre les partisans des familles Welf (« guelfes ») et Waiblingen (« gibelins ») Hohenstaufen.

1154-1155 : Expédition de Frédéric Ier contre les communes piémontaises qui refusent de se soumettre. Il rétablit le pape Adrien IV à Rome où il écrase la commune dirigée par Arnaud de Brescia.

1156 : Frédéric Ier est couronné empereur par le pape Adrien IV.

1157 : Diète de Besançon : incident entre Frédéric Ier et le légat pontifical.

1158 : Diète de Roncaglia : Frédéric Ier impose son autorité aux communes italiennes.
1159 : Frédéric Ier fait élire l'antipape Victor IV contre le pape Alexandre III qui se réfugie en France.
1162 : Prise et destruction de Milan par Frédéric Ier.
1167 : Constitution de la Ligue lombarde soutenue par le pape Alexandre III contre l'empereur.
1176 : Victoire de la Ligue lombarde à Legnano sur Frédéric Ier.
1177 : Paix de Venise entre le pape Alexandre III et Frédéric Ier.
1183 : Traité de paix de Constance avec les Lombards.
1189 : Décès de Guillaume II (1166-1189), roi de Sicile : Henri, fils de Frédéric Ier est appelé à lui succéder par son mariage avec Constance, fille de Roger II.
1190 : Mort de Frédéric Ier lors de la troisième croisade.
1191 : Couronnement impérial d'Henri VI - En Italie du Sud, Tancrède, petit-fils illégitime de Roger II, s'oppose aux prétentions d'Henri VI sur le royaume de Sicile.
1194 : Henri VI entre en possession de la Sicile à la mort de Tancrède.
1197 : Décès d'Henri VI : révolte dans tout l'Empire - Frédéric II hérite de l'Italie du Sud.
1198-1216 : Pontificat d'Innocent III.
1198 : Double élection royale de Philippe de Souabe (gibelin) et d'Otton IV (guelfe), soutenu par Innocent III.
1201 : Otton IV de Brunswick (1182-1218), couronné empereur par Innocent III.
1210 : Otton IV s'empare de l'Italie du Sud - Excommunication d'Otton IV.
1211 : Frédéric II, roi des Romains.
1212-1220 : Conquête de la couronne par Frédéric II.
1214 : Défaite de l'empereur Otton de Brunswick à Bouvines devant Philippe Auguste.
1215 : Concile de Latran IV.
1220 : Frédéric II, empereur germanique (1220 à 1246) - *Assises de Capoue* : Frédéric II fait couronner son fils roi des Romains - Révolte des villes lombardes.
1221 : *Assises de Messine*.
1224 : Fondation de l'Université de Naples.
v. 1225 : Généralisation du régime de podestatie dans les communes italiennes.
1226 : Devant la volonté de Frédéric II de soumettre les villes, renaissance de la Ligue lombarde autour de Milan.
1227 : Le pape Grégoire IX excommunie Frédéric II pour avoir différé son départ à la croisade.
1229 : Frédéric II, roi de Jérusalem.
1230 : Paix de San-Germano entre Frédéric II et Grégoire IX.
1231 : Constitutions de Melfi : codification de la législation sicilienne.
1239 : Nouvelle excommunication de Frédéric II qui s'empare d'une partie des Etats de l'Eglise.
1245 : Déposition de Frédéric II par le concile de Lyon.
1246-1247 : Election d'Henri Raspe (1246-1247), landgrave de Thuringe - Conflits entre guelfes et gibelins en Italie.
1247 : Election de Guillaume de Hollande (1247-1256).
1250 : Décès de Frédéric II.
1253 : Prise de Naples par Conrad IV qui décède aussitôt.
1266 : Le pape a offert la couronne de Sicile à Charles d'Anjou, frère de Louis IX - Victoire de Bénévent sur Manfred, frère de Conrad IV qui est tué.
1268 : Victoire de Tagiliacozzo remportée par Charles d'Anjou sur Conradin, fils de Conrad IV, qui est exécuté à Naples.
1246/1250-1273 : Grand interrègne.
1282 : « Vêpres siciliennes » : expulsion des Français de Sicile. Pierre III d'Aragon prend le contrôle de l'île.

Grégoire IX remettant son ouvrage à deux clercs, extrait du manuscrit des *Decretales* conservé à la Bibliothèque municipale de Vendôme. © CNRS-IRHT.

LES VÊPRES SICILIENNES

En 1266, à la suite de la victoire de Bénévent, Charles Ier d'Anjou, frère de Louis IX, est devenu roi de Sicile, couronné par Clément IV. En 1282, une émeute éclate à Palerme contre la domination française. Le roi d'Aragon fait valoir ses droits sur la Sicile et prend le contrôle de l'île. La maison d'Anjou ne conserve plus que Naples. En réaction à ces Vêpres siciliennes, pour appuyer son oncle, Charles Ier d'Anjou, le roi de France Philippe III entreprend la croisade d'Aragon et trouve la mort en 1285 au cours de cette campagne.

LA PÉNINSULE INDOCHINOISE : Xᵉ-XVᵉ SIÈCLE.

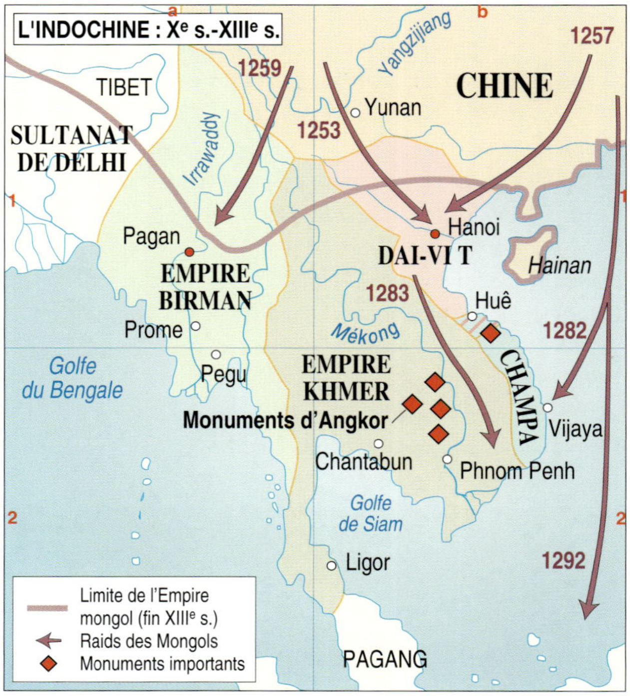

967 : Au Tonkin, Dinh Bô-Linh prend le titre d'empereur et fonde la dynastie des Dinh.
978 : Au Cambodge, avènement du roi khmer Jayavarman V.
979 : Conflit entre le Tonkin et le royaume du Champa.
980-981 : Au Tonkin, avènement de la dynastie Lê « antérieure » : Lê Hoan repousse une expédition envoyée par les Song au secours des Dinh.
1006 : Au Cambodge, à la suite de troubles successoraux consécutifs à la mort de Jayavarman V, avènement de Suryavarman Iᵉʳ (1006-1050), qui étend l'Empire khmer jusqu'au bassin du Chao Phraya.
1010 : Ly Cong Van fonde le *Dai Viet* (Grand Viet) et tranfère la capitale à Thang Long (Hanoi).
1030 : Alliance entre l'Empire khmer et le Champa.
1042 : Au *Dai Viet*, Ly Phat Ma promulgue le *Minh-Dao* (Code législatif).
1044 : Expédition maritime victorieuse du *Dai Viet* contre le Champa.
1044-1077 : Règne d'Anaruddha qui fonde le royaume pagan en Birmanie : développement politique et religieux ; extension territoriale.
1050-1066 : Au Cambodge, règne d'Udayaditiavarman II qui doit maîtriser les Chams et construit le Baphuaon à Angkor.
1057 : Prise de Thaton par Anaruddha qui soumet les Môns.
1069 : Le *Dai Viet* s'étend vers le sud aux dépens du Champa.
1073-1076 : Incursions vietnamiennes au Guangxi.
1084-1112 : Règne de Kyangzitha en Birmanie : apogée du royaume de Pagan.
1096 : Première « chefferie » (*muang*) thai à Pha Yao.
1113-v. 1150 : Apogée de l'Empire khmer sous le règne de Suryavarman II qui combat les Birmans, le *Dai Viet* et le Champa - Edification du temple d'Angkor Vat.
1177 : Prise d'Angkor par les forces du Champa.
v. 1180-1220 : Jayavarman VII soumet le Champa à la domination khmère - Edification du Bayon, au centre d'Angkor Thom.
1225 : Fondation de la dynastie des Trân au Vietnam (1225-1400).
v. 1238-1240 : Le chef thai Bang Klang Tao s'affranchit du pouvoir khmer et fonde le premier royaume siamois.
v. 1240 : Indraditya fonde le Sukhôtai, premier royaume thai à s'émanciper du pouvoir central khmer.
1257 : Incursions mongoles au Vietnam.
1272 : *Dai Viêt su-ky* : chronique vietnamienne.
1277 : Les Mongols occupent Bhamo en haute Birmanie.
1283 : Pénétration mongole au Champa - Fondation du royaume môn de Pegu en basse Birmanie.
1285 : Offensive mongole dans le bassin du Fleuve rouge et repli devant la guérilla vietnamienne - Champa et Cambodge reconnaissent la suzeraineté mongole.
1287 : Prise de Pagan par les Mongols.
1288 : Suzeraineté mongole sur le Vietnam.
1296 : Fondation du *Lan Na* (« Million de rizières ») par Mang Rai qui établit sa capitale à Chaing Rai - Le Chinois Zhou Daguan visite Angkor dont il laisse la description.
1300 : Expédition mongole en Birmanie.
1318 : Affrontement entre Champa et Vietnam.
1344-1360 : Soulèvement de Ngô Bê au Vietnam.
1350 : Fondation du royaume siamois d'Ayutthaya (au nord de l'actuelle Bangkok) par Ramathibodi (« Rama le Grand »).
1364 : Fondation du royaume shan d'Ava en haute Birmanie.
1378 : Le Sukhôtai passe sous la sujétion du royaume d'Ayutthaya.
1387 : Fondation du royaume de Pegu au sud de la Birmanie.
1400 : Les Hô prennent le pouvoir au Vietnam.
1403 : Institution des *tusi* (chefs locaux tributaires des empereurs Ming chinois) dans le nord du Laos.
1406 : Occupation du Vietnam par les troupes des Ming.
1425 : Victoire de Lê Loi au Vietnam sur les Ming.
1427 : Au Vietnam, Lê Loi fonde la dynastie des Lê.
1431 : Chute d'Angkor Thom sous les attaques du royaume siamois d'Ayutthaya : les Khmers se replient sur Phnom Penh.
1438 : Annexion du Sukhôtai par le royaume d'Ayutthaya.

Vue contemporaine du temple d'Angkor-Vat, dont la construction date de la première moitié du XIIᵉ siècle. Ph. H. Viaux.

ÈRE « KAMAKURA » (1185/1192-1333)

1185 : Victoire navale de Dannoura remportée sur le clan Taïra par Minamotono Yoritomo. Celui-ci, maître du Japon, transfère la capitale à Kamakura - Création des fonctions de *shugo* (« protecteur militaire ») et de *jito* (« gouverneur domanial », ancêtre des samouraï).

1191 : Introduction du bouddhisme zen au Japon par le bonze Eisai (1141-1215).

1192 : Minamotono Yoritomo prend le titre de *shogun* (« généralissime ») et détient la réalité du pouvoir au nom de l'empereur.

1199 : A la mort de Minamotono Yoritomo, son fils Minamoto Yoriie devient *shogun*. Il est en fait manipulé par sa femme et par son beau-père, Tokimasa, qui appartiennent à la famille Hojo (de souche Taïra).

1200-1400 : Piraterie japonaise dans la mer de Corée et le long des côtes chinoises.

1203 : Déposition de Minamoto Yoriie au profit de son frère Minamoto Sanemoto. Tokimasa prend le titre de *shikken* (« régent du *shogun* ») - Début de la régence des Hojo qui devient héréditaire (1219-1333).

1220-1240 : Rédaction du *Heike monogatari,* histoire épique du clan Taïra (*Heike*, en chinois).

1221 : Echec de la tentative de l'empereur retiré Go-Toba (qui a régné de 1183 à 1198) de renverser le shogunat.

1224 : Fondation de la secte Jodo-shinshu par le bonze Shinran.

1226 : Fin du pouvoir des Minamoto - Le titre de *shogun* revient à un Fujiwara.

1252 : Le titre de *shogun* revient à un prince impérial.

1253 : Fondation de la secte Nichiren par le bonze Nichiren (1222-1281).

1274 : Premier échec d'une tentative de débarquement mongol dans la baie de Hakata.

1279 : Les Mongols contrôlent l'ensemble de la Chine.

1281 : Un « vent divin » (*kamikaze*) fait échouer une nouvelle tentative de débarquement mongol.

1318-1339 : Règne de l'empereur Go-Daigo.

1331 : Soulèvement de l'empereur Go-Daigo contre le *shogun*.

1333 : Le général Ashikaga Takauji envoyé contre l'empereur révolté passe du côté de celui-ci : la famille Hojo est exécutée et Kamakura détruite.

LES DÉBUTS DE L'ÈRE « MUROMACHI » (1338-1573)

1336 : Début de la période dite des « deux cours » (*Nambokuchô*) - L'empereur Go-Daigo, chassé de Kyoto par le général Ashikaga Takauji, se replie à Yoshino avec sa propre cour.

1338 : Ashikaga Takauji prend le titre de *shogun* qui reste dans sa famille jusqu'au XVIe siècle. Début des guerres civiles.

1350-1450 : Apogée de l'esthétique zen et essor du théatre nô.

1392 : Fin de la période des « deux cours ». Le *shogun* Ashikaga Yoshimitsu réunit les cours rivales de Kyoto et de Yoshino.

1433 : Traité entre le Japon et la Chine des Ming.

v. 1450 : Création à Kyoto du jardin minéral de Ryoanji, représentatif de l'esthétique zen.

1467 : Début de la période dite des « royaumes combattants » (*Sengoko*) : les guerres civiles se poursuivent jusqu'au début du XVIIe siècle entre les puissants (*daimyo*) qui s'assurent la fidélité des samouraïs.

L'EUROPE AU XIIe-XIIIe SIÈCLE.

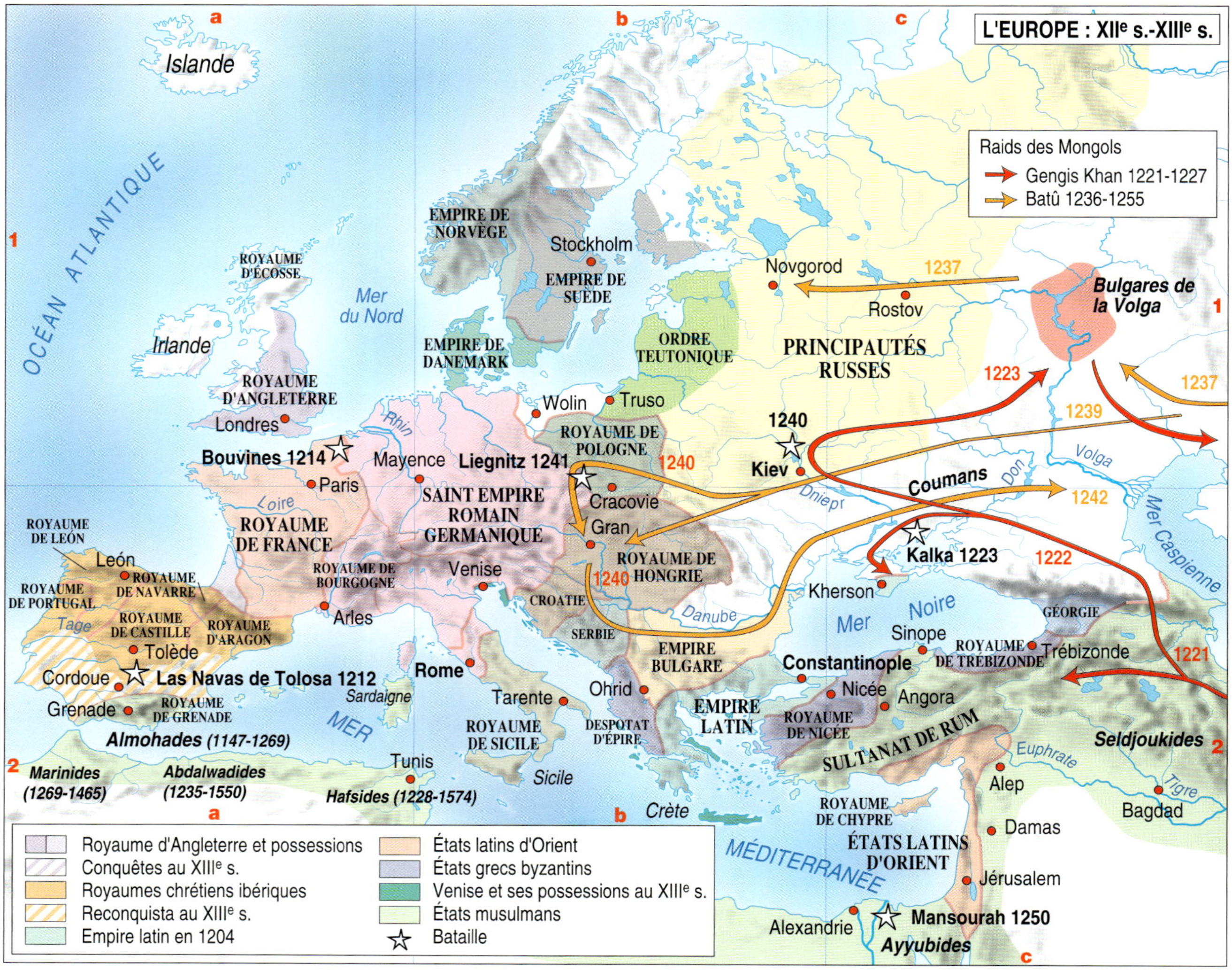

L'Occident n'est pas vraiment en danger devant l'expansion mongole. Celle-ci ne menace (au milieu du XIIIe siècle) que ses marges orientales. Le dynamisme de la Chrétienté occidentale, aux XIIe et XIIIe siècles, se manifeste surtout sous toutes les formes d'expression religieuse : croisades en Orient, en Espagne (Reconquista), en Prusse ; enseignement (théologie, ordres mendiants) ; architecture (cathédrales)... Mais, simultanément, l'autorité de l'Eglise est contestée par les courants hérétiques (Vaudois, Cathares). L'effondrement des prétentions théocratiques de la papauté à l'issue de sa lutte contre l'Empire laisse le champ libre à l'affirmation des monarchies.

1099 : Fondation du royaume latin de Jérusalem.
1100 : Henri Ier Beauclerc, roi d'Angleterre : première charte des libertés anglaises (*Coronation charter*).
1102 : Union personnelle (*Pacta conventa*) des royaumes de Hongrie et de Croatie.
1106 : Prise de Séville par les Almoravides.
1119 : Fondation de l'ordre du Temple.
1122 : Concordat de Worms entre le pape Calixte II et l'empereur Henri V : l'empereur confère l'investiture temporelle (« l'anneau ») ; le pape se réserve l'investiture sprituelle (« la crosse »).
1139 : Victoire d'Ourique remportée sur les musulmans par le « prince de Portugal », Alphonse Enriquez qui prend le titre de roi.
1142 : Décès de Pierre Abélard.
1146 : Prédication de la deuxième croisade par Bernard de Clairvaux.
1147 : Fondation de Moscou.
v. 1150-1230 : Apogée des « grands défrichements ».
1152-1190 : Règne de Frédéric Ier Barberousse.
1153 : Avènement d'Henri (II) Plantagenêt, roi d'Angleterre.
1154 : Diète de Roncaglia.
1167 : Essor des écoles d'Oxford.
1169-1170 : Début de la pénétration anglaise en Irlande.
1170 : Assassinat de Thomas Becket à Westminster.

1170-1195 : En Serbie, règne d'Etienne Némanja, fondateur de la dynastie des Némanides.
1174 : Hommage-lige du roi d'Ecosse à Henri II Plantagenêt.
1179 : Les Vaudois au concile de Latran III.
1180-1223 : Règne de Philippe Auguste.
v. 1180 : Enseignement de Pierre le Chantre († 1197) à l'école-cathédrale de Notre-Dame de Paris.
1187 : Prise de Jérusalem par Saladin.
1194-1220 : Cathédrale de Chartres.
1195 : Défaite de la Castille devant les Almohades à Alarcos.
1198 : Décès d'Averroès, en résidence surveillée au Maroc.
1198-1216 : Pontificat d'Innocent III.
1201 : Décès de Joachim de Flore.
1202 : Commise sur les fiefs de Jean sans Terre par Philippe Auguste.
1204 : Prise de Constantinople par la 4e croisade : fondation de l'empire latin de Constantinople - Conquête de la Normandie, de l'Anjou, du Maine et du Poitou par Philippe Auguste sur Jean Sans Terre.
1206 : Temudjin prend le titre de Gengis Khan.
1209 : Fondation à Assise des frères mineurs par Francesco Bernardone - Appel du pape Innocent III à la croisade contre les Albigeois.
1212 : Victoire des croisés sur les Almohades à Las Navas de Tolosa.
1213 : Victoire de Simon de Monfort à Muret - Jean sans Terre, vassal du Saint-Siège.
1214 : Victoire de Philippe Auguste sur l'empereur Otton IV de Brunswik à Bouvines.
1215 : Fondation, à Toulouse, de l'ordre des Prêcheurs par Dominique de Caleruega - Concile de Latran IV - Grande Charte en Angleterre - Prise de Toulouse et de Narbonne par Simon de Montfort.
1218-1241 : En Bulgarie, règne d'Ivan Asen II.
1223 : Défaite des Russes et des Coumans devant les Mongols sur la Kalka.
1224 : Institutionnalisation des deux universités étudiantes de Bologne.
1229 : Traité de Meaux-Paris : fin de la croisade contre les Albigeois - Fondation de l'université de Toulouse.
1231 : Promulgation par le pape Grégoire IX de la bulle *Parens scientiarum* (« Mère des Sciences ») confirmant les privilèges de l'« université » de Paris.
1235-1243 : Conquête de la Prusse par les chevaliers Teutoniques qui y fondent un État monastique.
1237-1242 : Invasion mongole en Europe centrale, sous la conduite du khan Ogoday. La mort de celui-ci (1241) détermine les Mongols à se replier.
1237 : Ouverture du col du Saint-Gothard.
1242 : Défaite des chevaliers Porte-glaive devant Alexandre Nevski, à la bataille des glaces sur le lac Peïpous (lac des Tchoudes).
1244 : Prise de Jérusalem par les Mameluks.
1245 : Déposition de l'empereur Frédéric II par le concile de Lyon.
1246-1266 : Reprise de la frappe de l'or en Occident.
1246/1250-1273 : Grand interrègne à la tête de l'Empire.
1248 : Prise de Séville.
1250 : Défaite et capture de Louis IX à la Mansourah, en Egypte.
1254 : *Grande ordonnance pour la réformation du royaume* promulguée par Louis IX.
1258 : *Provisions d'Oxford*, en Angleterre.
1259 : Traité franco-anglais de Paris.
1261 : Chute de l'empire latin de Constantinople.
1264 : Mise d'Amiens : arbitrage de Louis IX entre Henri III d'Angleterre et les barons révoltés.
1265-1268 : Charles d'Anjou conquiert le royaume de Naples et la Sicile.
1266 : En France, émission du « gros » d'argent et de l'écu d'or par Louis IX.
1267-1272 : Enseignement de Thomas d'Aquin à Paris *(Somme théologique)*.
1268 : Rédaction du *Livre des métiers* par le prévôt de Paris, Etienne Boileau.
1270 : L'évêque Etienne Tempier condamne treize propositions averroïstes soutenues par les maîtres -es-arts de l'Université de Paris - Mort de Louis IX devant Tunis.
1272-1307 : Règne d'Edouard Ier en Angleterre.
1273-1291 : Rodolphe de Habsbourg, empereur.
1277 : Ouverture de la route maritime directe de Gênes vers Londres et Bruges.
1279-1315 : Règne de Philippe IV le Bel.
1282 : « Vêpres siciliennes » : expulsion des Français de Sicile. Pierre III d'Aragon prend le contrôle de l'île.
1285 : Début de la crise financière, en France, sous Philippe IV le Bel.
1291 : Confédération suisse.
1291 : Chute de Saint-Jean-d'Acre.
1294-1296 : Mutations monétaires de Philippe IV le Bel en France.
1300 : Institution du «Jubilé» par le pape Boniface VIII.

Les Albigeois étaient condamnés au bûcher pour hérésie.
Bibliothèque municipale de Toulouse.

CLUNY.

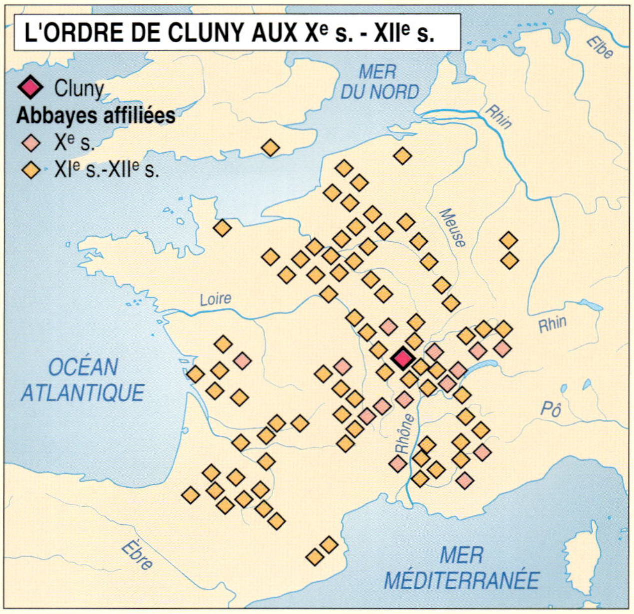

Ci-dessous : **Nombreuses sont les miniatures représentant des édifices religieux dans la *Généalogie des rois de France,* manuscrit en rouleau datant de la fin du XVe siècle. Ici, l'abbaye bénédictine de Cluny.**
Bibliothèque municipale de Tours.

L'« ordre » de Cluny : L'abbaye bénédictine de Cluny, fondée en 909 par Guillaume le Pieux, prend, au XIe siècle, la tête d'un véritable « ordre » monastique. Il n'est toutefois correct d'évoquer l'« ordre clunisien » qu'à partir du moment où l'autorité de l'abbé de Cluny s'exerce sur une vaste congrégation de monastères émancipés de toute juridiction diocésaine. On a pu comparer (anachroniquement mais judicieusement) Cluny à une multinationale.

11 septembre 909 : Guillaume le Pieux, duc d'Aquitaine, fait don à Bernon, abbé de Baume et de Gigny, de son domaine de Cluny (dans le comté de Mâcon) pour y fonder un monastère sous le patronage des saints Pierre et Paul.

LA LONGÉVITÉ DES PREMIERS ABBÉS DE CLUNY DE 909 À 1156

909-927 : Bernon.
927-942 : Odon.
942-954 : Aymard.
954-994 : Maïeul.
994-1049 : Odilon de Mercœur.
1049-1109 : Hugues de Semur (Hugues le Grand).
1109-1122 : Pons de Melgueil (troubles dans l'ordre de Cluny).
1122-1156 : Pierre le Vénérable.

L'abbaye est ainsi placée sous la protection du Saint-Siège, comme bien d'autres monastères durant le demi-siècle précédent. Cette procédure (qui n'est somme toute qu'une forme d'immunité) revient à éviter l'ingérence des seigneurs et des évêques locaux dans la vie du monastère. Elle a pour objet de faciliter la restauration de la pratique de la *Règle bénédictine* (rédigée par Benoît de Nursie au VIe siècle et diffusée par Benoît d'Aniane au début du IXe siècle). Les efforts des grands abbés de Cluny du Xe siècle infléchissent cette disposition initiale :

998 : Privilège d'exemption accordé par Grégoire V. L'évêque du lieu ne peut intervenir dans les consécrations et les bénédictions.
1025 : Jean XIX interdit aux évêques de sanctionner les moines de Cluny.
1095 : Bulle d'Urbain II, lui-même ancien moine clunisien, confirmant l'exemption de Cluny et l'étendant à tous les « lieux et monastères dépendant de Cluny ».

La « liberté clunisienne » repose sur une importante puissance foncière : à partir de l'abbatiat d'Odilon, Cluny devient une seigneurie monastique, détentrice de nombreux domaines dus aux faveurs impériales, royales et seigneuriales. Simultanément, Cluny se dote de coutumes (longtemps désignées sous le nom de *Coutumes de Farfa*) élaborées par les moines eux-mêmes (et non par des synodes épiscopaux). Recrutés dans l'aristocratie, les moines clunisiens se chargent d'intercéder par leurs prières pour le salut des défunts de leur milieu et consacrent l'essentiel de leur temps à la liturgie. Odilon est l'instaurateur de la fête des Morts (2 novembre).

Autour de l'abbaye mère de Cluny s'organise tout un réseau de prieurés (près de 1500 dans tout l'Occident au début du XIIe siècle). Cinq prieurés sont les « filles » de Cluny : Souvigny, Sauxillanges, La Charité-sur-Loire, Saint-Martin-des-Champs et Lewes qui ont eux-mêmes de nombreuses dépendances. Certains établissements monastiques (abbayes d'obédience ou abbayes sujettes : une quinzaine en 1109) sont plus ou moins associés à Cluny tandis que d'autres adoptent la réforme clunisienne sans liens organiques avec Cluny. Seigneurs sans armes, les clunisiens combattent avec les mots : ils sont à l'origine du modèle idéologique de la tripartition (« ceux qui prient ; ceux qui combattent ; ceux qui travaillent »). Ils animent les mouvements de paix de Dieu et participent à la réforme grégorienne, à l'essor des pèlerinages et à la croisade.

CÎTEAUX.

L'ordre de Cîteaux : Fondé en 1098 par Robert de Molesmes, l'ordre des Cisterciens se développe avec l'arrivée de Bernard de Fontaine. En 1115, celui-ci fonde l'abbaye de Clairvaux, une des « filles » de Cîteaux. Sous son impulsion, l'ordre cistercien rayonne dans le royaume capétien et dans toute la Chrétienté.

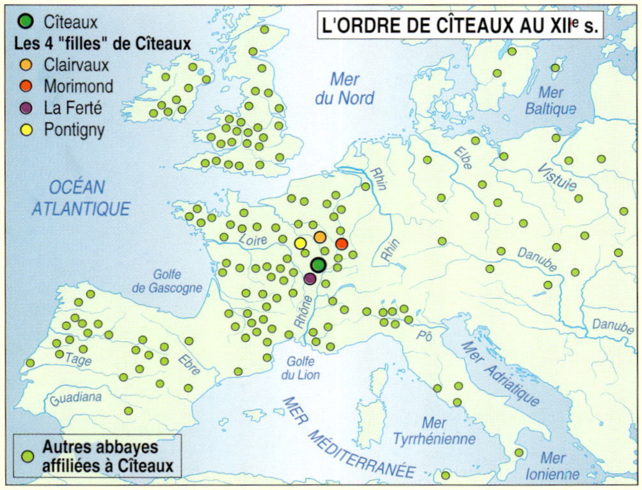

Ci-dessous : **Représentation de l'abbaye de Clairvaux en médaillon dans la *Généalogie des rois de France.*** Bibliothèque municipale de Tours.

1075 : Robert (1028-1111), ancien abbé du monastère clunisien de Saint-Michel-de-Tonnerre, se retire avec quelques compagnons à Molesmes, en forêt de Collan. Ce groupe d'ermites a pour idéal le retour à la rigueur originelle de la Règle de saint Benoît de Nursie.
1098 : L'essor de l'abbaye de Molesmes entraîne l'assouplissement de la discipline. Robert fait sécession et s'installe à Cîteaux, sur une terre donnée par le vicomte de Beaune. Il est suivi par quelques moines qui partagent ses exigences ascétiques comme le prieur Aubry ou le moine anglais Etienne Harding. Mais en 1099, le légat pontifical Hugues de Die rappelle Robert à l'obligation de stabilité bénédictine et le contraint à rentrer à Molesmes. Aubry, durant dix ans, puis Etienne Harding se succèdent à la tête du « nouveau monastère » en passe de péricliter tant l'austérité et le dénuement tarissent son recrutement.
1112 : Bernard de Fontaine, chevalier bourguignon, entre à Cîteaux suivi par une trentaine de jeunes nobles de sa famille. Cet afflux permet à Etienne Harding de fonder les quatre premières « filles » de Cîteaux :
1113 : La Ferté,
1113 : Pontigny,
1115 : Morimond et Clairvaux, sur un domaine familial de Bernard de Fontaine. Celui-ci en demeure l'abbé jusqu'à sa mort.
1119 : La « Charte de Charité » approuvée par une bulle du pape Calixte II structure la congrégation cistercienne.

Afin de se démarquer davantage encore de l'esprit clunisien, les cisterciens prônent le travail manuel et pratiquent le faire-valoir direct. Ils confient donc l'exploitation de leurs domaines (*granges*) à des frères convers illettrés d'origine paysanne. Ceux-ci faisaient profession monastique mais ne recevaient pas la cléricature, à la différence des moines de chœur qui se réservaient la célébration de l'office. C'est pourquoi les convers portaient la barbe, apanage des laïcs, alors que les clercs étaient rasés et tondus.

En 1153, à la mort de Bernard de Clairvaux, et pour une bonne part grâce au rayonnement de celui-ci, l'ordre cistercien compte déjà 350 établissements. A elle seule, l'abbaye de Clairvaux a donné naissance à 68 « filles ».

En réaction contre la centralisation clunisienne, chaque abbaye cistercienne conserve une large autonomie. Toutefois, depuis 1116, un chapitre général réunit annuellement à Cîteaux tous les abbés cisterciens. Tous les ans, les « fillettes » sont inspectées par l'abbé de celle des cinq abbayes mères dont elles relèvent. Toujours à la différence de Cluny, Cîteaux n'avait pas tenu tout d'abord à se soustraire à la juridiction épiscopale. Mais, à mesure que progresse l'autorité du chapitre général, les droits de l'épiscopat se restreignent et, après le décès de Bernard de Clairvaux, les abbayes cisterciennes se voient attribuer par la papauté de larges privilèges d'exemption.

LES PRINCIPAUX ORDRES NOUVEAUX AU TOURNANT DU XIIe SIÈCLE

1074 : Ordre de Grandmont fondé par Etienne de Muret († 1124).
1084 : Ordre des Chartreux fondé par Bruno de Cologne († 1101).
1101 : Ordre de Fontevraud fondé par Robert d'Arbrissel († 1116).
1112 : Ordre de Savigny fondé par Vital de Mortain († 1122). Cette congrégation adhère en 1147 à l'ordre cistercien.
1120 : Ordre des Prémontrés (chanoines réguliers) fondé par Norbert de Xanten († 1134).

LA FRANCE AU XIIIe SIÈCLE.

Le XIIIe siècle est celui de la renaissance de l'Etat capétien. Le domaine royal connaît une extension sans précédent ; les conseillers du roi et ses officiers assurent son autorité dans tout le royaume. Paris en devient véritablement la capitale et des institutions spécialisés (Parlement, Cour des comptes) se mettent en place.

1200 : Le royaume de France est frappé d'interdit par le pape Innocent III - Traité de Péronne entre Philippe Auguste et Baudouin de Flandre - Traité du Goulet entre Philippe Auguste et Jean sans Terre - Concession de franchises aux maîtres et étudiants parisiens.
1202 : La Cour des pairs prononce la commise sur les fiefs de Jean sans Terre - Invasion de la Normandie par Philippe Auguste - Capture d'Arthur de Bretagne à Mirebeau.
1202-1203 : Premier budget de la monarchie française.
1203 : Assassinat d'Arthur de Bretagne à Rouen - Prédication cistercienne en Languedoc.
1204 : Prise de Château-Gaillard par Philippe Auguste.
1206 : Trêve de Thouars entre Philippe Auguste et Jean sans Terre.
1207 : Excommunication de Raymond VI de Toulouse. Fondation du couvent de Prouille par Dominique de Caleruega.
1208 : Assassinat du légat pontifical Pierre de Castelnau.
1209 : Le pape Innocent III déclenche la croisade contre les Albigeois ; prise de Béziers par Simon IV de Montfort.
1210 : Achèvement de l'enceinte de Paris.
1213 : Incendie de la flotte française rassemblée à Damme pour envahir l'Angleterre - Pierre II d'Aragon est battu à Muret.
1214 : Débarquement à La Rochelle de Jean sans Terre qui est défait par le prince Louis à la Roche-aux-Moines. Victoire de Philippe Auguste à Bouvines sur les alliés de Jean sans Terre. Paix de Chinon.
1215 : Prise de Toulouse et de Narbonne par Simon de Montfort avec l'aide du prince Louis - Statuts du légat pontifical Robert de Courçon à la communauté (*universitas*) des maîtres et écoliers parisiens.
1216 : Confirmation par le pape Honorius III de la fondation (1215) de l'ordre des Prêcheurs par Dominique de Caleruega.
1216-1217 : Tentative (avortée à la suite du décès de Jean sans Terre en 1216) du prince Louis d'Outremer d'accéder au trône d'Angleterre.
1218 : Mort de Simon de Montfort lors du siège de Toulouse.
1219 : Expédition du prince Louis en Languedoc.
1223 : Mort de Philippe Auguste : avènement de Louis VIII.
1224 : Conquête du Poitou par Louis VIII.
1226 : Croisade de Louis VIII en Languedoc : prise d'Avignon et conquête du comté de Toulouse - Mort de Louis VIII à Montpensier : avènement de Louis IX et régence de la reine mère Blanche de Castille.
1227-1229 : Echec des coalitions successives des barons contre la régente.
1229 : Traité de Meaux-Paris mettant fin à la croisade contre les Albigeois.
1229-1231 : Soulèvement de Pierre Mauclerc en Bretagne : trêve de Saint-Aubin-du-Cormier.
1234 : Reprise de la guerre contre Pierre Mauclerc qui doit se soumettre - Mariage de Louis IX et de Marguerite de Provence - Thibaut IV de Champagne, roi de Navarre.
1242 : Fin de la régence de Blanche de Castille : victoires de Taillebourg et de Saintes remportées par Louis IX sur Henri III d'Angleterre.
1243 : Trêve entre Louis IX et Henri III - Traité de Lorris.
1244 : Prise de Montségur, refuge des Parfaits cathares.
1246 : Charles d'Anjou, comte de Provence.
1247 : Enquête sur les baillis et les sénéchaux.
1248 : Départ de Louis IX à la septième croisade.
1249 : Alphonse de Poitiers hérite des Etats de Raymond VII de Toulouse, comme prévu au traité de Meaux-Paris.
1251 : Croisade des « pastoureaux ».
1254-1256 : Ordonnances sur les baillis et les sénéchaux.
1256 : « Dit de Péronne » qui règle la succession de la Flandre et du Hainaut.
1258 : Traité de Corbeil avec Jacques Ier d'Aragon : Louis IX renonce à la suzeraineté sur le Roussillon et la Catalogne et le roi d'Aragon à ses prétentions sur le Languedoc (à l'exception de Montpellier).
1259 : Traité de Paris avec Henri III. Celui-ci renonce à ses droits sur les annexions de Philippe Auguste et prête hommage-lige à Louis IX pour la Guyenne. De plus, l'expectative sur le Quercy et l'Agenais lui est reconnue.
v. 1260 : *Livre de Jostice et de Plet.*
1266 : Ordonnance monétaire (« gros » tournois d'argent et « écu » d'or).

1268 : *Livre des métiers* d'Etienne Boileau, prévôt de Paris.
1269 : Ordonnance de Louis IX contre le blasphème.
1270 : Mort de Louis IX devant Tunis : avènement de Philippe III le Hardi - Condamnation par l'évêque Etienne Tempier de treize propositions averroïstes soutenues par les artiens de l'Université de Paris.
1271 : Mort d'Alphonse de Poitiers dont les domaines font retour à Philippe III le Hardi.
1273 : Cession du Comtat Venaissin à la papauté - Edouard Ier prête hommage à Philippe le Hardi.
1274 : Concile de Lyon.
v. 1275 : Primat, moine de Saint-Denis, dédie à Philippe III les *Grandes chroniques de France*, entreprises à l'instigation de Louis IX.
1275 : Traité d'Orléans : le futur Philippe IV est fiancé à Jeanne de Navarre.
1277 : Condamnation de 219 propositions averroïstes et aristotéliciennes par Etienne Tempier.
1279 : Traité d'Amiens : cession de l'Agenais et la Saintonge à Edouard Ier.
1280 : Emeutes urbaines (Bruges, Douai, Tournai, Provins, Rouen, Caen, Orléans, Béziers).
1283 : *Coutumes de Beauvaisis* par Philippe de Beaumanoir.
1285 : Croisade d'Aragon ; mort de Philippe III le Hardi à Perpignan.
1286 : Sacre de Philippe le Bel - Annexion du comté de Chartres.
1288 : Traité de Lyon entre Philippe IV le Bel et Sanche IV de Castille - Soulèvement populaire à Toulouse.
1290 : Première mutation monétaire : frappe du « royal » d'or (dix sous).
1292 : Création de la maltôte, premier impôt indirect (supprimée dès 1297).

« Les Templiers au bûcher ». Miniature in *« De Casibus »*, de Boccace, XVe siècle.
Bibliothèque municipale de Bergues.

1294-1296 : Guerre de Guyenne entre Philippe le Bel et Edouard Ier.
1295 : Seconde mutation monétaire (émission du « double » tournois).
1296 : Décrétale *Clerici laicos* : affrontement entre Philippe le Bel et le pape Boniface VIII à propos des contributions du clergé.
1297 : Défaite du comte de Flandre à Furnes devant les troupes royales - Canonisation de saint Louis.
1299 : Traité de Montreuil entre Philippe IV le Bel et Edouard Ier.
1300 : Campagne de Charles de Valois en Flandre.
1301 : En Flandre, « Mâtines brugeoises » - Affaire Bernard Saisset, évêque de Pamiers : bulle *Ausculta Fili.*
1302 : Début de la série des registres du Trésor des Chartes - Défaite de Courtrai (« les éperons d'or ») devant les milices brugeoises - Réunion des Etats à Paris ; bulle *Unam sanctam.*
1303 : Traité de Paris : retour au statu quo entre Philippe IV le Bel et Edouard Ier - Ordonnance de Philippe le Bel sur la *Réformation du royaume* - Dévaluation monétaire - Attentat d'Anagni et mort de Boniface VIII.
1304 : Victoire royale de Mons-en-Pévèle, en Flandre.
1305 : En Flandre, traité d'Athis-Mons - Election de Bertrand de Got, archevêque de Bordeaux à la papauté sous le nom de Clément V.
1306 : Traité de Paris avec la Castille - Expulsion des Juifs ; réévaluation monétaire.
1307 : Arrestation des Templiers.
1308 : Convocation des Etats à Tours à propos de l'affaire des Templiers.
1309 : Clément V installe la papauté en Avignon.
1311 : Concile de Vienne.
1312 : Suppression de l'ordre du Temple par la papauté.
1314 : Exécution de Jacques de Molay, grand maître du Temple - « Transport de Flandre » (annexion de Lille, Béthune et Douai) - Ligues baronniales contre la levée des subsides - Mort de Philippe le Bel ; Louis X le Hutin lui succède.
1315-1317 : Mauvaises récoltes ; réapparition des famines.
1315 : Exécution d'Enguerrand de Marigny, chambellan de Philippe le Bel.
1316 : Mort de Louis X ; naissance et décès de Jean Ier le Posthume.
1317 : Sacre de Philippe V le Long à Reims - « Petite guerre de Nevers ».
1320 : Mort de Philippe V ; son frère, Charles IV le Bel, lui succède - Ordonnance de Viviers-en-Brie réorganisant la Chambre des comptes - Seconde croisade des « pastoureaux ».
1327 : En Angleterre, avènement d'Edouard III (petit-fils de Philippe le Bel en ligne féminine).
1328 : Mort de Charles IV - Avènement de Philippe VI de Valois - Les troupes royales écrasent l'insurrection populaire flamande au Mont-Cassel - *Etat des paroisses et des feux.*
1329 : Après hésitation, Edouard III prête hommage à Amiens pour la Guyenne et le Ponthieu.
1337 : Défi d'Edouard III à Philippe VI de Valois : commise sur ses fiefs ; début de la guerre de Cent Ans.

LES BALKANS DU Xe AU XIVe SIÈCLE.

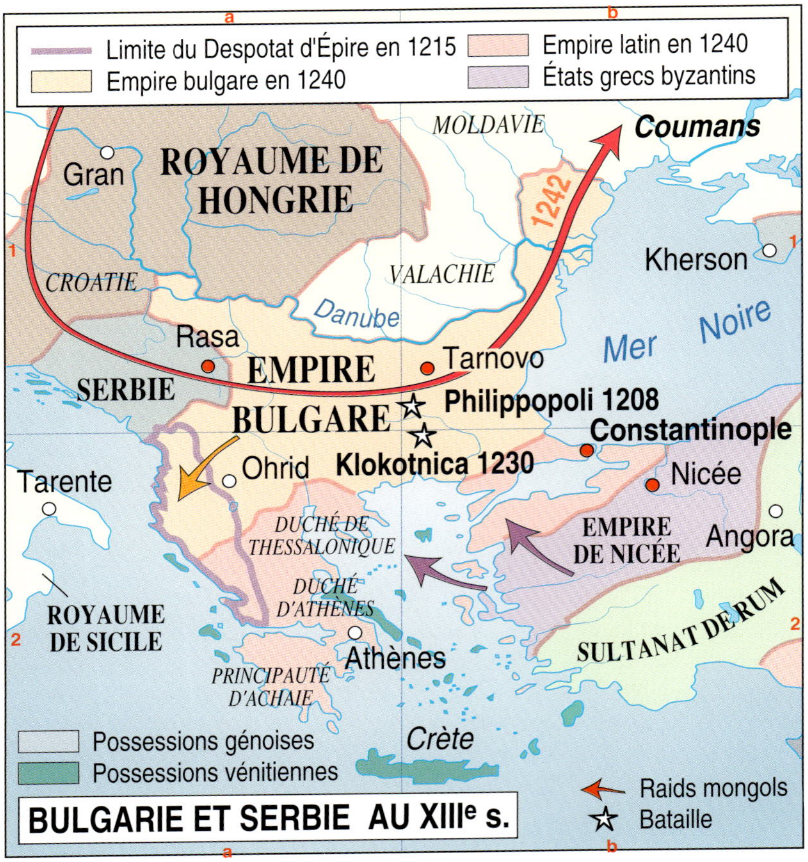

1204 : Prise de Constantinople par la quatrième croisade - Kalojean (1197-1207) est reconnu « roi des Bulgares et des Valaques » par le pape Innocent III.

1205 : Défaite de l'empereur latin Baudouin Ier à Andrinople devant les troupes bulgares de Kalojean qui le font prisonnier.

1208 : Victoire de Phillipopoli remportée par l'empereur latin de Constantinople, Henri de Hainaut (1206-1216), sur les Bulgares.

1211 : Concile de Tirnovo : lutte contre les Bogomiles en Bulgarie.

1217 : Etienne II de Serbie est couronné roi par le légat du pape Honorius III.

1218 : En Bulgarie, avènement d'Ivan Asen II (1218-1241).

1219 : Sava, frère d'Etienne II, fait reconnaître l'autocéphalie de l'Eglise serbe par le patriarche de Nicée : le monastère de Saint-Sava devient le centre de la Serbie.

1221 : Nouveau couronnement d'Etienne II par Sava selon le rite orthodoxe.

1230 : Victoire d'Ivan Asen II à Klokotnica : annexion de l'Epire par la Bulgarie.

1235 : Fondation d'un patriciat bulgare autocéphale - Echec du siège de Constantinople par les Bulgares associés à l'Empire grec de Nicée.

1242 : Raids mongols dans les Balkans.

1280 : En Bulgarie, chute de la dynastie asénide.

1282-1321 : En Serbie, règne d'Etienne Miloutine qui reprend l'expansion aux dépens de Byzance (conquête d'une partie de la Macédoine).

1330 : Victoire des Serbes sur les Bulgares à Küstendil : la Bulgarie passe sous tutelle serbe.

1331-1355 : En Serbie, règne d'Etienne IX Duchan.

1346 : Couronnement à Skopje d'Etienne IX Duchan, « empereur des Grecs et des Serbes ».

1349 : *Code de Paix et de Justice* (« Code Duchan »).

1354 : Prise de Gallipoli par les Turcs ottomans.

1361 : Prise d'Andrinople par le sultan ottoman Mourad Ier (1359-1389).

1380 : Prise de Nich par Mourad Ier - Bataille de Koulikovo.

1385 : Prise de Sofia par Mourad Ier.

1389 : Bataille de Kosovo-Polje : Mourad Ier est tué, mais la Serbie est assujettie aux Turcs ottomans.

1391 : Conquête de la Thessalie par le sultan ottoman Bayezid Ier (Bajazet : 1389-1403).

1396 : Echec de la croisade de Nicopolis - La Bulgarie passe sous contrôle ottoman.

893-927 : Règne de Siméon, premier tsar des Bulgares, vainqueur de l'Empire byzantin.

925 : Tomislav (910-928), « roi des Croates ».

977 : Avènement du tsar Samuel de Bulgarie (977-1014) qui mène une série de campagnes victorieuses contre l'Empire byzantin.

1014 : Les Bulgares sont écrasés à Cimbalougou, dans la région du Strymôn - Mort du tsar Samuel.

1018 : Annexion de la Bulgarie à l'Empire byzantin.

1076 : Couronnement du roi de Croatie, Demetrius Zvonimir, par le pape Grégoire VII.

1091 : Soumission de la Croatie par Lazlo (Ladislas) Ier, roi de Hongrie.

1102 : Le roi Kalman (Coloman) de Hongrie est couronné roi de Croatie : union personnelle des deux royaumes (*Pacta conventa*).

1170-1195 : En Serbie, règne d'Etienne Nemanja, fondateur de la dynastie des Nemanides.

1182 : Etienne Nemanja affranchit la Serbie de l'autorité byzantine.

1186 : Soulèvement des Bulgares et des Valaques contre Byzance, animé par Ivan et Petar Asen.

1202-1203 : En Bosnie, le *ban* Kouline abjure le bogomilisme et reconnaît la suzeraineté de la Hongrie.

1207 : Traité de Guadalajara définissant les frontières entre la Navarre et la Castille.
1209 : Chute de Salvatierra, forteresse de l'ordre de Calatrava.
1212 : Innocent III proclame la croisade : défaite décisive des Almohades devant les croisés à la bataille de Las Navas de Tolosa.
1213 : Bataille de Muret : Pierre II d'Aragon, allié au comte Raymond VI de Toulouse, est défait et tué par Simon de Montfort.
1213-1276 : Règne de Jacques Ier le Conquérant en Aragon.
1217-1252 : Règne de Ferdinand III le Saint en Castille.
1229 : Prise de Majorque par Jacques Ier d'Aragon.
1230 : Union du León et de la Castille.
1232 : Prise de Minorque par Jacques Ier d'Aragon - Muhammad Ier ibn al-Ahmar, proclamé « émir des croyants ».
1234 : Thibaut de Champagne, roi de Navarre.
1236 : Prise de Cordoue par Ferdinand III de Castille.
1237 : Prise de Grenade par Muhammad ibn al-Ahmar qui fonde la dynastie nasride - Début de la construction de l'Alhambra.
1238 : Prise de Valence par Jacques Ier d'Aragon.
1241 : Première réunion des *Corts* en Catalogne.
1243 : Prise de Murcie par Ferdinand III de Castille.
1247 : Première réunion des *Corts* en Aragon.
1248 : Prise de Séville par Ferdinand III de Castille.
1249 : Annexion par Alphonse III de l'Algarve au Portugal.
1252 : Avènement d'Alphonse X le Sage (1252-1284), roi de León et de Castille.
1254 : Alphonse X de Castille reconnaît la souveraineté de Muhammad ibn al-Ahmar sur le royaume de Grenade contre un tribut annuel (*paria*).
1257 : Election d'Alphonse X à la tête du Saint Empire.
1258 : Traité de Corbeil entre Jacques Ier d'Aragon (qui renonce à ses prétentions en Languedoc) et Louis IX (qui lui cède les comtés de Cerdagne et de Roussillon).
1266 : Prise d'Orihuela par les Aragonais.
1275 : Alphonse X de Castille renonce à ses prétentions à l'Empire au bénéfice de Rodolphe Ier de Habsbourg.
1276 : Décès de Jacques Ier d'Aragon : Pierre III hérite de l'Aragon ; création du royaume de Majorque pour Jacques II.
1282 : Vêpres siciliennes : Pierre III d'Aragon (1276-1285) en profite pour s'emparer de la Sicile.
1283 : Pierre III d'Aragon doit concéder le « Privilège général » aux *Corts* d'Aragon.
1284 : Mariage entre Jeanne de Navarre et le prince Philippe (futur Philippe IV le Bel, « roi de France et de Navarre »).
1285 : Croisade d'Aragon conduite par le roi de France, Philippe III, qui y trouve la mort.
1288 : Traité de Lyon entre la France et la Castille.
1292 : Prise de Tarifa par Sanche IV de Castille et Jacques II d'Aragon.
1297 : Traité d'Alcañiz délimitant la frontière entre Castille et Portugal.

Vue actuelle de l'Alhambra de Grenade (XIIIe-XIVe s.). Ph. C. Ryo.

A la fin du XIIIe siècle, la présence musulmane en Espagne se restreint au royaume de Grenade. En dépit d'une instabilité politique chronique, celui-ci jouit d'une économie prospère qui permet au mécénat royal de s'exercer. Il faut attendre 1483 pour que les « rois catholiques », Ferdinand d'Aragon et Isabelle de Castille, déclenchent l'assaut final : au bout de deux ans de siège, Grenade est conquise en 1492.

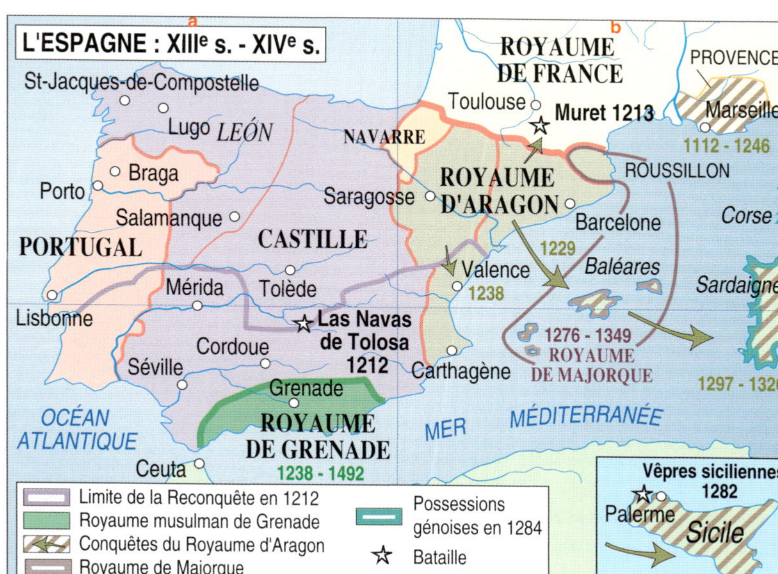

L'EMPIRE MONGOL ET L'INDE : XIIIe-XIVe SIÈCLE.

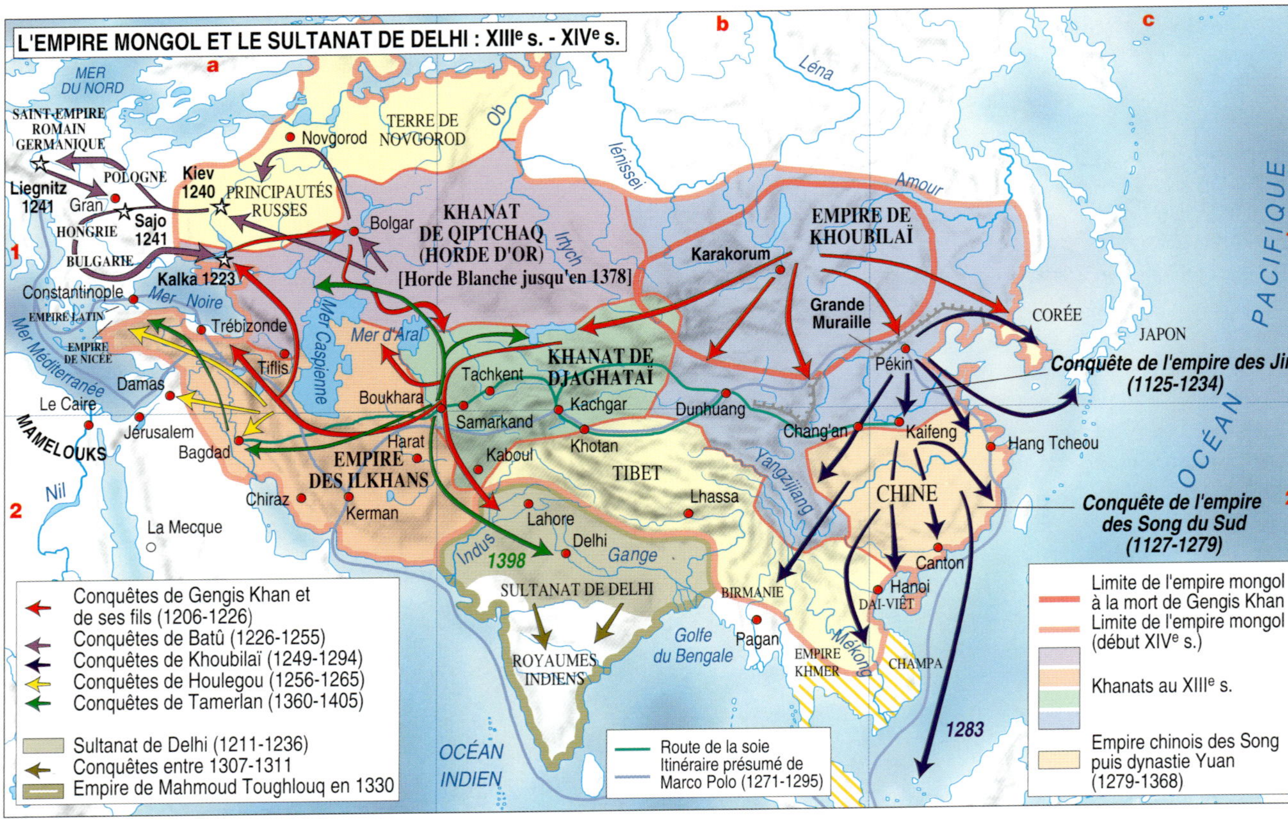

L'EMPIRE MONGOL

1206 : Un chef de clan, Temüdjin (1167-1227), après avoir unifié les tribus mongoles, prend le titre de Gengis Khan (« le très grand souverain »).

1206-1209 : Conquête mongole du Tarim sur les Si Hia (Tangut).

1214 : Siège de Tjong-tou (Pékin) : les Kin transfèrent leur capitale à Ka'i-fong.

1214-1215 : Annexion de la Mandchourie.

1216 : Prise de Pékin par les Mongols.

1217 : Offensive des Song contre les Kin - Premières attaques de Gengis Khan contre les Hia occidentaux.

1218 : Destruction du royaume des Karakitan par les Mongols - Invasion de la Corée.

1218-1223 : Conquête du Turkestan et de l'Afghanistan par les Mongols et début des raids de Djebe et Subutai contre l'Iran et la Russie.

1221 : Alliance des Song et des Mongols contre les Kin - Gengis Khan atteint l'Indus.

1223 : Conquête du Kharezm par Gengis Khan - Raid mongol sous la direction de Subutai en Ukraine : Russes et Coumans sont écrasés sur la Kalka.

1224 : Paix entre les Kin et les Song.

1226-1227 : Destruction de l'empire Si Hia par les Mongols.

1227 : Mort de Gengis Khan : Ogoday lui succède - Djaghataï reçoit le Karakitai qui devient khanat Djaghataï.

1229 : Ye-liu Tchou-tsai, un Khitan sinisé, administre la Chine du Nord pour le compte des Mongols.

1231 : Prise de Songda, capitale de la Corée par Ogoday - Pénétration mongole en Iran.

1232 : Conquête du Honan (réduit des Kin) par les Mongols.

1233 : Prise de K'ai-fong, capitale des Kin, par les Mongols.

1235 : Le grand khan Ogoday fait de Karakorum la capitale de l'Empire mongol.

1236 : Batou anéantit les Bulgares de la Kama et fonde le khanat de Qiptchaq (Horde d'Or).

1240 : Prise de Kiev par les Mongols. L'Ukraine tributaire de la Horde d'Or. Novgorod, épargnée, se soumet pour se défendre contre les Suédois et les Porte-glaive (Alexandre Nevski, 1240 et 1242).

1241 : Traité de paix entre la Corée et les Mongols - Prise de Cracovie : victoire de Liegnitz en Silésie sur la chevalerie allemande et polonaise. Victoire sur l'armée hongroise de Bela IV. La mort d'Ogoday détermine les Mongols à se replier.

1243 : Défaite à Köse Dagh des Seldjoukides qui deviennent vassaux des Mongols.

1246-1249 : Jean de Plan Carpin, envoyé du pape à Karakorum.

1251 : Début des réformes de Liu Bingzhong chez les Mongols.

1253 : Attaques mongoles contre le Sichuan et le Yunnan. Chute du royaume tibéto-birman de Dali au Yunnan.

1253-1254 : Guillaume de Rubrouk, ambassadeur de Louis IX, à la cour de Karakorum.

1254 : Nouvelles attaques mongoles en Corée.

1254-1269 : Voyage des frères Polo en Mongolie et en Chine.

1257 : Incursions mongoles au Vietnam - Berke succède à son frère Batou à la tête de la Horde d'Or.

Portrait d'Ogoday, successeur de Genghis Kahn, à la tête de l'empire mongol en 1227.
Extrait de *Emperors and Kings of Mongolia* de Dr. D. Bandi et A. Gerelbat, publié par Naran Tuul. Company LTD, communiqué par l'ambassade de Mongolie (D.R.).

1258 : Prise de Bagdad par les Mongols d'Hulagu : fin du califat abbasside ; conquête de la Syrie - Fondation du royaume de Perse (Ilkhanat).
1259 : Décès du grand khan Mongké : fin de l'unité mongole.
1260 : La Syrie reprise par les Mameluks : défaite d'Aïn Jaolout. L'Ilkhanat s'arrête à l'Euphrate - Avènement de Koubilay (1260-1295) qui fait de Pékin (*Khanbaliq*) sa capitale.
1271 : En Chine, les Mongols prennent le titre dynastique de Yuan.
1274 : Echec de la première tentative de débarquement mongol au Japon.
1275 : En Chine, les Mongols atteignent le Yang-tseu - Archevêché nestorien de Pékin.
1275-1291 : Marco Polo au service de Koubilay.
1276 : Prise de Hang-chéou par les Mongols.
1277 : Prise de Canton par les Mongols.
1279 : Suicide du dernier empereur Song : les Mongols occupent toute la Chine.
1280 : Koubilay, élu grand khan.
1281 : Un « vent divin » (*kamikaze*) fait échouer une nouvelle tentative de débarquement mongol au Japon.
1285 : Champa et Cambodge reconnaissent la suzeraineté mongole.
1287 : Prise de Pagan par les Mongols - Ambassade de Rabban Çauma en Europe.
1288 : Le Vietnam reconnaît la suzeraineté mongole.
1292 : Marco Polo quitte la Chine.
1292-1293 : Expéditions mongoles à Java.
1294 : Mort de Koubilay.
1295 : Jean de Montcorvin, archevêque de *Khanbaliq*.
1302 : Fin du sultanat seldjoukide en Anatolie.
1303 : Siège de Delhi par les Mongols.
1314-1330 : Séjour d'Orderic de Pordenone en Inde et en Chine.
1328 : A la mort du grand khan Yisun Temür (Taiding), rivalités pour le pouvoir entre les princes mongols.
1334 : Scission du khanat de Djaghataï.
1336 : Dissolution de l'Ilkhanat en Iran.
1357 : Soulèvement de Tchou Yuan-te chang en Chine du Sud : prise de Nankin sur les Yuan.
1365 : Début des conquêtes de Tamerlan (*Timour Lenk* : « le Boiteux », 1336-1405) qui se dit descendant de Gengis Khan.
1367 : Prise de Canton par Tchou Yuan-te chang.
1368 : Prise de Pékin par Tchou Yuan-te chang qui refoule les Mongols en Asie centrale et fonde sous le nom de Hong Wou la dynastie des Ming.
1370 : Tamerlan, grand émir à Samarkand.
1378 : Victoire des Russes sur les Mongols à La Voja - Occupation du Kharezm par Tamerlan.
1380 : Conquête de l'Iran par Tamerlan - Défaite de la Horde Blanche à Koulikovo devant le duc de Moscou Dimitri Donskoi.
1382 : En Russie, Toqtamich, khan de la Horde Blanche, prend la tête de la Horde d'Or.
1389 : Tamerlan défait la Horde d'Or sur le Terek.
1393 : Prise de Bagdad par Tamerlan.
1398-1399 : Invasion de l'Inde par Tamerlan.
1400 : Conquête de la Syrie par Tamerlan.
1402 : Défaite des Turcs ottomans de Bayezid Ier à Ankara : conquête de l'Anatolie par Tamerlan.
1405 : Décès de Tamerlan.

L'INDE

985-1014 : Règne du roi indien cola Rajaraja le Grand qui étend son empire sur Ceylan.
988-1030 : Règne de Mahmud de Ghazni, musulman sunnite, qui instaure la domination de la dynastie ghaznévide sur le Pendjab.
1014-1042 : Règne du roi cola Rajendra qui contrôle tout l'océan Indien jusqu'aux îles de la Sonde.
1018 : Raid de Mahmud de Ghazni contre Delhi.
1026 : Victoire de Mahmud de Ghazni à Somnath dans le Kathiawar.
1033 : Prise de Bénarès par les Ghaznévides.
v. 1150 : Démembrement de l'empire cola.
1163-1206 : Règne du sultan turc Muhammad de Ghor (Ghourides).
1186 : Prise de Lahore par Muhammad de Ghor qui met fin à la dynastie des Ghaznévides.
1191 : Victoire de Muhammad de Ghor sur les Rajputs à Tarâ'in.
1193 : Prise de Delhi par les troupes de Muhammad de Ghor.
1206 : Assassinat de Muhammad de Ghor. Les Turcs contrôlent alors toute l'Inde du Nord : Qutub al-Din Aïbak se proclame sultan de Delhi.
1211 : Iltutmich fonde la « dynastie des esclaves » (mameluks) à Delhi.
1221 : Raids mongols sur l'Indus qui sont repoussés par le sultan de Delhi Iltutmich.
1229 : Iltutmich met fin au sultanat indépendant du Bengale.
1241 : Sac de Lahore par les Mongols.
1290 : Les Khaljis prennent le pouvoir à Delhi.
1296 : Aladin (1296-1316) se proclame sultan de Delhi.
1299 : Conquête du Gujerat par les troupes d'Aladin.
1312 : Le Deccan, tributaire du sultanat de Delhi.
1335-1351 : Règne du sultan Muhammad ibn Tughluq à Delhi.
1336 : Fondation du royaume hindou de Vijayanagar (« ville de la victoire ») qui devient le foyer de la résistance à l'Islam.
1347 : Fondation du royaume des Bahmanides par Hasan Kangû.
1351-1388 : Règne du sultan Firuz III à Delhi.
1398-1399 : Invasion de Tamerlan qui incendie Delhi et annexe le Pendjab.

L'ART ROMAN (XIe-XIIe SIÈCLE).

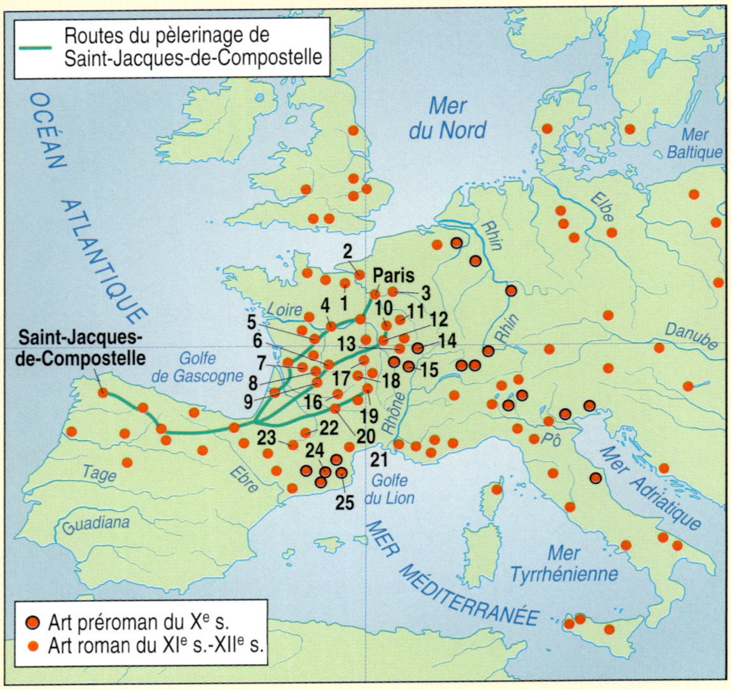

Quelques monuments de l'art roman

1	Caen	10	Vézelay	19	Le Puy
2	Jumièges	11	Fontenay	20	Conques
3	Morienval	12	Nevers	21	Arles
4	Tours	13	Autun	22	Toulouse
5	Poitiers	14	Dijon	23	Saint-Bertrand-de-Comminges
6	Limoges	15	Tournus	24	Saint-Michel-de-Cuxa
7	Angoulême	16	Souillac	25	Saint-Martin-du-Canigou
8	Brantôme	17	Paray-le-Monial		
9	Périgueux	18	Orcival		

Au lendemain de l'an mil, « on eût dit que le monde se secouait pour dépouiller sa vieillesse et revêtir une robe blanche d'église. Enfin presque tous les édifices religieux, cathédrales, monastères des saints, chapelles de village furent convertis par les fidèles en quelque chose de mieux » écrit le moine bourguignon Raoul le Glabre.

910 : Début de l'édification de Cluny I par Bernon (909-927).

924 : Dédicace de Cluny I.

955 : Maïeul (954-994) entreprend la construction de Cluny II.

v. 973-983 : Consécration de la seconde église abbatiale de Saint-Michel-de-Cuxa.

v. 975-1009 : Consécration de la cathédrale de Mayence.

ap. 975 : Cathédrale de Reims.

981 : Consécration de l'abbatiale de Cluny II : des reliques des apôtres Pierre et Paul y sont transférées.

989 : Construction de la nef de Saint-Pierre-aux-Nonnains à Metz.

989-1029 : Construction de la cathédrale Saint-Aignan d'Orléans.

v. 990 : Saint-Pierre de Jumièges.

996-1019 : Reconstruction de la cathédrale de Toul.

v. 997-1014 : Reconstruction de Saint-Martin de Tours.

av. 998 : Notre-Dame-de-la-Basse-Œuvre à Beauvais.

999 : Début de la construction de la crypte de Saint-Etienne d'Auxerre.

v. 1000 : Aménagements de Cluny II par Odilon de Mercœur (994-1049) : adjonction d'une « galilée » encadrée par deux tours.

1000-1010 : Construction de l'église Saint-Vorles à Châtillon-sur-Seine.

1001-1018 : Restauration de l'abbatiale Saint-Bénigne de Dijon à l'initiative de Guillaume de Volpiano.

1001-1019 : Construction de Saint-Martin-du-Canigou.

1003 : Chapelle Saint-Jean à l'abbaye d'Argenteuil.

1004 : Construction de la tour-porche de Fleury (Saint-Benoît-sur-Loire) à l'initiative de l'abbé Gauzlin, fils naturel d'Hugues Capet. **On considère cet édifice à la fois comme l'aboutissement de l'art préroman et l'acte de naissance de l'art roman.**

1007-1019 : Reconstruction de Saint-Philibert de Tournus.

1007-1049 : Reconstruction de Saint-Remi de Reims.

av. 1014 : Clocher-porche de Saint-Germain-des-Prés.

1018 : Consécration de l'église du prieuré de Romainmôtier (sur le modèle de Cluny II).

ap. 1023 : Cathédrale Notre-Dame de Cambrai.

1023-1034 : Construction de l'église romane du Mont-Saint-Michel.

v. 1020-1028 : Début de la reconstruction, à l'initiative de l'évêque Fulbert, de la cathédrale Notre-Dame de Chartres incendiée en 1019.

v. 1026 : Reconstruction de l'abbaye de Fleury (Saint-Benoît-sur-Loire) après un incendie.

v. 1030 : Cathédrale Saint-Etienne d'Auxerre.

1030-1076 : Construction de Gellone (Saint-Guilhem-le-Désert).

1037-1067 : Reconstruction de l'abbatiale de Jumièges.

1039-1065 : Construction de l'abbatiale Sainte-Foy de Conques.

entre 1040 et 1050 : Consécration des aménagements de l'abbatiale de Saint-Michel de Cuxa par l'abbé Oliba.

av. 1042 : Cloître de Cluny II.

1043 : Fondation de La Chaise-Dieu.

1045 : Début de la construction de l'église d'Ottmarsheim.

1049 : Saint-Hilaire de Poitiers.

v. 1050 : Cathédrale de Spire - Eglise de Vignory - Abbatiale de Morienval.

1052 : Début de la construction de l'abbaye de Westminster.

1057 : Consécration de la cathédrale d'Auxerre.

v. 1059-1066 : Construction de l'abbaye de la Trinité de Caen.

1060 : Début de la construction de l'église de Saint-Savin-sur-Gartempe.

1060-1150 : Construction de Saint-Sernin de Toulouse.

v. 1064-1077 : Construction de l'abbaye Saint-Etienne de Caen.

1065 : Début de la construction de la cathédrale de Westminster en Angleterre.

1067 : Consécration de l'abbatiale de Jumièges.

1067-1097 : Reconstruction de l'abbatiale de Fleury (Saint-Benoît-sur-Loire).

v. 1068-1097 : Construction de Saint-Etienne de Nevers.

1069 : Consécration de la cathédrale Sainte-Eulalie d'Elne.

1070-1077 : Aménagements de la cathédrale de Cantorbéry à l'initiative de l'archevêque Lanfranc.

1079-1120 : Construction de la cathédrale de Winchester.

v. 1080-1110 : Construction de l'abbatiale Saint-Vigor de Cerisy.

v. 1080-1122 : Construction de la nouvelle cathédrale de Saint-Jacques-de-Compostelle.

v. 1081-1096 : Construction de Saint-Eutrope de Saintes.

1088 : Début de l'édification de Cluny III par les architectes Hézilon de Liège et Gauzon de Baume à l'initiative d'Hugues le Grand (1049-1109).

1093 : En Angleterre, début des travaux des cathédrales d'Ely et de Durham dont le chœur a des voûtes en croisée d'ogives.

1095 : Consécration de Cluny III par le pape Urbain II, ancien moine clunisien - Consécration de Saint-Martial de Limoges.

1096 : Consécration du maître-autel de Saint-Sernin de Toulouse par le pape Urbain II.

1096-1132 : Construction de l'abbatiale de Vézelay.

v. 1098 : Chœur de l'église de Lessay (voûte en croisée d'ogives).

1099 : Consécration de Sainte-Radegonde de Poitiers.

v. 1100 : Début de la construction de la cathédrale de Clermont - Chapiteaux du cloître de Moissac - Début de la construction de la cathédrale Saint-Marc à Venise - Cloître de Silos.

v. 1100 : Fresques du Poitou (Notre-Dame-la-Grande à Poitiers, Saint-Hilaire, Saint-Savin-sur-Gartempe...) - Fresques de Tarnant.

1100-1150 : Porte des Orfèvres à Saint-Jacques-de-Compostelle.

1101-1109 : Voûtement de la salle capitulaire de Jumièges.

1104 : Consécration de l'église de la Madeleine de Vézelay.

1109 : Début de l'édification de l'église du prieuré de Paray-le-Monial sur le modèle de Cluny III.

v. 1115 : Chapiteaux du chœur de l'église de Cluny III.

1115-1130 : Tympan de Moissac.

v. 1120-1140 : Construction de l'abbatiale de Saint-Georges-de-Boscherville.

1120 : Début de la construction de la cathédrale Saint-Front de Périgueux - Consécration des derniers aménagements de Saint-Philibert de Tournus par le pape Callixte II.

v. 1120 : Fresques de Berzé-la-Ville.

1125 : Effondrement partiel de la voûte de Cluny III.

v. 1125-1175 : Cathédrale de Tournai.

v. 1125-1135 (?) : Tympan de l'abbatiale de Conques.

v. 1125-1140 : Voûtes d'ogives de la Trinité et de Saint-Etienne de Caen.

v. 1130 : Seconde campagne de travaux dans l'abbatiale de Saint-Etienne de Caen : la nef est voûtée en ogives.

1131 : Seconde consécration de Cluny III par le pape Innocent II.

1139-1147 : Abbaye de Fontenay.

Consécration de la nouvelle église de Cluny III par le pape Urbain II en 1095, page extraite du *Recueil historique et liturgique* de 1180-1190.

Bibliothèque nationale de France, ms. lat. 17716, f° 91.

L'ART GOTHIQUE.

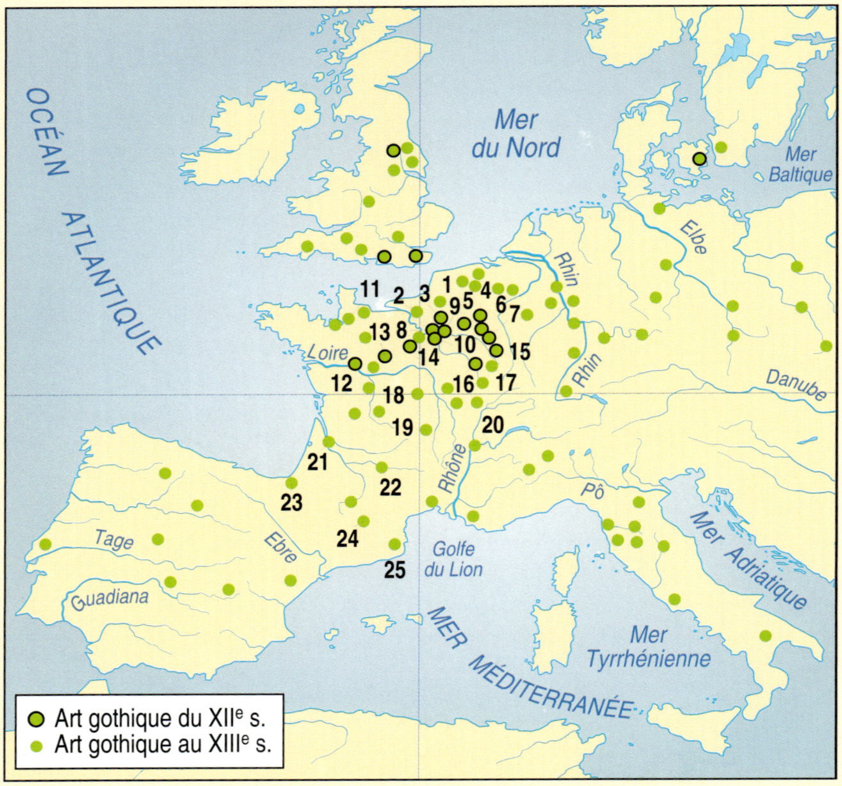

v. 1132 : Début de la construction du déambulatoire de l'église de Morienval. **Cet édifice, qui imite probablement des modèles plus parfaits aujourd'hui disparus, est censé faire la transition entre l'art roman et l'art gothique.**

v. 1135 : Déambulatoire de Saint-Martin-des-Champs à Paris qui marque l'introduction de l'art gothique en Ile-de-France.

1135-1145 : Début de la construction de l'abbatiale de Clairvaux II.

1139-1147 : Construction de l'abbaye de Fontenay sur le modèle de celle de Clairvaux II.

1135-1140 : Construction de la nef de la Madeleine de Vézelay.

1135-1147 : Abbaye de Fountains, en Angleterre.

v. 1135-1165 : Construction de la cathédrale de Sens.

1140 : Consécration du narthex de Saint-Denis.

1144 : Consécration du chœur de Saint-Denis.

1145 : Sculptures du portail royal de Chartres.

1147 : Consécration de l'abbatiale cistercienne de Fontenay par le pape Eugène III.

1149-1153 : Voûtement de la cathédrale d'Angers.

v. 1150-1185 : Chœur et transept de la cathédrale de Noyon.

v. 1150-1120 : Construction de la cathédrale de Langres.

1150-1155 : Début de la construction de la cathédrale de Bourges.

v. 1155-1191 : Cathédrale de Senlis.

v. 1155-1225 : Cathédrale de Laon.

v. 1160-1226 : Cathédrale de Worms.

1162-1180 : Voûtement de la cathédrale Saint-Pierre de Poitiers.

1163 : Début de la construction de Notre-Dame-de-Paris - Consécration du chœur de Saint-Germain-des-Prés.

v. 1170-1180 : Nef de Saint-Martin de Tours - Chœur de Saint-Remi de Reims.

1171-1176 : Cloître de la cathédrale d'Elne.

1173 : Cathédrale de Lübeck.

ap. 1174 : Chœur de la cathédrale de Cantorbéry.

Quelques monuments de l'art gothique

1	Amiens	**14**	Chartres
2	Rouen	**15**	Châlons-en-Champagne
3	Beauvais	**16**	Sens
4	Laon	**17**	Troyes
5	Noyon	**18**	Bourges
6	Soissons	**19**	Clermont-Ferrand
7	Reims	**20**	Lyon
8	Senlis	**21**	Bordeaux
9	Saint-Denis	**22**	Albi
10	Paris	**23**	Bayonne
11	Coutances	**24**	Carcassonne
12	Angers	**25**	Perpignan
13	Le Mans		

Considérées traditionnellement comme des caractéristiques de l'art gothique, la croisée d'ogives et la voûte sur croisée d'ogives sont en réalité des innovations romanes qui se répandent d'abord dans le domaine anglo-normand. La généralisation de la voûte sur croisée d'ogives et, surtout, l'apparition de l'arc-boutant, à la fin du XIIe siècle, se prêtent à la recherche de la clarté et de la verticalité. C'est ainsi que s'élabore un « art royal français » dont le style se propage à partir de l'Ile-de-France.

v. 1175 : Portes de bronze de la cathédrale de Gniezno (Pologne).
v. 1175-1212 : Construction de la cathédrale de Soissons.
1176 : Début de la construction de la cathédrale de Tarragone.
1183 : Portail de Gloire à Saint-Jacques-de-Compostelle.
ap. 1185 : Chœur de la Madeleine de Vézelay.
v. 1190 : Début de la construction du Louvre par Philippe Auguste.
v. 1190-1208 : Façade de la cathédrale de Laon.
1194 : Incendie de la cathédrale romane de Chartres et début de la reconstruction de la cathédrale gothique.
v. 1200 : Cathédrale de Bourges.
v. 1200-1230 : Sculptures du transept de la cathédrale de Chartres.
1202-1237 : Abbaye d'Heisterbach.
v. 1205 : Remaniement du chœur de la cathédrale de Laon.
v. 1205-1250 : Façade de Notre-Dame de Paris.
1209 : Début de la reconstruction de la cathédrale de Magdebourg.
1210 : Chœur de la cathédrale de Lausanne.
1210-1220 : Portail de la Vierge à Notre-Dame de Paris.
1210-1236 : Vitraux de la cathédrale de Chartres.
1211 : Début de la construction de la Merveille du Mont-Saint-Michel - Début de la reconstruction de la cathédrale de Reims.
v. 1214-1221 : Début de la reconstruction de la cathédrale de Burgos.
1220 : Achèvement de la cathédrale de Chartres.
1125 : Début de la reconstruction du chœur de la cathédrale d'Auxerre.
1217-1254 : Chœur de la cathédrale du Mans.
1220 : Construction de la « Tour de l'Or » à Séville.
1223-1260 : Gros œuvre de la cathédrale de Tolède.
1224 : Début de la construction de la cathédrale de Burgos.
1225 : Début de la construction de la cathédrale de Beauvais.
1228 : Début de la construction de la basilique d'Assise.
1243-1248 : Construction de la Sainte-Chapelle par Louis IX.
1255 : Début de la construction de la cathédrale de León.
1260 : Sculptures du portail de la Vierge à Notre-Dame de Paris.
1262-1266 : Saint-Urbain de Troyes.
1267 : Décès de l'architecte Pierre de Montreuil.
1272 : Chœur de la cathédrale de Narbonne - Chœur de Saint-Etienne de Toulouse.
1273 : Début de la construction de la cathédrale de Limoges.
1277 : Début de la construction de la cathédrale de Rodez.
1282 : Début de la construction de Sainte-Cécile d'Albi.
1284 : Ecroulement partiel de la voûte de la cathédrale de Beauvais.
1308-1332 : Construction du chœur de la cathédrale de Nevers.

VILLARD DE HONNECOURT

Cet architecte de la première moitié du XIIIe siècle a légué aux gens du métier un précieux carnet de notes et de croquis qui illustre les techniques de l'art gothique. Originaire de Honnecourt, en Vermandois, il a probablement été formé à l'abbaye cistercienne de Vaucelles. Familier des modèles antiques, il s'est inspiré, d'après nature, des édifices contemporains qu'il a pu observer au cours de ses déplacements : les cathédrales de Lausanne, Chartres, Meaux, Laon, Reims. Il a aussi travaillé en Hongrie où, durant les premières décennies du XIIIe siècle, les abbayes cisterciennes essaiment sous la protection d'Elisabeth de Hongrie, la sœur du roi.

Construction d'une cathédrale gothique.
Bibliothèque nationale de France (C 2631, fr. 847, f° 163).

ECONOMIE ET SOCIÉTÉ : LA PRODUCTION ET LES ÉCHANGES EN OCCIDENT AUX XIIe-XVe SIÈCLES.

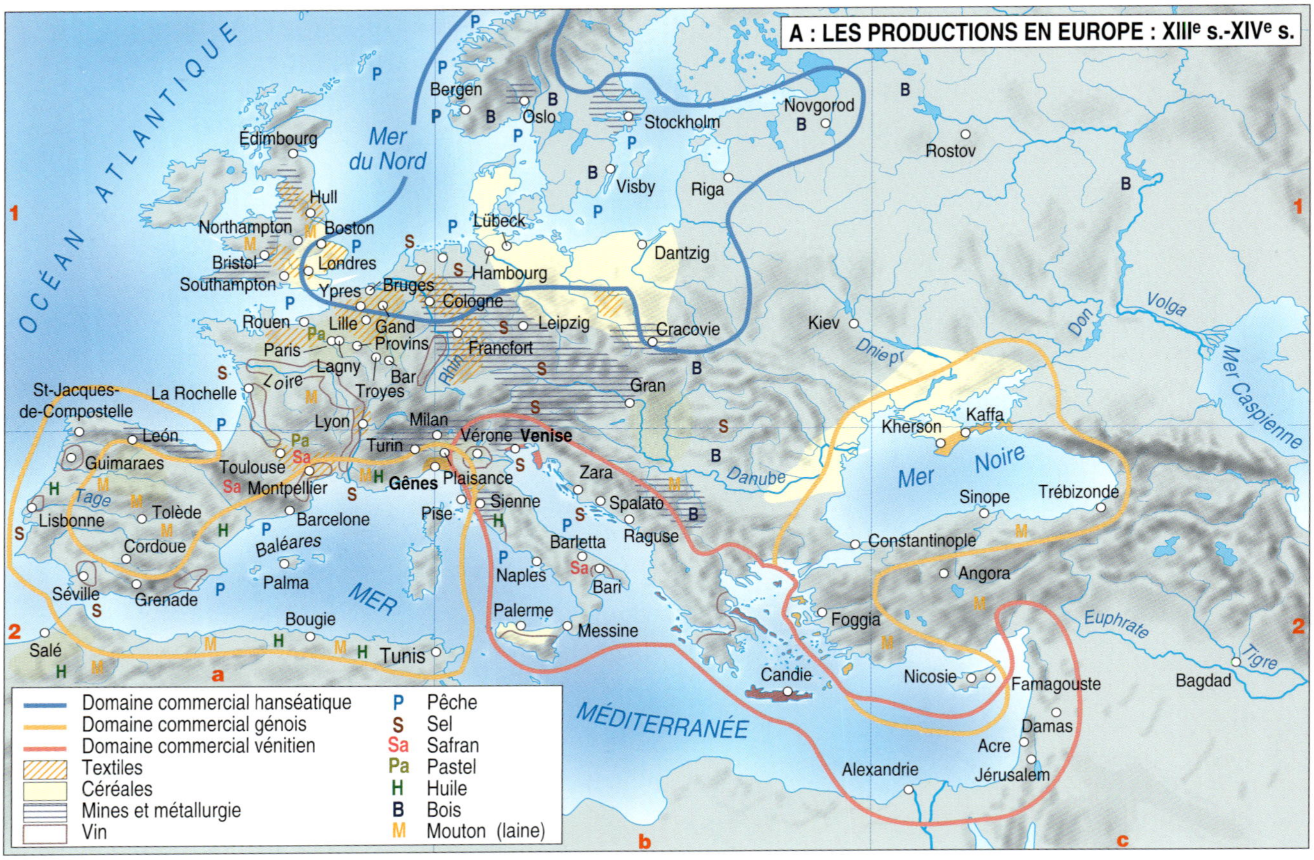

Durant des siècles, dans la majeure partie de l'Occident médiéval, les échanges terrestres prédominent. Les difficultés de circulation expliquent l'exploitation des moindres ressources locales et la diversité des techniques de production. Dans cette société essentiellement rurale, les marchands doivent se faire une place : « *le marchand ne peut plaire à Dieu, ou difficilement* », décrète Gratien en 1140 ! C'est seulement pendant les derniers siècles du Moyen Age que les routes maritimes reprennent quelque importance et que les échanges se développent.

1085 : Le *Domesday Book* recense 5 624 moulins hydrauliques en Angleterre.

v. 1120-1140 : Début de l'organisation des artisans urbains en « métiers » (« arts », « jurandes », « ghildes »...).

v. 1140 : Essor de la sidérurgie dans toute l'Europe occidentale.

1149 : Statut des tisserands de Cologne.

v. 1150 : Assolement triennal sur les domaines de Cluny.

v. 1150-1230 : Apogée des « grands défrichements ».

1152 : Création de la foire de Valladolid.

1152-1154 : Le comte de Champagne Henri le Libéral garantit un « conduit » aux marchands fréquentant les foires de Champagne.

1152 : Gênes obtient la concession de privilèges commerciaux dans l'Empire byzantin.

1154 : Implantation des Pisans en Egypte.

1158 : Fondation de Lübeck par le comte de Holstein.

1160 : Ouverture des mines d'argent de Freiberg en Saxe.

1161 : Formation à Visby, de l'association des « visiteurs allemands de Gotland », premier noyau de la Ligue hanséatique.

1170-1189 : Statut des tanneurs de Rouen.

1171 : Expulsion des Vénitiens de l'Empire byzantin.

1175 : *Pax firmissima* entre Venise et l'Egypte.

1177 : Fondation à Avignon de l'« œuvre du pont du Rhône » par Bénezet.

1179 : Décrétale *Consuluit* du pape Urbain II dénonçant le prêt à intérêt.

1180 : Première mention d'un moulin à vent en Normandie - Fondation de Damme, avant-port de Bruges.

v. 1180 : Apparition du gouvernail d'étambot en Flandre.

1182 : Massacre des marchands italiens à Constantinople - Confirmation du statut de bouchers de Paris.

1184 : Statuts des bouchers de Toulouse.

1184 : Pont d'Avignon.

1185 : Statut des mineurs de Trente en Italie.

1188 : Confirmation des franchises de Lübeck par Frédéric Barberousse.
v. 1190 : Premières mentions de la boussole en Méditerranée.
1192 : Privilèges de la « hanse des marchands de l'eau » à Paris.
1199 : Sceau de Dunwich figurant un navire viking à châteaux avant et arrière - Sceau de La Rochelle figurant un navire dont la voilure est dotée de garcettes de ris.
1200 : Fondation de Rostock - Création de la foire de Bruges.
v. 1200 (?) : Sceau d'Ipswich : première représentation d'un navire du type de la *kog*.
1201 : Fondation de Riga.
1204 : La prise de Constantinople par les croisés ouvre les détroits des Dardanelles et du Bosphore aux marchands vénitiens - Confirmation à Montpellier par le roi d'Aragon du monopole de la draperie écarlate.
1208 : Venise obtient un second *funduq* à Alexandrie.
1209 : Octroi, par Philippe Auguste, du « conduit » royal aux marchands fréquentant les foires de Champagne.
1224 : Prise de La Rochelle par Louis VIII : le commerce du vin en direction de l'Angleterre est réorienté en direction du marché flamand - Charte autorisant l'installation des Lombards à Paris - Restriction de l'usage du rouet à Venise et en Flandre.
1227 : Fondation de Reval.
1227 : Défaite du roi de Danemark Valdemar II Sejr à Bornhöved devant les princes allemands et Lubeck ; fin de l'hégémonie danoise en Baltique.
1229 : L'échevinage de Douai autorise les cardeurs à solliciter une hausse de salaire si les conditions le permettent.
v. 1230 : Introduction des contrats de change sur les foires de Champagne.
v. 1235 : Album de Villard de Honnecourt.
1237 : Ouverture du col du Saint-Gothard.
v. 1237 : Frappe du sou d'argent à Florence.
1239 : Mappemonde d'Ebstorf, par Gervais de Tilbury (?)
1241 : Présence de la Hanse flamande à Londres.
v. 1242 : Sceau d'Elbing figurant la *kog* hanséatique à beaupré et gouvernail d'étambot.
1245 : Grève insurrectionnelle des tisserands de Douai.
1246 : Emission du « gros » d'or à Lucques.
1249 : Codification des coutumes des mineurs de Bohême.
1252 : Emission du « génois » d'or à Gênes et frappe du « florin » d'or à Florence.
1254 : Ligue des villes rhénanes.
1256 : A Gênes, faillite de la compagnie placentine de Guglielmo Leccacorvo (qui a joué un rôle dans la reprise de la frappe de l'or).
1260 : Conquête de Salé par Alphonse X de Castille.
v. 1260 : Création de l'Ecluse, avant-port de Bruges.
1261 : Traité de Nymphée entre Gênes et le *basileus* Michel VIII : concession de Péra aux Génois.
1261-1263 : Essor minier dans les Balkans.
1262 : Première mention du « sel de la Baie » (de Bourgneuf) à Hambourg.
1264 : Le Génois Benedetto Zaccharia prend le contrôle des gisements d'alun de Phocée en Asie Mineure.
1266 : En France, émission du **« gros tournois » d'argent (un sou)** et de l'**écu d'or** - **Frappe du « ducat » d'or (1 £) à Venise.**
1268 : Rédaction du *Livre des métiers* par le prévôt de Paris Etienne Boileau - A Paris, interdiction du filage du coton au rouet.
1270 : Portulan génois.
1271 : Frappe du « baudequin » d'argent (8 deniers) en Hainaut - Statut des maîtres verriers, « propriétaires de fours », à Venise.
1273 : Statut accordé par Alphonse X de Castille à la *Mesta* (association des éleveurs de troupeaux de moutons transhumants).
1277 : Ouverture de la route maritime directe de Gênes vers Londres et Bruges.
1280 : Première mention de la Ligue des villes vendes - Blocus de Bruges par les hanséates qui transfèrent leur comptoir à Ardenbourg - Fixation d'un salaire minimum par l'échevinage d'Ypres.
1281 : Formation en Angleterre d'une hanse de marchands de Cologne et d'Allemagne de l'Ouest.
1284 : Sceau de Douvres figurant un navire à château permanent.
1287 : Affaissement du Zuiderzee.
1288 : Interdiction de l'usage du rouet à Abbeville.
1291 : Tentative (sans retour) des Génois Ugolino et Vadino Vivaldi pour atteindre les Indes par mer.

Ci-dessus : **Un florin d'or émis par la république de Florence au XVe siècle, deux siècles après la frappe des premières pièces.**
© Cliché Chantal Hénon, Musée Dobrée, Nantes.

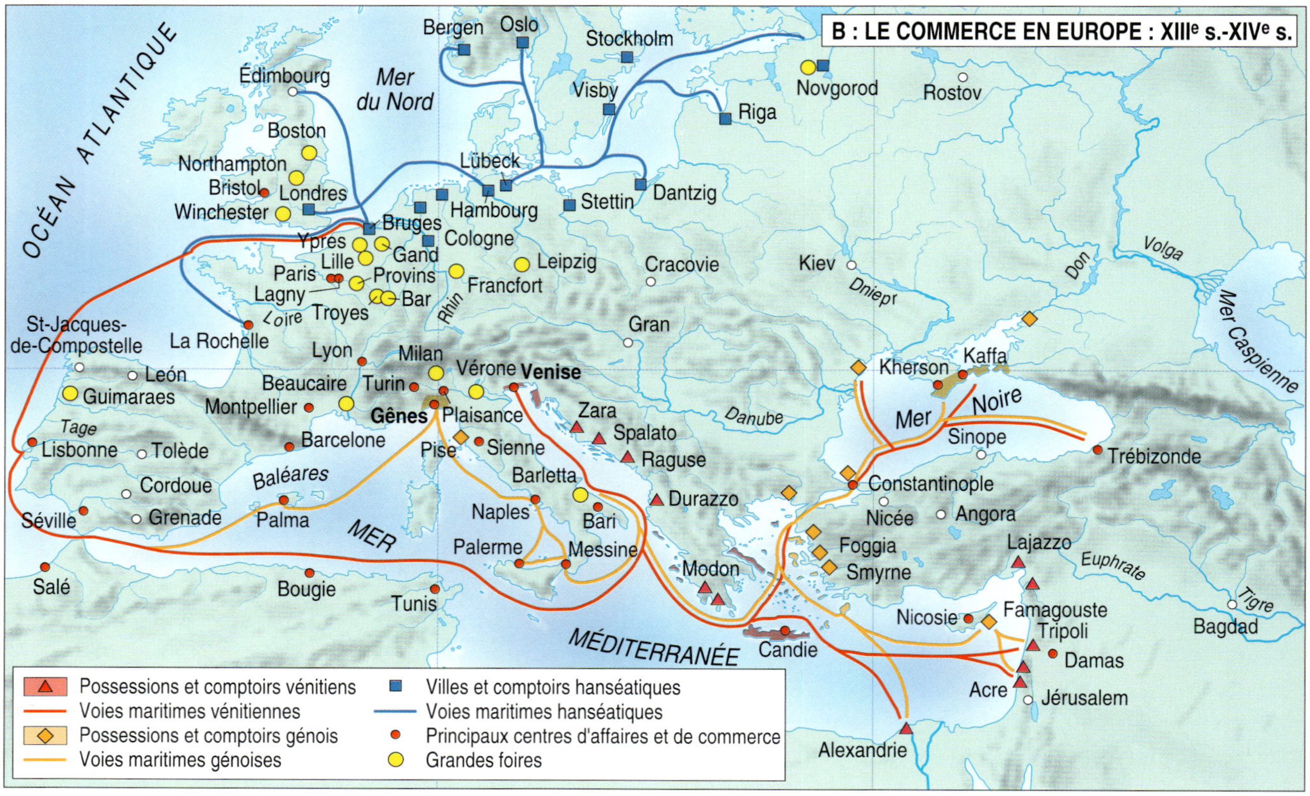

1293 : Le Pays basque exporte environ 4 500 tonnes de fer par an.

1294 : A la suite de dix ans de blocus, obtention de privilèges commerciaux en Norvège par les marchands hanséates.

1294-1296 : Mutations monétaires de Philippe IV le Bel.

1296 : Fondation de la *Hermandad de la Marina de Castilla* (association des principaux ports de Galice).

1298 : Faillite de la compagnie siennoise des Bonsignori (plus grande dispensatrice de crédits en Occident).

fin XIIIe siècle : *Rôles dits « d'Oléron »*, codifiant le droit maritime sur les côtes atlantiques.

1300 : Fondation du port de Bilbao - Faillite de la compagnie Borrino de Plaisance - Codification des coutumes des mineurs de Bohême - *Livre de la Taille de Paris* (plus de trois cents métiers dans la capitale).

1302-1336 : Apogée des exportations de vin de Bordeaux vers l'Angleterre.

1302 : Insurrection des tisserands en Flandre (« Matines de Bruges »).

1305 : Interdiction de l'usage du rouet à Douai.

1306 : Expulsion des juifs par Philippe IV le Bel.

1307 : Troubles urbains à Paris.

1308 : Pont Valentré à Cahors.

1310-1340 : Rédaction de *La Pratica della mercatura* (manuel de commerce) par le Florentin Pegolotti.

1312 : Les Génois aux Canaries.

1313-1315 : Réapparition des famines qui avaient disparu depuis le XIe siècle.

1321-1324 : Essor des foires de Chalon-sur-Saône.

1335 : Banqueroute d'Hermann Clendenst à Lübeck.

1337-1345 : Insurrection des villes drapantes de Flandre menée par Jacques Van Artevelde.

1340 : Premiers moulins à papier en France, près de Troyes.

1343-1345 : Faillites à Florence.

1346 : Ordonnance de Philippe VI sur l'administration des forêts - Faillite de la compagnie florentine des Bardi : la *Mahone* génoise (société autorisée à organiser des opérations de guerre) expulse les Vénitiens de Chio et s'arroge le monopole de l'alun.

1351 : *Statut des travailleurs* promulgué par Edouard III d'Angleterre pour enrayer la hausse des salaires.

1355 : A la suite de la prise de Gallipoli par les Turcs ottomans, fermeture de la mer Noire au commerce italien.

v. 1355-1360 : Rédaction du traité *De Moneta* (« Sur la monnaie »), par Nicolas Oresme, conseiller de Charles V et évêque de Lisieux.

v. 1358 : Formation de la Hanse des villes - Insurrection parisienne menée par Etienne Marcel.

1363 : Victoire du roi de Danemark Valdemar IV Atterdag sur les forces de la Hanse devant Helsingborg.

1363 : « Etape des laines » à Calais.

1369 : Fondation de la Ligue hanséatique : Cologne et d'autres villes rhénanes s'associent à la Hanse des villes.

1370 : Paix de Stralsund entre le Danemark et la Hanse qui obtient le monopole du commerce en mer Baltique.

1373 : La papauté autorise le commerce avec les infidèles.
1375-1385 : Apogée du commerce vénitien en Crète et en mer Egée.
1377-1381 : Guerre de Chioggia entre Venise et Gênes qui est battue.
1378 : Construction du grand arsenal de Barcelone.

1378-1382 : Vague révolutionnaire dans les villes d'Occident :
1378 : Révolte des Ciompi à Florence.
1381 : Révolte des Travailleurs animée par Wat Tyler contre la *poll tax* décrétée par Richard II.
1382 : La pression fiscale provoque des révoltes en France (Harelle à Rouen ; Maillotins à Paris ; Tuchins en Languedoc) - Soulèvement de la commune de Gand mené par Philippe Van Artevelde : les milices flamandes sont écrasées par les troupes royales à Rozebeke.

1388 : Acquisition de Corfou par Venise.
1397 : Fondation de la banque Médicis à Florence.
1398 : Premier moulin à papier, en Allemagne, à Nuremberg.
1407 : A Gênes, fondation de la *Casa di San Giorgo*, première banque publique.
1402 : Découverte des Canaries par Jean de Béthencourt et Gadifer de la Salle.
1415 : Conquête de Ceuta par le Portugal.
1420-1463 : Foires de Lyon.
v. 1425 : Polders du Zuiderzee.
1429 : Institution par le Danemark d'un péage au passage du Sund.
1430 : Concession de privilèges par le duc de Bretagne aux marchands hanséates et castillans fréquentant le port de Nantes.
1435 : Traité de Vordinbourg : les villes vendes exemptées du péage du Sund.
v. 1438 : Exploitation des mines du Lyonnais par Jacques Cœur.
1441 : Premières mentions de « fruitières » organisant la production laitière en Franche-Comté.
1442 : Début des importations de l'or de Guinée au Portugal.
1444 : Les foires de Medina del Campo (fondées au début du XVe siècle) sont promues « foires générales » du royaume de Castille.
1445 : Concession de privilèges par Charles VII aux foires de Lyon.
1446 : Tentative de relance de la foire du Lendit à Saint-Denis.
1447 : Aménagement du port de Naples.
v. 1450 : Essor de la sayetterie d'Hondschoote - Découverte de gisement d'alun à Tolfa, dans les Etats pontificaux.
1453 : Chute de Jacques Cœur.
1455 : Invention des caractères mobiles d'imprimerie par Gutenberg à Mayence.

LES FOIRES DE CHAMPAGNE ET DE BRIE

Au XIIe siècle, des foires annuelles se tenaient dans une douzaine de villes de Champagne. Au milieu du siècle, quatre d'entre elles organisent un cycle permanent de six foires réparties sur l'année, dont l'accès est garanti par le « conduit » du comte de Champagne.

- **Du 2 janvier au lundi avant la mi-carême (janvier-février) :** foire de Lagny.
- **Du mardi avant la mi-carême au lundi avant l'Ascension (février-avril-mai) :** foire de Bar-sur-Aube.
- **Du mardi avant l'Ascension à la veille de la saint Jean-Baptiste (mai-juin) :** « foire de mai » à Provins.
- **Du 24 juin au 13 septembre :** « foire chaude » de Troyes.
- **Du 14 septembre au 1er novembre (septembre-octobre) :** « foire de Saint-Ayoul » à Provins.
- **Du 2 novembre au 1er janvier (novembre-décembre) :** « foire froide » de Troyes.

S'y ajoutent des foires secondaires, tenues dans de petites localités, qui bénéficient du succès de leurs voisines.

LA LETTRE DE CHANGE

Elle permet le règlement d'une créance dans une autre place et en une autre monnaie. Elle combine trois opérations : transfert de fonds (sans transfert d'espèces) ; crédit («délai d'usance») ; change (l'intérêt du crédit peut être dissimulé dans le taux de change). Son usage ne se développe qu'à la fin du Moyen Age.

Assassinat d'Étienne Marcel, meneur de l'insurrection parisienne de 1358.
Bibliothèque nationale de France, ms. fr. 2643, f° 230.

LA FRANCE AU XIVe SIÈCLE : LES DÉBUTS DE LA GUERRE DE CENT ANS.

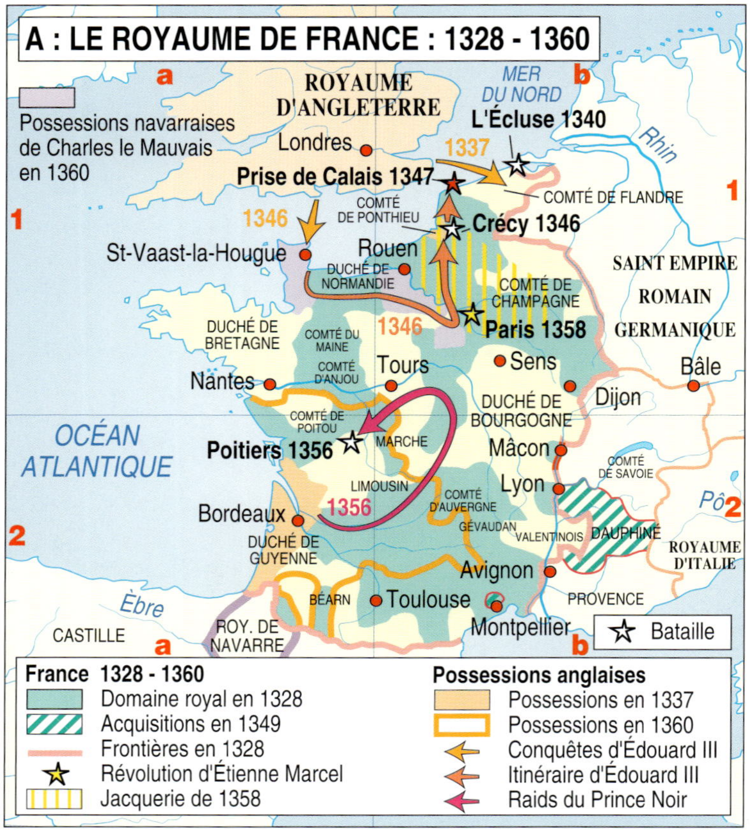

La « guerre de Cent Ans » (1337-1453) est une série d'affrontements – entrecoupés de périodes de trêve et même de paix – qui opposent, sur le territoire français, les rois de France et d'Angleterre. La Guyenne en est le véritable enjeu. Le conflit féodal qui remonte au XIIe siècle (« première guerre de Cent Ans » entre Capétiens et Plantagenêts) se double d'un conflit dynastique avec l'extinction des Capétiens directs. A la fin du Moyen Age, il n'est plus concevable que le roi d'Angleterre s'humilie devant le roi de France en lui prêtant hommage pour la Guyenne : en droit féodal, il s'expose donc à la commise pour félonie. Mais si le roi d'Angleterre fait valoir ses droits dynastiques à la couronne de France pour être légalement roi en Guyenne, cela revient de sa part à déclarer la guerre aux Valois. Cette guerre s'inscrit dans un contexte occidental où d'autres conflits, plus ou moins liés à elle, influent sur son déroulement : affrontements anglo-écossais (1328-1455), troubles en Flandre (1336-1345 ; 1381-1388), guerre de succession de Bretagne (1341-1365), guerre de Castille (1365-1369)...

1337 : Condamné à la « commise » de son fief de Guyenne, Edouard III adresse un « défi » à Philippe VI de Valois « soi-disant roi de France » : début de la guerre de Cent Ans.

1339 : Edouard III débarque à Anvers et mène campagne dans le nord du royaume - Accord entre Edouard III et Jacques Van Artevelde, élu l'année précédente capitaine de Gand.

1340 : Edouard III prend le titre de roi de France à Gand - Destruction de la flotte française à la bataille de l'Ecluse (avant-port de Bruges).

1341 : Ordonnance de Philippe VI généralisant la gabelle.

1343 : Convocation des états à Paris.

1344 : Tentatives de médiation du pape Clément VI en Avignon entre la France et l'Angleterre - Achat du Dauphiné par Philippe VI (le fils aîné du roi sera « dauphin »).

1345 : Assassinat de Jacques Van Artevelde à Gand - Chevauchée du comte de Derby en Guyenne.

1346 : Débarquement d'Edouard III à Saint-Vaast-la-Hougue - Défaite de Philippe VI à la bataille de Crécy - Siège de Calais par Edouard III.

1347 : Reddition de Calais (épisode des « Bourgeois de Calais »).

1347-1350 : Première réapparition de la « Peste noire » en Occident : « La tierce partie du monde mourut. » (Froissart)

1347-1354 : Trêve de Calais : Edouard III ne garde que cette place dans le royaume.

1349 : Mouvement des « Flagellants » - Achat de Montpellier par Philippe VI au roi Jacques III de Majorque - Fondation du « très noble ordre de la Jarretière » par Edouard III.

1350 : Mort de Philippe VI et sacre de Jean II le Bon (1319-1364).

1351 : Ordonnance de Jean le Bon sur l'organisation de l'armée - Ordonnances (1351 et 1354) sur les salaires et les prix.

1354 : Traité de Mantes entre Jean II le Bon et Charles le Mauvais, roi de Navarre.

1355 : Débarquement à Bordeaux du prince de Galles Edouard (le « Prince Noir », nommé lieutenant du roi d'Angleterre en Guyenne) : chevauchée victorieuse en Languedoc - Débarquement d'Edouard III à Calais.

1356 : Arrestation de Charles le Mauvais à Rouen - Victoire du Prince Noir à la bataille de Poitiers sur Jean le Bon qui est fait prisonnier - Etats généraux réformateurs.

1357 : Grande ordonnance réformatrice imposée par les Etats - Conclusion d'une trêve de deux ans avec l'Angleterre - Evasion de Charles le Mauvais.

1358 : A Paris, émeute dirigée par le prévôt des marchands, Etienne Marcel avec l'appui de Charles le Mauvais. Le dauphin, proclamé régent, parvient à quitter la ville et réunit les états à Compiègne - Les « Jacques » (petits propriétaires) dévastent les campagnes avant d'être écrasés par Charles le Mauvais à Mello (près de Creil) - Assassinat d'Etienne Marcel et retour du dauphin à Paris.

1360 : Traité de paix de Brétigny-Calais. Edouard III renonce au titre de roi de France mais conserve l'Aquitaine ; la rançon de Jean le Bon est fixée à trois millions d'écus ; deux fils du roi (Louis d'Anjou et Jean de Berry) le remplacent comme otages à Londres - Création du franc d'or « à cheval » - Retour de Jean le Bon.

1361-1363 : Retour de la peste.

1362 : Victoire des « Tard-Venus » (grandes compagnies réduites à vivre de pillages par suite de la paix) à Brignais, en Lyonnais, sur la chevalerie royale et bourguignonne.

1363 : La Bourgogne, apanage de Philippe de Touraine, dernier fils de Jean le Bon.

1364 : Mort de Jean le Bon à Londres où il était retourné pour négocier l'affaire des otages (le duc d'Anjou s'était évadé) - Sacre de Charles V le Sage - Révolte de Charles le Mauvais qui est battu par Bertrand du Guesclin à la bataille de Cocherel.

1365 : Premier traité de Guérande - Traité d'Avignon avec Charles le Mauvais.

1366 : Charles V expédie en Castille les Grandes Compagnies sous la conduite de du Guesclin, pour soutenir Henri de Trastamare, prétendant au trône de Castille - Traité de Libourne entre Charles le Mauvais, Pierre Ier le Cruel, roi de Castille, et le Prince Noir.

1367 : Défaite de Bertrand du Guesclin à Najera. Du Guesclin est capturé par le Prince Noir puis racheté par Charles V.

1368 : Charles V soutient les Aquitains qui s'opposent au fouage levé par le Prince Noir et cite celui-ci à comparaître devant sa cour.

1369 : Victoire de Bertrand du Guesclin à Montiel sur Pierre Ier le Cruel - Philippe le Hardi, duc de Bourgogne, épouse à Gand Jeanne de Flandre.

UN ÉPISODE DE LA « GUERRE DE CENT ANS » : LA GUERRE DE SUCCESSION DE BRETAGNE (1341-1365)

1341 : Décès, sans enfant, de Jean III, duc de Bretagne et comte de Limoges. Début de la crise successorale entre Jeanne de Penthièvre, épouse de Charles de Blois, soutenu par le roi de France, et Jean, comte de Montfort-l'Amaury, demi-frère du duc défunt, époux de Jeanne de Flandre et soutenu par le roi d'Angleterre - En septembre, la Cour des pairs reconnaît Charles de Blois comme duc de Bretagne ; en novembre, Nantes est prise et Jean de Montfort emprisonné au Louvre.

1342 : Jeanne de Flandre contraint Charles de Blois à lever le siège d'Hennebont.

1343 : Trêve de Malestroit : libération de Jean de Montfort.

1345 : Jean de Montfort prête hommage-lige à Edouard III avant de décéder à Hennebont : Edouard III assure la tutelle de « l'enfant Montfort », le futur duc Jean IV.

1347 : Défaite et capture de Charles de Blois à La Roche-Derrien. Jeanne de Penthièvre assure la régence jusqu'en 1356.

1362 : Débarquement de Jean IV de Montfort en Bretagne.

1364 : Bataille d'Auray : mort de Charles de Blois et capture de Bertrand du Guesclin.

1365 : Premier traité de Guérande : Jean IV de Montfort reconnu duc de Bretagne prête l'hommage simple à Charles V. Jeanne de Penthièvre conserve son apanage.

1371 : Ouverture par le pape Urbain V d'une procédure de canonisation de Charles de Blois à Angers.

1372 : Traité secret d'alliance entre Jean IV et Edouard III.

1373 : Le connétable Bertrand du Guesclin occupe la Bretagne (sauf Brest, Bécherel, Auray et Derval) - Jean IV s'exile en Angleterre.

1378 : Charles V fait prononcer par le Parlement de Paris et la Cour des pairs l'annexion du duché de Bretagne au royaume.

1379 : Débarquement de Jean IV à Saint-Servan.

1381 : Second traité de Guérande : Jean IV est rétabli dans son duché contre hommage-lige à Charles VI (une clause secrète le dispense de participer à la lutte contre l'Angleterre).

GÉNÉALOGIE DES DUCS DE BRETAGNE AU TEMPS DE LA GUERRE DE SUCCESSION

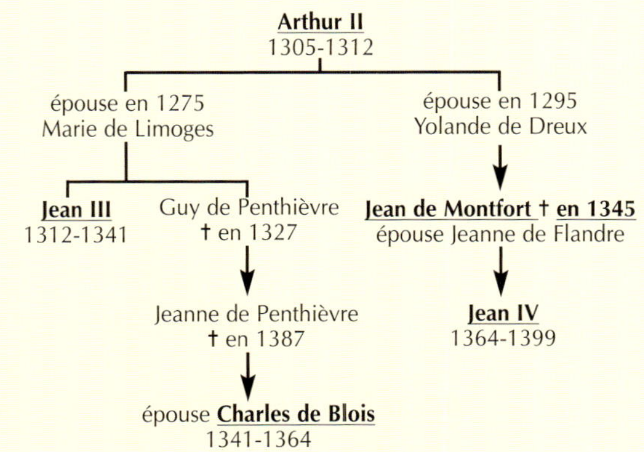

Sacre de Charles V le Sage et couronnement de Jeanne de Bourbon en 1364. Bibliothèque municipale de Toulouse.

1369 : Edouard III prend le titre de roi de France - Commise sur l'Aquitaine : reprise de la guerre franco-anglaise - Chevauchée du duc de Lancastre en Normandie.
1370 : Campagnes du duc de Lancastre et du Prince Noir en Aquitaine - Chevauchée de Robert Knolles - Victoire de Bertrand du Guesclin sur les Anglais à Pontvallain et à Bressuire : du Guesclin, connétable de France - A Paris, début de l'édification de la Bastille.
1371 : Traité franco-navarrais de Vernon - Le Prince Noir renonce à l'Aquitaine et rentre en Angleterre.
1372 : Destruction de la flotte anglo-française à La Rochelle par une escadre castillane, alliée du roi de France - Soumission de la Saintonge et du Poitou.
1373 : Chevauchée du duc de Lancastre - Retour de la peste.
1374 : Ordonnances de Charles V sur la succession à la royauté (la majorité royale est fixée à 14 ans et un conseil de tutelle est organisé) -. Prise de La Réole par Bertrand du Guesclin.
1373-1374 : Ordonnance sur l'organisation de l'armée.
1375-1377 : Trêve de Bruges.
1376 : Mort du Prince Noir.
1377 : Le pape Grégoire XI quitte Avignon pour revenir à Rome. Election d'un antipape (Clément VII) - Mort d'Edouard III - Avènement de Richard II.
1378 : Saisie par du Guesclin des domaines normands de Charles le Mauvais.
1379 : Installation de Clément VII en Avignon et début du Grand Schisme d'Occident.
1380 : Chevauchée de Thomas de Buckingham - Mort de du Guesclin à Châteauneuf-de-Randon - Mort de Charles V et sacre de Charles VI le Bien-Aimé : « gouvernement des oncles ».
1381 : Emeutes des Tuchins en Languedoc.
1382 : Révolte des Maillotins à Paris - Harelle de Rouen - Soulèvement de la commune de Gand mené par Philippe Van Artevelde : les milices flamandes sont écrasées par les troupes royales à Rozebeke.
1384 : Philippe le Hardi, duc de Bourgogne, devient comte de Flandre.
1385 : Mariage de Charles VI et d'Isabeau de Bavière - Paix de Tournai.

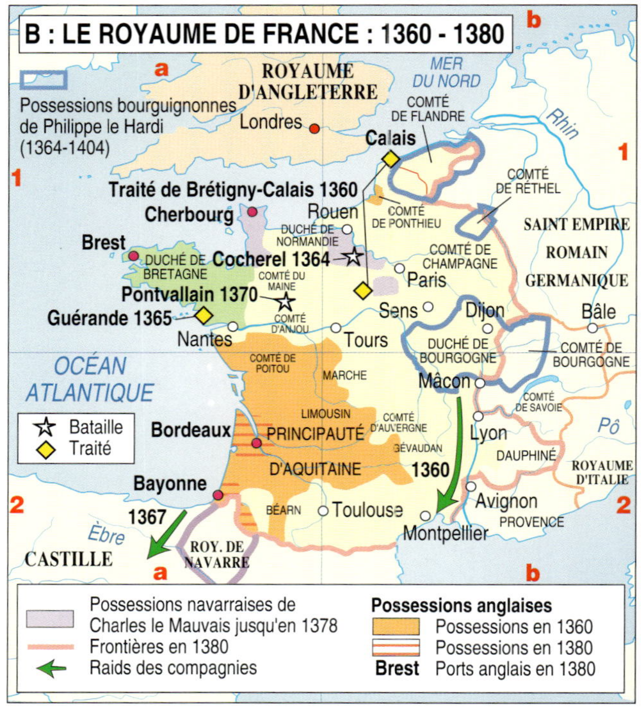

Gisant de Bertrand du Guesclin dans la basilique de Saint-Denis. Ph. H. Champollion.

BERTRAND DU GUESCLIN (1320-1380)

Né à La Motte-Broons, près de Dinan, il se familiarise avec la guerre d'embuscade, aux côtés de Charles de Blois, durant les premières phases de la guerre de Succession de Bretagne. Après le traité de Bréquigny-Calais (1360), les troupes de Charles le Mauvais, roi de Navarre, continuent de ravager la France du Nord sous la direction du captal de Buch. En 1364, du Guesclin prend les places navarraises de Meulan et Compiègne avant de remporter sur le captal de Buch la victoire de Cocherel. Auréolé par ces succès, il participe, la même année, à la bataille d'Auray : Charles de Blois y trouve la mort et lui-même est fait prisonnier.
Pour se débarrasser des routiers des grandes compagnies qui ravagent le royaume, Charles V charge du Guesclin de les conduire en Castille pour participer, aux côtés du prétendant Henri de Trastamare, au conflit opposant ce dernier à son frère Pierre le Cruel. D'abord vaincu et capturé par le Prince Noir à Najera (1367), du Guesclin reprend le combat et remporte la victoire de Montiel. Henri de Trastamare accède sur trône : Charles V y gagne l'alliance de la Castille et les grandes compagnies, décimées au cours des hostilités, ne sont plus menaçantes !
Lorsque reprend le conflit franco-anglais, du Guesclin évite de rencontrer l'armée anglaise en bataille rangée, et l'écrase par surprise, en 1370, à Pontvallain près du Mans. Nommé connétable par Charles V, il prend, sans rencontrer grande résistance, le contrôle de la Bretagne (1373) que Charles V place sous séquestre pour sanctionner l'alliance secrète entre Jean IV et Edouard III. La menace de l'annexion du duché suscite en 1379 un sursaut général de la population en faveur de Jean IV. Bertrand du Guesclin meurt de maladie en 1380 en assiégeant Châteauneuf-de-Randon, en Gévaudan, occupé par les Anglais : Charles V fait déposer le corps de son connétable dans la nécropole royale de Saint-Denis.

GÉNÉALOGIE DES VALOIS DIRECTS

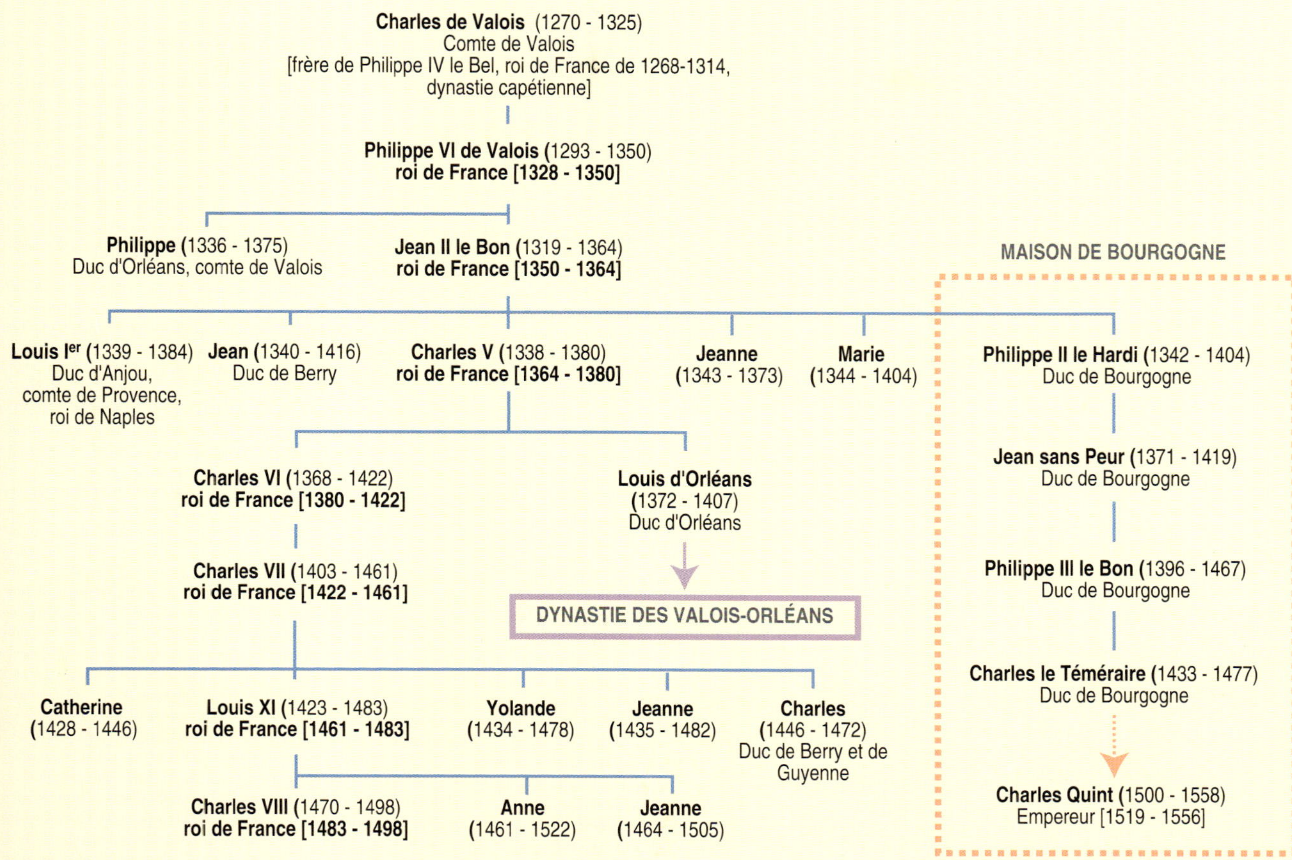

LE XIVe SIÈCLE : « AUTOMNE DU MOYEN AGE » OU « PRINTEMPS DES TEMPS NOUVEAUX » ?

La « guerre de Cent Ans » est la manifestation conjoncturelle d'une profonde crise structurelle qui touche à la fois l'économie et la société. L'accroissement continu de la population depuis trois siècles a entraîné un surpeuplement relatif (les défrichements ont cessé ; les rendements n'augmentent plus). A partir de 1315-1317, la famine revient épisodiquement. Sur des organismes affaiblis par les carences alimentaires, la peste qui réapparaît à partir de 1347 a des effets catastrophiques : elle décime, en quelques années, sans doute le tiers de la population d'Occident (et se maintient sous forme endémique jusqu'au XVIIIe siècle). La guerre, par les ravages qu'elle occasionne directement et par l'alourdissement de la fiscalité qui s'en- suit (armées de métier, fortifications), contribue à amplifier la crise. La conjonction de ces trois fléaux ébranle les certitudes morales. A ceux qui s'empressent de vivre au jour le jour répliquent ceux qui ne trouvent un sens à la vie que dans l'irrationnel : mouvements de dévotion et d'expiation (« flagellants »), recherche de boucs émissaires (juifs, lépreux...). Des émeutes éclatent en ville, des soulèvements agitent les campagnes. Les meneurs sont les maîtres des métiers (tisserands, bouchers) ou les paysans aisés (« Jacques »), mais les revendications des uns et des autres ne se rejoignent pratiquement jamais. L'impact de la crise varie donc selon les lieux et les catégories sociales. Au défi lancé par les « malheurs des temps », répondent des aventures individuelles. Les bouleversements sociaux qu'ils entraînent provoquent la recherche de nouvelles formes de solidarité. Epoque de ruptures et d'anticipations, le XIVe siècle annonce le temps des découvertes.

LES PAPES DU MILIEU DU XIE À LA FIN DU XIIIE SIÈCLE

(en gras, les papes d'origine française ; en italique, les « antipapes »).

1049-1054 : Léon IX (élection du pape par les cardinaux)
1055-1057 : Victor II
1057-1058 : Etienne IX
1058 : *Benoît X*
1059-1061 : Nicolas II
1061-1073 : Alexandre II
1061-1072 : Honorius II
1073-1085 : Grégoire VII
1080-1100 : *Clément III*
1086-1087 : Victor III
1087-1099 : Urbain II
1099-1118 : Pascal II
1105-1111 : *Sylvestre IV*
1118-1119 : Gélase II
1118-1121 : ***Grégoire VIII***
1119-1124 : Calixte II
1124-1130 : Honorius II
1130-1143 : Innocent II
1131-1138 : *Anaclet II*
1143-1144 : Innocent II
1144-1145 : Lucius II
1145-1153 : Eugène III
1153-1154 : Anastase IV
1154-1159 : Adrien IV
1159-1181 : Alexandre III
1159-1164 : *Victor IV*
1164-1168 : *Pascal III*
1168-1178 : *Calixte III*
1179-1180 : *Innocent III*
1181-1185 : Lucius III
1185-1187 : Urbain III
1187-1191 : Clément III
1191-1198 : Célestin III
1198-1216 : Innocent III
1216-1227 : Honorius III
1227-1241 : Grégoire IX
1241 : Célestin IV
1243-1257 : Innocent IV
1254-1261 : Alexandre IV
1261-1264 : Urbain IV
1265-1268 : Clément IV
1271-1276 : Grégoire X
1276 : Innocent V
1276-1277 : Jean XXI
1277-1280 : Nicolas III
1281-1285 : Martin IV
1285-1287 : Honorius IV
1294 : Célestin V
1294-1303 : Boniface VIII

EMPEREURS GERMANIQUES (XIIIE-XVE SIÈCLE)

(En caractères majucules italiques, les rois ayant accédé effectivement à la dignité impériale.)

1211-1246 : *FREDERIC II.*
1246-1250 : Frédéric II.
1250-1254 : Conrad IV.

GRAND INTERRÈGNE
(1246/1250-1273)

1273-1291 : Rodolphe Ier de Habsbourg.
1292-1298 : Adolphe de Nassau.
1298-1308 : Albert Ier de Habsbourg.
1308-1312 : *HENRI VII DE LUXEMBOURG.*
1314-1347 : *LOUIS IV DE BAVIÈRE.*
1346-1378 : Charles IV de Luxembourg.
1378-1400 : Venceslas IV de Luxembourg.
1400-1410 : Rupert.
1410-1437 : *SIGISMOND DE LUXEMBOURG.*
1438-1439 : Albert II.
1440-1493 : *FRÉDERIC III DE HABSBOURG.*
1493-1519 : *MAXIMILIEN Ier.*

LES CONCILES DU XIIIe SIÈCLE AU XVe SIÈCLE

1215 : *Latran IV.* Obligation de la confession et de la communion annuelles. Mesures répressives contre les hérétiques (Inquisition). Statut discriminatoire des Juifs. Mesures pour développer la prédication et les écoles.
1245 : *Lyon I.* Déposition de l'empereur Frédéric II. Appel aux chrétiens contre l'invasion tartare.
1274 : *Lyon II.* Union (sans lendemain) avec l'Eglise grecque. Institution du conclave pour l'élection pontificale. Limitation du nombre des ordres mendiants.
1311 : *Vienne.* Suppression des Templiers. Condamnation des béguines. Tentative de règlement de la « querelle de la Pauvreté » entre Franciscains spirituels et conventuels.
1409 : *Pise.* Destitution des deux papes rivaux et élection d'Alexandre V.
1414-1418 : *Constance.* Déposition des trois papes rivaux : élection de Martin V. Affirmation de la supériorité du concile sur le pape. Condamnation de Jan Hus.
1431-1449 : *Bâle.* Apogée du conciliarisme. Compromis avec les hussites (1436). Rupture avec le pape Eugène IV (1438). Election de l'antipape Félix V (1439).
1438-1439 : *Ferrare.* Accord avec l'Eglise grecque (rejeté par le peuple de Constantinople et par l'Eglise russe).

Jan Hus, condamné par le concile de Constance, prêchant à la chapelle de Bethléem. Gravure extraite d'un *Traité hussite*, imprimé du XVIe siècle.

1309 : L'archevêque de Bordeaux Bertrand de Got, élu pape sous le nom de Clément V (1305-1314), s'installe en Avignon.
1367 : Le pape Urbain V (1362-1370) quitte Avignon pour Rome, mais est contraint de rentrer en Avignon dès 1370.
1377 : Le pape Grégoire XI (1370-1378) rentre définitivement à Rome.
1378 : Décès de Grégoire XI. Election du pape Urbain VI (1378-1389) contestée, quelques mois plus tard, par les cardinaux français qui élisent Clément VII (1378-1394).
1379 : Le pape Clément VII s'installe en Avignon : début du Grand Schisme. Dans le contexte de la guerre de Cent Ans, l'Angleterre et ses alliés soutiennent la cause « urbaniste », tandis que la France et les siens constituent l'obédience « clémentiste » (ou « clémentine »).
1409 : Le concile de Pise destitue les papes des deux obédiences rivales (qui refusent de céder) et désigne un troisième pape Alexandre V (1409-1410) auquel succède Jean XXIII (1410-1415).

LES PAPES D'AVIGNON ET DU GRAND SCHISME

Rome

Avignon

Boniface VIII 1294-1303
Clément V 1305-1314
Jean XXII 1316-1334
Benoît XII 1334-1342
Clément VI 1342-1352
Innocent VI 1352-1362
Urbain V 1362-1370
Grégoire XI 1370-1378

Schisme

Rome:
Urbain VI 1378-1389
Boniface IX 1389-1404
Innocent VII 1404-1406
Grégoire XII 1406-1415 († 1417)

Avignon:
Clément VII 1378-1394
Benoît XIII 1394-1423

Peñiscola:
Clément VIII 1423-1429

(Concile de Pise) 1409
Alexandre V 1409-1410
Jean XXIII 1410-1415 († 1419)

(Concile de Constance) 1414-1418
Martin V 1417-1431
Eugène IV 1431-1447

ex. : M.H. Julien de Pommerol, J. Monfrin, *La bibliothèque pontificale à Avignon et à Peñiscola pendant le grand Schisme d'Occident & sa dispersion*, vol.I, Coll. de l'Ecole Française de Rome, 141, Rome, 1991.

1417 : Le concile de Constance, convoqué par Jean XXIII en 1414, après avoir écarté ce dernier (contre son gré), et Grégoire XII (1406-1415), de bon gré, et anéanti l'obédience de Benoît XIII (1394-1423) procède à l'élection du pape Martin V (1417-1421), finalement reconnu par tout l'Occident.

Consécration du souverain pontife, enluminure extraite du *Pontifical* de Guillaume Durand. Bibliothèque municipale de Tours.

GÊNES ET L'EMPIRE VÉNITIEN (XIIIe-XIVe SIÈCLE).

1202 : Prise de Zara par la quatrième croisade pour le compte de Venise.

1203 : Détournement de la quatrième croisade sur Constantinople et prise de la ville pour le compte du *basileus* déchu Alexis IV.

1204 : La seconde prise de Constantinople par les croisés et la chute de l'Empire byzantin font du doge de Venise le « seigneur d'un quart et demi de l'Empire d'Orient » ; les marchands vénitiens contrôlent les détroits des Dardanelles et du Bosphore.

1218 : Paix entre Venise et Gênes.

1238 : Ligue guelfe alliant Gênes et Venise à la papauté contre l'empereur Frédéric II.

1241 : Défaite génoise de l'île de Lys devant la flotte pisane.

1242-1247 : Soulèvement de Zara contre la domination vénitienne.

1258 : Défaite navale génoise devant les Vénitiens à Saint-Jean-d'Acre.

1261 : Traité secret de Nymphée entre Gênes et l'Empire grec de Nicée contre Venise - Restauration de l'Empire byzantin et expulsion des Vénitiens.

1263 : Victoire navale de Venise sur Gênes près de l'île de Setteposi (La Spezia).

1264 : Le Génois Benedetto Zaccharia prend le contrôle des gisements d'alun de Phocée en Asie Mineure.

1266-1267 : Défaites navales génoises devant Trapani puis devant Saint-Jean-d'Acre.

1268 : Le *basileus* Michel VIII Paléologue restitue à Venise une part des avantages perdus en 1261.

1270 : Trêve entre Gênes et Venise.

1272 : Guerre entre Gênes et le roi de Sicile Charles d'Anjou, allié à Pise.

1282 : Vêpres siciliennes.

1284 : Défaite pisane à la Meloria devant la flotte génoise.

1293 : Reprise de la guerre entre Gênes et Venise - Sac du comptoir génois de Limassol. Défaite navale de Venise près de Laïas.

1298 : Le capitaine génois Lamba Doria écrase la flotte vénitienne à Curzola.

1299 : Paix de Milan, entre Gênes et Venise.

1300 : Pise cède à Gênes la Corse et une partie de la Sardaigne.

1302-1303 : Venise impose à Byzance la restitution de ses privilèges commerciaux aux dépens des Génois.

1302-1311 : La Grande Compagnie catalane dans l'Empire byzantin.

1328 : Conquête de la Sardaigne sur Gênes par les Aragonais.

1349 : Reprise des hostilités entre Gênes et Venise.

1352 : Bataille du Bosphore.

1375-1385 : Apogée du commerce vénitien en Crète et en mer Egée.

1377-1381 : Guerre de Chioggia entre Venise et Gênes. Défaite de Gênes : paix de Turin.

1421 : Conquête de Gênes par le duc de Milan Philippe-Marie Visconti.

1450 : Apogée de la puissance coloniale vénitienne.

1475 : Conquête des colonies génoises de la mer Noire par les Turcs. Fin de la puissance maritime de Gênes.

Vue de Venise aujourd'hui. Ph. Th. Jégu.

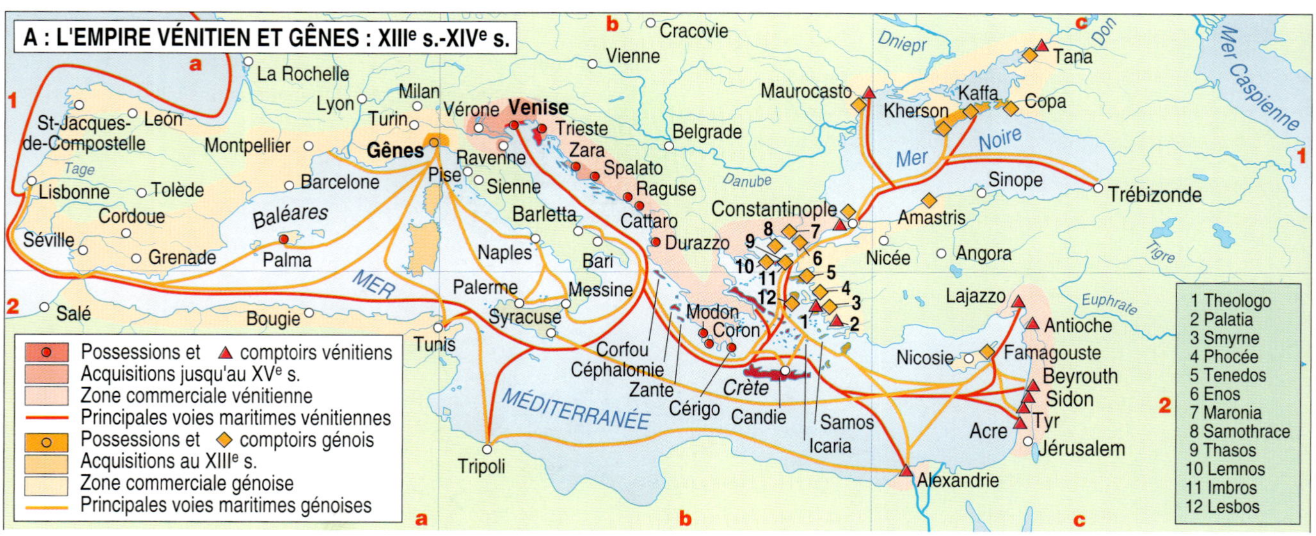

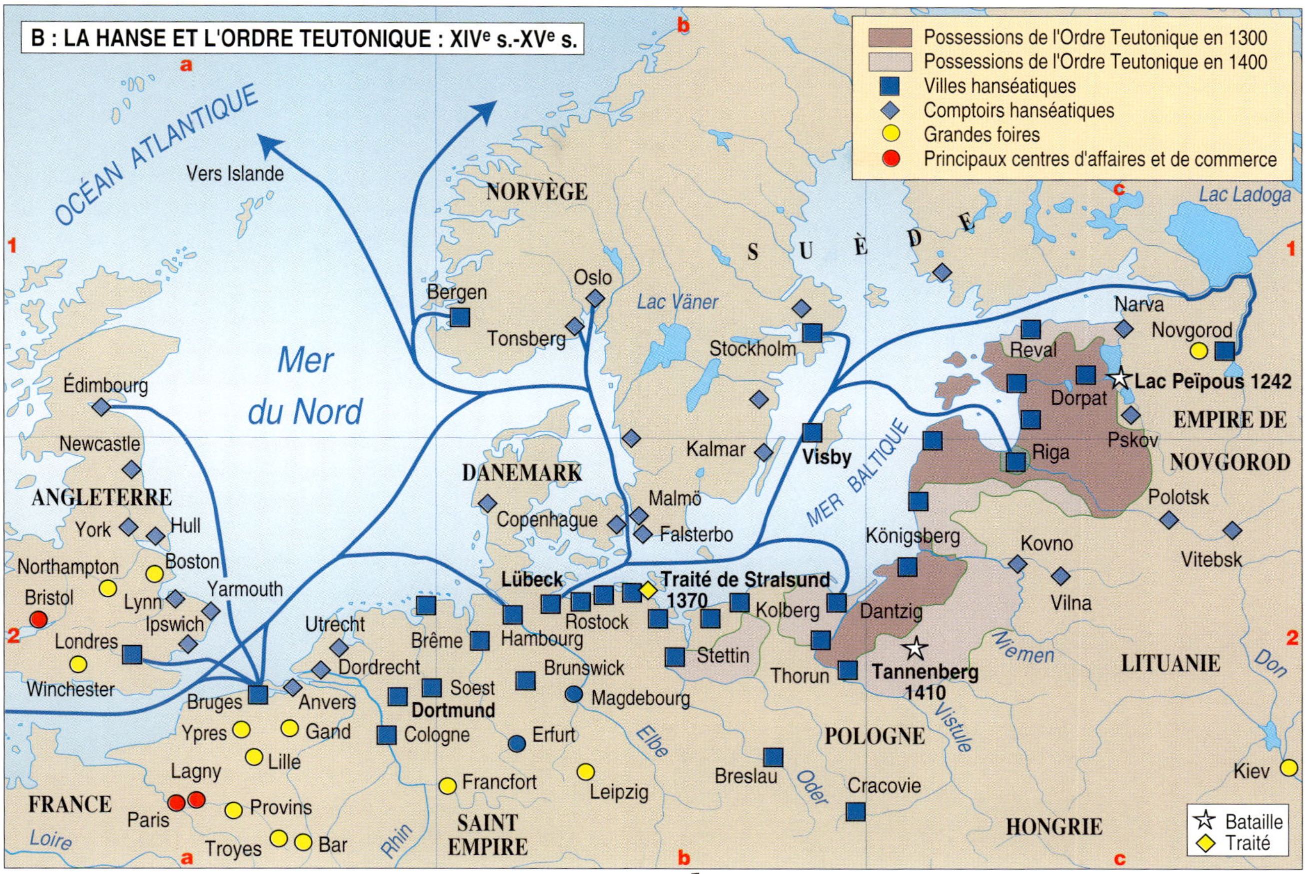

Fondés en 1190 en Terre sainte, les chevaliers Teutoniques deviennent un ordre militaire en 1198. Chargés par Frédéric II de la conquête et de la christianisation de la Prusse, les Teutoniques y fondent des colonies allemandes. Les villes prussiennes s'organisent au XIVe siècle et s'associent à la Hanse.

A l'origine, la Hanse (*hansa* : « troupe ») est une association des marchands d'Allemagne du Nord. Elle est remplacée par une Hanse des villes quand celles-ci s'organisent pour assurer la protection de leurs ressortissants groupés en ligues. La Hanse des villes se structure au milieu du XIVe siècle lorsqu'elle assoit son autorité sur les quatre « comptoirs » (Novgorod, Bergen, Londres, Bruges) et qu'elle obtient la totale liberté des échanges dans le détroit du Sund.

1158 : Fondation de Lübeck.
1161 : Formation à Visby d'une association des « visiteurs allemands du Gotland ».
1200 : Fondation de Rostock.
1201 : Fondation de Riga par l'évêque de Livonie qui crée l'ordre des chevaliers Porte-glaive.
1226 : Le duc Conrad de Mazovie fait appel aux chevaliers teutoniques contre les Prussiens - Bulle d'or de Rimini, par Frédéric II qui confirme cette mission.
1227 : Défaite du roi de Danemark Valdemar II Sejr devant Lübeck alliée aux princes allemands - Fondation de Reval.
v. 1230 : Installation des Teutoniques à Torun et à Culm (Chelmno).
1235-1283 : Conquête de la Prusse par les Teutoniques.
1237 : Battus à Bauske (1235) par les Lituaniens, les Porte-glaive fusionnent avec les Teutoniques.
1242 : Défaite des Teutoniques devant Alexandre Nevski sur le lac Peïpous.
v. 1358 : Formation de la Ligue hanséatique des villes allemandes.
1370 : Paix de Stralsund entre le Danemark et la Hanse qui obtient le monopole du commerce en mer Baltique.
1386 : Union de la Lituanie et de la Pologne.
1397 : Union de Kalmar entre les trois royaumes scandinaves : Suède, Norvège et Danemark.
1410 : Défaite des Teutoniques à Tannenberg (Grunwald) devant les Polono-Lituaniens.
1435 : Traité de Vordinbourg : les villes sont exemptées du péage du Sund.
1454 : Prise de Gdansk (Dantzig) par les Polonais.
1466 : Traité de Torun (Thorn) entre la Pologne et les Teutoniques qui ne conservent que la Prusse-Orientale.

LA RUSSIE DU XIIIe AU XVe SIÈCLE.

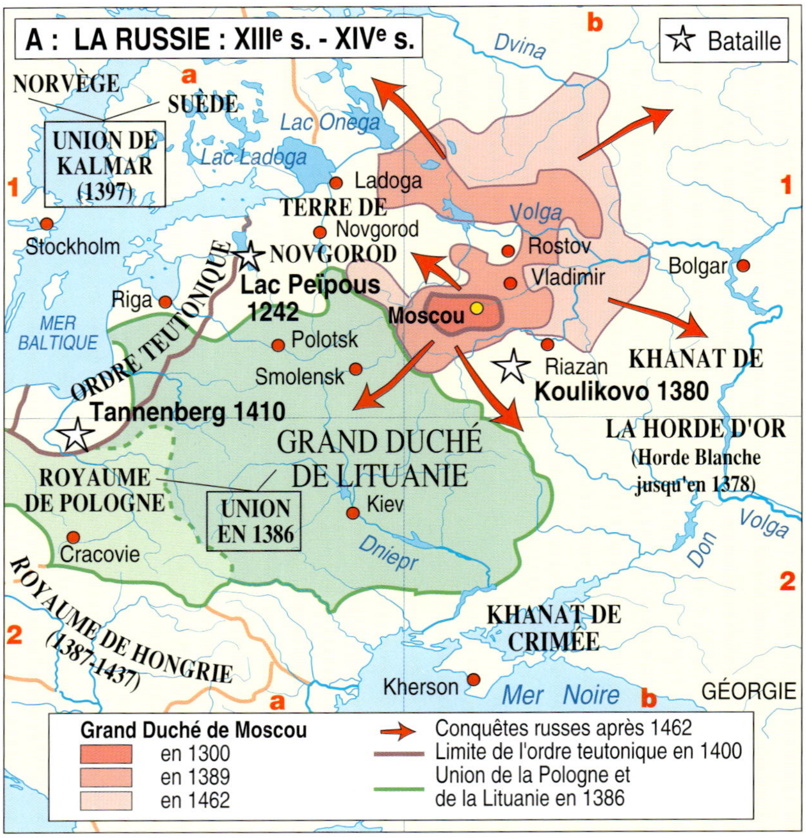

1223 : Victoire des Mongols sur les Russes et les Coumans (*Polovtsy*) à la bataille de la Kalka.
1227 : A la mort de Gengis Khan, le khanat de Qiptchaq (« Horde d'Or ») échoit à son neveu Batou tandis que l'un des frères de celui-ci est placé à la tête de la « Horde Blanche » (actuel Kazakhstan).
1236 : Invasion de la Russie par les Mongols, sous la conduite du khan Batou.
1240 : Les Mongols pillent Vladimir, Moscou et détruisent Kiev - Victoire du prince Alexandre Iaroslavich de Novgorod contre les Suédois sur la Neva (d'où son surnom de « Nevski »).
1242 : Défaite des chevaliers Porte-glaive devant Alexandre Nevski, à la « Bataille des glaces » sur le lac Peïpous (lac des Tchoudes).
1243 : Le khan Batou fonde *Saraï* (« le palais »), quartier général de la Horde d'Or à l'embouchure de la Volga.
1245 : Domination des Mongols de la Horde d'Or sur toute la Russie : les principautés russes tributaires des Mongols.
1254 : Le titre royal est reconnu par la papauté à Daniel de Galicie.
1300 : Transfert de la métropole russe de Kiev à Vladimir.
1316-1341 : Règne du grand-duc Gédymin en Lituanie : il étend sa domination en Russie.
1326-1340 : Règne d'Ivan Ier Kalita (« l'escarcelle »), prince de Moscou - Le métropolite de Vladimir s'installe à Moscou.
1328 : Victoire d'Ivan Ier sur le prince de Vladimir-Souzdal - Ivan Ier obtient des Mongols le titre de « grand-prince » de Moscou.
1339 : Début de la construction du Kremlin à Moscou.
1341-1377 : Règne du grand-duc Oldreg en Lituanie : il conquiert la Volhynie, Kiev et Tchernigov, mais échoue à plusieurs reprises devant Moscou.
1349 : Annexion de la Galicie par la Pologne.
1359 : Avènement de Dimitri (1390-1389), fils d'Ivan II (1352-1359) - Le titre de grand-prince passe à Souzdal.
1361 : Prise de Kiev par le grand-duc de Lituanie Olgerd.
1378 : Théophane le Grec peint les fresques de l'église du Sauveur à Novgorod.
1380 : La victoire de Dimitri, grand-prince de Moscou, sur les Mongols à Koulikovo (« le champ des bécasses ») lui vaut le surnom de « Donskoï ».
1382 : Toqtamich, khan de la Horde Blanche, prend la tête la Horde d'Or. Il saccage Moscou, prend le Kremlin et impose le tribut à Dimitri Donskoï.
1386 : Union personnelle de la Lituanie et de la Pologne.
1389-1425 : Règne de Vassili Ier, couronné grand-prince sans l'accord des Mongols. Il achète à ceux-ci Viatkma, Nijni-Novgorod et Souzdal.
1389 : Tamerlan (*Timur Lang* : 1370-1405) écrase la Horde d'Or.
v. 1390 : Théophane le Grec et Andreï Roublev décorent la cathédrale de l'Archange et de l'Annonciation à Moscou.
1395 : L'armée de Tamerlan s'arrête au bord de l'Oka, tenu par les troupes de Vassili Ier.
1408 : Suite au refus de Vassili Ier de payer tribut à Tamerlan, sac de Moscou.
v. 1408 : Andreï Roublev peint l'icône de la *Trinité*.
1425-1462 : Règne de Vassili II l'Aveugle qui soumet Novgorod, Pskov et Riazan.
1432 : Vassili prend le titre de grand-prince de Moscou.
1439 : Rejet de l'union de Florence : l'Eglise russe se détache de l'Eglise grecque.
1453 : La chute de Constantinople fait de Moscou la « troisième Rome », centre religieux de l'orthodoxie.
1462-1505 : Règne d'Ivan III le Grand, « tsar de toutes les Russies » : il annexe successivement Iaroslavl (1463), Perm (1472), Novgorod (1478), Tver (1485)...
1472 : Mariage d'Ivan III avec Sophie Paléologue.
1475 : Début de la construction de la cathédrale de la Dormition à Moscou.
1480 : Fin de la domination mongole.
1485 : Début de la reconstruction du Kremlin par des architectes italiens.
1502 : Démembrement de la Horde d'Or.

Les communautés paysannes des vallées suisses riveraines du lac des « quatre cantons » contrôlent le passage du Saint-Gothard et fournissent des recrues aux troupes impériales. A la faveur de la crise de l'Empire (grand interrègne : 1250-1273), elles parviennent à s'émanciper politiquement de la tutelle des Habsbourg.

1218 : Extinction de la famille ducale des Zähringen dont une partie des domaines passe aux Habsbourg alors possessionnés en Aargau.
1231 : L'empereur Frédéric II octroie une charte de franchise au canton d'Uri.
1240 : Octroi d'une charte de franchise au canton de Schwyz.
1273 : Election impériale du comte Rodolphe de Habsbourg qui conquiert l'Autriche.
1er août 1291 : A la mort de Rodolphe de Habsbourg, les cantons de Schwyz, Uri et Unterwald contractent un pacte d'alliance mutuelle (« Ligue éternelle » : confédération suisse).
1292 : Albert d'Autriche (fils de Rodolphe de Habsbourg) rétablit son autorité sur la Suisse.
1297 : Confirmation des franchises des Trois-Cantons par Adolphe de Nassau, roi d'Allemagne.
1309 : Confirmation et extension des franchises par Henri VII de Luxembourg (empereur en 1312-1313).
1315 : Victoire des confédérés à Morgarten contre l'armée du duc d'Autriche, Léopold Ier de Habsbourg - Pacte de Brunnen renouvelant (en allemand) celui de 1291.
1332 : Alliance de Lucerne et des cantons confédérés.
1351 : Zurich rejoint la Confédération.
1252 : Les cantons de Glaris et de Zoug sont associés à la Confédération.
1353 : Alliance entre Berne et la Confédération.
1386 : Victoire de Sempach sur les troupes autrichiennes. Le « Convenant de Sempach » définit les conditions d'assistance militaire mutuelle entre les huit cantons (auxquels s'associe la ville de Soleure).
1388 : Victoire de Naefels sur les troupes autrichiennes.
1415 : A l'instigation de l'empereur Sigismond de Luxembourg, les confédérés annexent la vallée de l'Aar aux dépens des Habsbourg.
1476 : Défaites de Charles le Téméraire à Grandson et à Morat devant les Bernois appuyés par les confédérés.
1499 : Traité de Bâle : l'empereur Maximilien d'Autriche entérine l'autonomie de fait des cantons suisses.
1515 : Victoire de François Ier sur les « bandes suisses » à Marignan, suivie en 1516 de la conclusion de la « paix perpétuelle » de Fribourg.

François Ier, Photo Hervé Champollion.

GUILLAUME TELL

La légende du héros national suisse s'est diffusée dans le contexte de la Révolution de 1789. Au début du XIXe siècle, le poète allemand Friedrich von Schiller contribue à assurer son succès.

Le bailli Gessler pressure les habitants d'Altdorf pour le compte des Habsbourg. Il fait placer son chapeau sur une pique et oblige les passants à le saluer. Guillaume Tell s'y refuse. Réputé pour son adresse à l'arbalète, celui-ci est condamné par Gessler à faire tomber d'un seul trait une pomme placée sur la tête de son propre fils. Par la suite, Guillaume Tell abat Gessler et rejoint une conjuration formée par des paysans des trois cantons dans la prairie du Rütli. La révolte éclate : les châteaux des baillis des Habsbourg sont rasés et ceux-ci prennent la fuite.

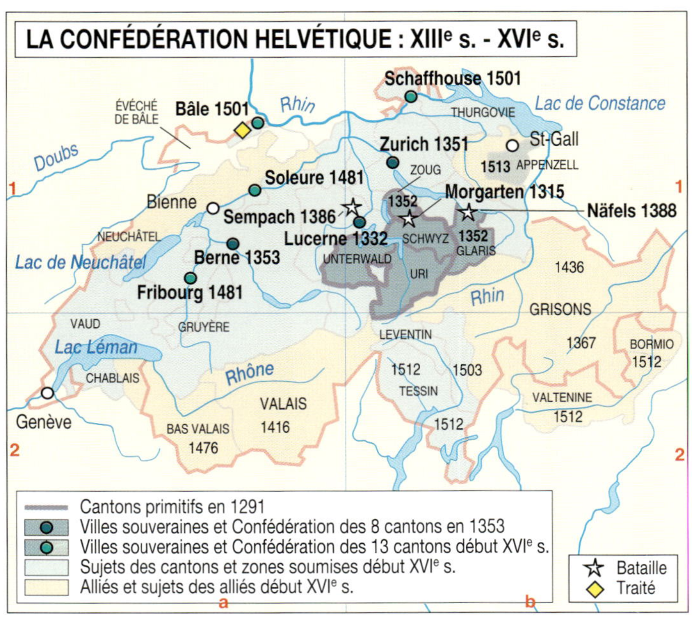

L'ITALIE : XIVe-XVe SIÈCLE.

Aux XIVe et XVe siècles, le morcellement politique de l'Italie est intense. Dans les anciennes communes, lassées par les querelles entre guelfes (tenants de la papauté) et gibelins (partisans de l'empereur), podestats et *condottieri* (chefs de bandes) prennent le pouvoir. Cependant, au cours du XVe siècle, une tendance à la concentration se fait jour : aux *signorie* se substituent des principautés.

1282 : Vêpres siciliennes à Palerme : Pierre III d'Aragon, débarqué à Trapani, prend le pouvoir en Sicile - Constitution démocratique à Florence.
1284 : Défaite de Pise devant Gênes à la bataille navale de la Meloria : Florence évince l'influence pisane en Toscane et regroupe les villes guelfes.
1293 : A Florence, victoire des guelfes (« noirs ») sur les « blancs » (gibelins modérés) : bannissement de Dante Alighieri.
1302 : Traité de Catabelotta : la Sicile reste au royaume d'Aragon ; les Angevins conservent le royaume de Naples.
1303 : Attentat d'Anagni. Décès du pape Boniface VIII.
1310 : A Venise, « fermeture » du Grand Conseil et instauration du conseil des Dix : le doge n'exerce plus qu'une fonction représentative ; début de la constitution du domaine de *Terraferma* - Henri VII de Luxembourg « descend » en Italie pour se faire couronner empereur à Rome : Dante Alighieri entreprend la rédaction du *De Monarchia* en sa faveur.
1309-1343 : Règne de Robert d'Anjou à Naples.
1311 : Avec l'appui de Henri VII, Matteo Visconti chasse les Della Torre de Milan - Siège de Brescia - Constitution d'une ligue guelfe autour de Bologne.
1313 : Couronnement impérial de Henri VII de Luxembourg qui meurt peu après.
1347 : A Rome, profitant de l'absence de la papauté, le notaire Cola di Rienzo se proclame « tribun du peuple » durant quelques mois (Pétrarque) : capturé par l'empereur, il est emprisonné par le pape.
1354 : Cola di Rienzo, de retour à Rome, est assassiné par la foule.
1355 : A Venise, exécution du doge Marino Faliero pour avoir tenté d'évincer le conseil des Dix.
1375 : Révolte des Romains contre les agents de la papauté sévèrement réprimée par le cardinal Robert de Genève.
1378-1382 : Révolte des Ciompi à Florence : Michel Lando, gonfalonier de justice.
1395 : Jean-Galéas Visconti, duc de Milan.
1396-1409 : Domination française sur Gênes.
1421 : Vente de Pise à Florence par Milan.
1431 : A Rome, victoire des Colonna sur les Orsini : le pape Eugène IV doit quitter la ville.
1434 : Cosme de Médicis, maître de Florence.
1435 : Alphonse V le Magnanime, roi de Sicile et d'Aragon, réunit temporairement le royaume de Naples et la Sicile.
1447 : Proclamation de la « République ambrosienne » à Milan.
1450 : Prise du pouvoir par François Sforza à Milan.
1453 : Erection de Modène en duché.
1454 : Paix de Lodi négociée par la papauté entre Milan et Florence d'une part et Venise et Naples de l'autre : François Sforza est reconnu duc de Milan.
1469-1492 : Gouvernement de Laurent le Magnifique à Florence.
1492 : A Florence, avènement de Pierre II de Médicis.
1492-1503 : Pontificat d'Alexandre VI Borgia.
1494-1497 : Le dominicain Savonarole chasse les Médicis et prend le pouvoir à Florence ; il est condamné au bûcher et exécuté (1498).
1494 : Le roi de France Charles VIII entre en Italie pour faire valoir ses droits sur le royaume de Naples : début des guerres d'Italie.
1495 : Constitution de la Sainte Ligue qui défait Charles VIII à Fornoue.

HONGRIE

A la suite de l'extinction de la dynastie des Arpad (1301), les Angevins de Naples accèdent au trône de Hongrie. A la fin du XIVe siècle, sous le règne de la famille des Luxembourgs, la Hongrie fait figure d'avant-poste de la Chrétienté face aux Turcs ottomans.

1301 : Décès d'André III, dernier roi de la dynastie des Arpad.

1308 : Charles Ier d'Anjou devient roi de Hongrie avec le soutien de la papauté.

1342 : Avènement de Louis Ier le Grand (1326-1382).

1367 : Fondation de l'Université de Pécs.

1370 : Louis Ier d'Anjou, roi de Pologne.

1387 : Sigismond de Luxembourg, gendre de Louis Ier, devient roi de Hongrie.

1396 : Défaite à Nicopolis de la croisade contre les Turcs ottomans dirigée par Sigismond.

1420 : Election impériale de Sigismond.

1440 : Le roi de Pologne Ladislas III Jagellon II devient roi de Hongrie (1440-1444).

1442 : Victoire de Jean Hunyadi, *voïvode* (gouverneur) de Transylvanie, sur les Turcs.

1444 : Défaite et mort du roi Ladislas III de Hongrie et de Pologne à Varna devant les Turcs ottomans.

1446 : Jean Hunyadi, régent de Hongrie.

1456 : Siège de Belgrade par les Turcs.

1458-1490 : Règne de Mathias Ier Corvin (fils de Jean Hunyadi) et apogée de la Hongrie.

1471-1478 : Conflit entre Mathias Ier Corvin et Casimir IV Jagellon pour la couronne de Bohême.

1478 : Paix d'Olomouc : Mathias Ier Corvin obtient la Moravie et la Silésie ; Casimir IV Jagellon devient roi de Bohême.

1485 : Mathias Ier Corvin, victorieux des Habsbourg, transfère sa capitale à Vienne.

1490 : Casimir IV Jagellon est élu roi de Hongrie.

POLOGNE ET LITUANIE

A la fin du XIIIe siècle, un certain sentiment unitaire se manifeste en Pologne. Le roi de Bohême Venceslas II occupe Cracovie en 1291 et se fait couronner roi de Pologne en 1300.

1306-1320 : Ascension de Ladislas Ier Lokietek qui s'empare de la Petite Pologne (1306) et de la Grande Pologne (1314).

1308 : Révolte en Poméranie. Les chevaliers teutoniques s'emparent de Gdansk et de sa région. Leur grand-maître s'installe à Marienbourg pour 146 ans.

1320-1333 : Restauration de la dynastie des Piasts : règne de Ladislas Ier Lokietek (1320-1333) qui arrête les chevaliers teutoniques en 1321.

1333 : Avènement de Casimir III le Grand (1333-1370), le dernier des Piast.

1360-1370 : Cracovie se transforme et prend des allures de capitale ; l'Université est fondée (sur le papier) en 1364.

1370 : A la mort de Casimir III le Grand, son neveu, le roi Louis Ier de Hongrie est appelé par la noblesse à lui succéder.

1374 : Les *Statuts de Kozyce* accordent une large autonomie à la noblesse.

1384 : Hedwige, fille mineure de Louis Ier d'Anjou, devient « roi » (*rex*) de Pologne.

Hedwige, « roi » de Pologne Gravure du XIXe s.
Bibliothèque diocésaine de Coutances.

1386 : Hedwige épouse le prince de Lituanie Ladislas II Jagellon Ier qui se convertit au christianisme. En février 1386, à Lublin, les nobles polonais élisent Ladislas II Jagellon Ier (1386-1434), roi de Pologne.

1399-1400 : Nouvelle fondation, réussie cette fois, de l'Université de Cracovie.

1409-1422 : Première guerre entre les Polono-Lituaniens et les chevaliers teutoniques qui sont vaincus à Grünwald (Tannenberg, 1410).

1434-1444 : Règne de Ladislas III (1434-1444) Jagellon II dit « Varna » qui devient roi de Hongrie en 1440.

1444 : Défaite et mort de Ladislas III Jagellon II à Varna devant les Turcs ottomans.

1445-1492 : Règne de Casimir IV Jagellon qui s'appuie sur la noblesse et le clergé.

1454-1466 : Nouvelle guerre contre les chevaliers teutoniques. Vaincus, ceux-ci perdent Gdansk (Dantzig) et la Prusse-Occidentale à la seconde paix de Torun (Thorn).

LA POLOGNE, LA LITUANIE ET LA HONGRIE AU XVe s.

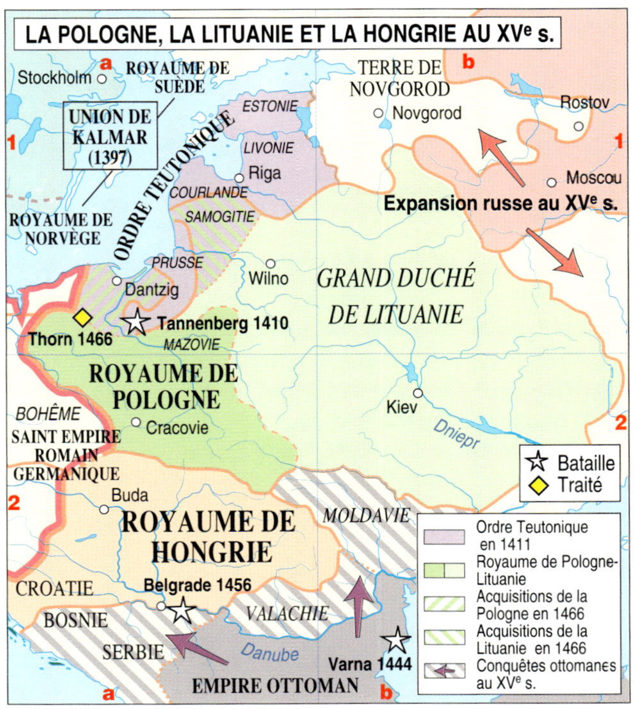

LA FRANCE ET L'ANGLETERRE : LA FIN DE LA GUERRE DE CENT ANS.

1381 : Emeutes des Tuchins en Languedoc.
1382 : Révolte des Maillotins à Paris - Harelle de Rouen - Soulèvement de la commune de Gand mené par Philippe Van Artevelde : les milices flamandes sont écrasées par les troupes royales à Rozebeke.
1384 : Philippe le Hardi, duc de Bourgogne, devient comte de Flandre.
1385 : Mariage de Charles VI et d'Isabeau de Bavière - Paix de Tournai.
1387 : Décès de Charles le Mauvais - Mariage de Louis d'Orléans et de Valentine Visconti.
1388 : Trêve franco-anglaise - Fin du « gouvernement des oncles » - Rappel au pouvoir des Marmousets : Philippe de Mézières, ancien conseiller de Charles V, rédige *Le Songe du vieil pèlerin*.
1389 : Fêtes chevaleresques de Saint-Denis.
1390 : Tournée de Charles VI en Languedoc - Hommage de Gaston Phébus, comte de Foix, qui se réconcilie avec Jean d'Armagnac.
1392 : « Parlement d'Amiens » sans résultat entre Richard II et Charles VI - Premier accès de folie du roi - Renvoi des Marmousets.
1394 : Ordonnance d'expulsion des juifs du royaume.
1396 : Reconduction de la trêve entre la France et l'Angleterre - Entrevue de Charles VI et de Richard II à Ardres : mariage de Richard II avec Isabelle, fille aînée de Charles VI.
1398 : Ordonnance de soustraction d'obédience à l'encontre du pape d'Avignon Benoît XIII.
1399 : En Angleterre, Richard II est détrôné par son cousin Henri IV de Lancastre.
1404 : Décès de Philippe le Hardi : Jean sans Peur, duc de Bourgogne.
1405 : Reprise des hostilités avec l'Angleterre.
1407 : Assassinat du duc Louis d'Orléans à l'instigation de Jean sans Peur.
1409 : Réconciliation solennelle en la cathédrale de Chartres entre Charles d'Orléans (fils du duc assassiné) et Jean sans Peur.
1410 : Ligue de Gien animée par Bernard d'Armagnac qui donne son nom aux partisans de son gendre, Charles d'Orléans.
1411 : Occupation de Paris par les Bourguignons.
1412 : Accord des Armagnacs avec Henri IV d'Angleterre : Débarquement du duc de Clarence - Paix d'Auxerre entre Armagnacs et Bourguignons.
1413 : Réunion des états généraux : Jean sans Peur est débordé par l'émeute parisienne menée par Caboche (Simon Le Coutelier) - « Ordonnance cabochienne » promulguant des réformes administratives - Paix de Pontoise entre les princes : Jean sans Peur quitte Paris ; abrogation de l'ordonnance cabochienne - En Angleterre, mort d'Henri IV et avènement d'Henri V.
1414-1418 : Les Armagnacs au pouvoir.
1414 : Traité anglo-bourguignon de Leicester.
1415 : Débarquement d'Henri V en Normandie et désastre d'Azincourt (capture de Charles d'Orléans).
1417 : Le dauphin Charles, « lieutenant général du royaume ».
1417-1418 : Conquête de la Normandie par les Anglais.
1418 : Entrée des Bourguignons à Paris - Le dauphin Charles, proclamé « régent », se replie au sud de la Loire - Création d'un Parlement à Poitiers.
1419 : Assassinat de Jean sans Peur à l'issue de l'entrevue de Montereau avec le Dauphin - Accord entre le nouveau duc de Bourgogne, Philippe le Bon, et Henri V.
1420 : Ordonnance déshéritant le dauphin Charles - Traité de Troyes, unissant « les deux couronnes » : Henri V doit épouser Catherine, fille de Charles VI et hériter du royaume.
1422 : Mort d'Henri V et de Charles VI. Henri VI proclamé « roi de France et d'Angleterre » (le duc Jean de Bedford, régent de France). Charles VII se proclame roi de France à Melun-sur-Yèvre, en Berry.
1424 : Victoire anglaise à Verneuil-sur-Avre.
1427 : Victoire de Charles VII à Montargis.

Baptême de Charles VI, roi de France de 1380 à 1422.
Bibliothèque municipale de Toulouse.

1428 : Siège d'Orléans par les Anglais.
1429 : « Journée des harengs » (défaite d'une armée de secours envoyée vers Orléans par Charles VII pour couper les vivres aux Anglais) - Jeanne d'Arc accueillie par Charles VII à Chinon - Elle parvient à libérer Orléans et fait sacrer Charles VII à Reims.
1430 : Capture de Jeanne d'Arc à Compiègne par les Bourguignons qui la revendent aux Anglais.
1431 : Procès et exécution de Jeanne d'Arc à Rouen - Sacre d'Henri VI à Notre-Dame de Paris.
1435 : Traité d'Arras : réconciliation entre Philippe le Bon et Charles VII.
1436 : Les Anglais sont expulsés de Paris (Charles VII y fait son entrée solennelle l'année suivante).
1438 : Occupation de Dreux et de Montargis par les troupes royales - *Pragmatique sanction* de Bourges, acceptant les canons du concile de Bâle.
1438-1440 : Retour de la peste.
1439 : Ordonnance sur les abus des gens de guerre.
1440 : « Praguerie » : révolte des princes autour du dauphin Louis ; paix de Cusset - Jacques Cœur, argentier du roi.
1442 : « Duperie » de Nevers (nouvelle coalition princière).
1444 : Trêve franco-anglaise de Tours.
1445 : Organisation des compagnies d'ordonnance.
1447 : Le dauphin Louis se retire en Dauphiné.
1448 : Création des Francs-Archers.
1450 : Victoire des troupes royales sur les Anglais à Formigny : reconquête de la Normandie par Charles VII.
1451 : Arrestation de Jacques Cœur.
1453 : Victoire de Castillon et prise de Bordeaux ; reconquête de la Guyenne par Charles VII.
1456 : Réhabilitation de Jeanne d'Arc.
1475 : Traité de Picquigny entre Louis XI et Edouard IV.

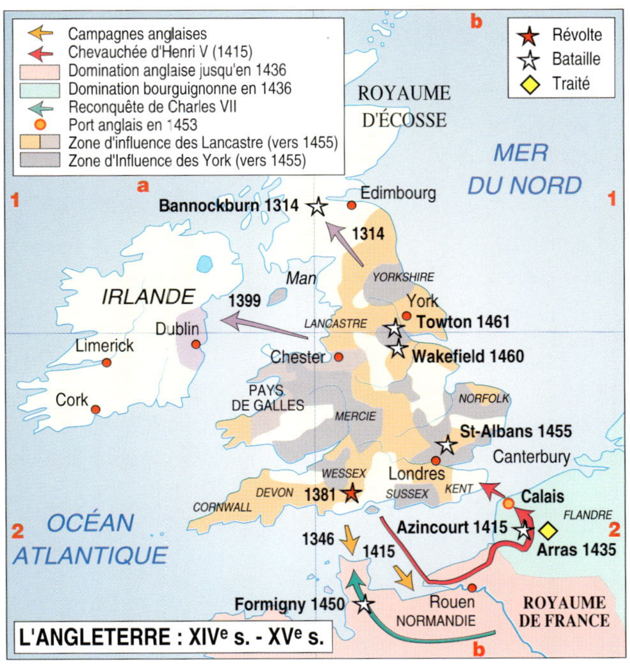

L'ANGLETERRE : LA GUERRE DES DEUX-ROSES

En 1399, Henri IV a fondé la dynastie des Lancastre. Les défaites subies par les Anglais en France, à partir de 1450, favorisent la prise du pouvoir par la dynastie d'York. Une guerre civile oppose les partisans de la famille de Lancastre (qui porte une rose rouge dans ses armes) et ceux de la famille d'York (qui arbore une rose blanche).
1381 : « Révolte des Travailleurs » menée par Wat Tyler et John Ball.
1384 : Condamnation de la doctrine de John Wyclif (v. 1320-1387). Ses disciples, les *Lollards*, propagent ses idées jusqu'en 1427-1428.
1389 : Avènement de Richard II (1387-1399).
1399 : Henri IV de Lancastre dépose Richard II et se proclame roi.
1413 : Mort d'Henri IV. Son fils Henri V reprend la guerre.
1415 : Victoire d'Azincourt.
1431 : Henri VI est sacré roi de France à Notre-Dame de Paris.
1450 : Défaite des troupes anglaises à Formigny - Insurrection de Jack Cade en faveur du duc Richard d'York, cousin d'Henri VI, exilé en Irlande.
1453 : Victoire de Castillon et prise de Bordeaux : fin de la guerre de Cent Ans.
1455 : Révolte de Richard d'York qui remporte la bataille de Saint-Albans. Nommé « Protecteur » par la Chambre des lords, il gouverne au nom d'Henri VI à qui il doit succéder.
1460 : La reine Marguerite d'Anjou s'oppose à ce projet qui déshérite le prince de Galles. Richard d'York est tué à la bataille de Wake.
1461 : Avec l'appui du comte de Warwick, le fils du duc d'York remporte la bataille de Towton, emprisonne Henri VI et monte sur le trône sous le nom d'Edouard IV d'York.
1470 : Le comte de Warwick rétablit Henri VI sur le trône.
1471 : Défaite de l'armée de Marguerite d'Anjou à Tewkesbury : le prince de Galles est tué. Edouard IV reprend la couronne : Henri VI est à nouveau emprisonné puis assassiné.
1483 : Mort d'Edouard IV ; son fils, Edouard V, lui succède. Il est assassiné par son oncle, le duc de Gloucester, qui usurpe le trône sous le nom de Richard III.
1485 : Le comte de Richmond, Henri Tudor (issu de la famille de Lancastre), de retour d'exil en Bretagne, remporte la bataille de Bosworth : Richard III est tué - Henri VII épouse Elisabeth d'York, fille d'Edouard IV.

Représentation de John Wyclif, dans les *Chroniques de Nuremberg*, incunable du XVe siècle.
© Bibliothèque d'Amiens Métropole.

LE MONDE OCCIDENTAL À LA FIN DU MOYEN AGE

Le 29 mai 1453, la prise de Constantinople par les Turcs ottomans marque la fin de l'Empire romain qui s'est maintenu durant onze siècles en Orient. Cet Empire byzantin, chrétien et de langue grecque, qui a longtemps fasciné autant la Chrétienté latine que l'Islam, fait le lien entre l'Antiquité et le monde moderne.

Le 29 août 1475, le traité de Picquigny, entre le roi de France Louis XI et le roi d'Angleterre Edouard IV conclut définitivement la guerre de Cent Ans. En un sens, il consacre la fin du rêve de « double monarchie » franco-anglaise ébauché par le traité de Troyes de 1420 et l'avènement des Etats-nations.

Le 2 janvier 1492, au bout d'un an de siège, les Rois Catholiques Isabelle de Castille et Ferdinand d'Aragon font leur entrée solennelle dans Grenade dont le dernier roi musulman, Boadbil, s'est retiré en Afrique. Le 11 octobre de la même année, Christophe Colomb atteint l'Amérique sans le savoir. L'élan de la Reconquista ne s'interrompt pas avec la chute du royaume de Grenade puis l'expulsion des juifs et des musulmans par les Espagnols. La croisade se poursuit dans le Nouveau Monde : le butoir que représente l'implantation de l'Empire ottoman amène les puissances occidentales à contourner l'obstacle en se tournant vers l'Atlantique.

1273-1291 : Règne de Rodolphe Ier de Habsbourg qui constitue, en Autriche, l'assise de la puissance des Habsbourg. Après un intermède, son fils, Albert Ier d'Autriche (1298-1308), est élu et poursuit la politique paternelle.
1298 : Faillite de la compagnie siennoise des Bonsignori, la plus grande dispensatrice de crédits en Occident.
1301 : Le chef turc Osman Ier (1281-1326) se proclame sultan et laisse son nom à l'Empire ottoman.
1303 : Attentat d'Agnani et mort de Boniface VIII.
1304 : Gênes obtient de Byzance la concession de Chio.
1305 : Election de Bertrand de Got, archevêque de Bordeaux, à la papauté sous le nom de Clément V.
1306 : Expulsion des juifs de France du Nord par Philippe IV le Bel.
1307 : Arrestation des Templiers.
1308 : Charles Ier d'Anjou devient roi de Hongrie avec le soutien du pape Clément V.
1309 : Clément V installe la papauté en Avignon.
1311 : Concile de Vienne : suppression de l'ordre des Templiers.
1312 : Les Génois aux Canaries.
1315-1317 : Mauvaises récoltes ; retour de la famine en Occident.
1315 : Victoire de Morgarten remportée par les Trois-Cantons suisses confédérés de Schwyz, Uri et Unterwald contre l'armée du duc d'Autriche, Léopold Ier de Habsbourg - Pacte de Brunnen renouvelant (en allemand) la « Ligue éternelle » (Confédération suisse) contractée en 1291.
1326-1359 : Règne d'Orhan, successeur du sultan Osman Ier qui parachève l'organisation de l'Empire turc ottoman.
1326 : Début de l'essor de l'Empire turc. Règne du sultan ottoman Orhan Gazi (1281-1359) : prise de Brousse qui devient capitale de l'empire ottoman.
1328 : En France, les Valois succèdent aux Capétiens directs - En Russie, Ivan Ier obtient des Mongols le titre de « grand-prince » de Moscou, qui devient capitale religieuse et politique.
1330 : Victoire des Serbes sur les Bulgares à Küstendil : la Bulgarie passe sous tutelle serbe.
1331-1355 : En Serbie, règne d'Etienne IX Duchan.
1337-1345 : Insurrection des villes drapantes de Flandre menée par Jacques Van Artevelde.
1337 : Prise de Nicomédie par les Turcs ottomans - Défi d'Edouard III à Philippe VI de Valois : commise sur ses fiefs ; début de la guerre de Cent Ans.
1340 : Défaite navale française au port de l'Ecluse.
1346 : Défaite de Philippe VI devant Edouard III à la bataille de Crécy.
1347-1350 : Epidémie de Peste noire.
1348 : Bulles pontificales en faveur des juifs.
1354 : Prise de Gallipoli par les Turcs ottomans.
1355-1356 : Promulgation par l'empereur Charles IV de Luxembourg de la Bulle d'or fixant les modalités de l'élection impériale.
1356 : Victoire du Prince Noir à la bataille de Poitiers sur Jean le Bon qui est fait prisonnier.
v. 1358 : Formation de la Hanse des villes.
1358 : Insurrection parisienne menée par Etienne Marcel.
1360 : Traité de paix de Brétigny-Calais.
1361 : Prise de Kiev par le grand-duc de Lituanie Olgierd (1345-1377) - Prise d'Andrinople par le sultan ottoman Mourad Ier (1359-1389).
1363 : La Bourgogne, apanage de Philippe de Touraine (Philippe le Hardi), dernier fils de Jean le Bon - Victoire du roi de Danemark Valdemar IV Atterdag sur les forces de la Hanse devant Helsingborg.
1364 : Sacre de Charles V (1364-1380). Bertrand du Guesclin bat les forces du roi de Navarre Charles le Mauvais à Cocherel.
1365 : Début des conquêtes de Tamerlan (*Timour Lang* : « le Boiteux », 1336-1405) qui se dit descendant de Gengis Khan.
1369 : Reprise de la guerre franco-anglaise - Philippe le Hardi, duc de Bourgogne, épouse Jeanne de Flandre - Fondation de la Ligue hanséatique : Cologne et d'autres villes rhénanes s'associent à la Hanse des villes.
1370 : Paix de Stralsund entre le Danemark et la Hanse qui obtient le monopole du commerce en mer Baltique - Chute du royaume chrétien de Petite Arménie - Tamerlan, grand émir, à Samarkand.
1375-1385 : Apogée du commerce vénitien en Crète et en mer Egée.
1377-1381 : Guerre de Chioggia entre Venise et Gênes qui est battue.
1376 : Le pape Grégoire XI quitte Avignon pour revenir à Rome.
1378 : Election pontificale d'Urbain VI à Rome, puis de Clément VII qui s'installe en Avignon : début du Grand Schisme d'Occident (1378-1417).

Jean II le Bon à la bataille de Poitiers, vaincu par le Prince Noir, en 1356.
Bibliothèque municipale de Toulouse.

1378-1382 : Vague révolutionnaire dans les villes d'Occident.
1378 : Victoire des Russes sur les Mongols à La Voja.
1380 : Prise de Nich par Mourad Ier - Conquête de l'Iran par Tamerlan : Victoire du grand-prince de Moscou, Dimitri « Donskoï », sur les Mongols à Koulikovo.
1381 : Révolte de Wat Tyler en Angleterre.
1382 : Répression de la révolte dirigée par Philippe Van Artevelde en Flandre - Echec de la révolte des *Ciompi* à Florence - Sac de Moscou par les Mongols qui imposent un tribut à Dimitri Donskoï.
1384 : Philippe le Hardi, duc de Bourgogne, devient comte de Flandre - Condamnation de la doctrine de John Wyclif († 1387) qui enseigne à Oxford. Ses disciples, les *Lollards*, propagent ses idées jusqu'en 1427-1428.
1385 : Victoire des Portugais sur les Castillans à la bataille d'Aljubarrota - Prise de Sofia par le sultan Mourad Ier.
1386 : Union de la Pologne et de la Lituanie - Acquisition de Corfou par Venise.
1387 : Prise de Salonique par le sultan Mourad Ier.
1389 : Bataille de Kosovo Polje : Mourad Ier est tué mais la Serbie est assujettie aux Turcs ottomans - Défaite de la Horde d'Or sur le Terek devant les forces de Tamerlan.
1391 : Conquête de la Thessalie par le sultan ottoman Bayezid Ier (Bajazet : 1389-1403).
1395 : Expulsion des juifs du royaume de France.
1396 : Défaite à Nicopolis de la croisade contre les Turcs ottomans dirigée par Sigismond de Luxembourg, roi de Hongrie - La Bulgarie passe sous contrôle ottoman.
1397 : Union de Kalmar entre les trois royaumes scandinaves : Suède, Norvège et Danemark.
1397 : Fondation de la banque Médicis à Florence.
1400 : Conquête de la Syrie par Tamerlan.
1402 : Défaite des Turcs ottomans de Bayezid Ier à Ankara : conquête de l'Anatolie par Tamerlan - Découverte des Canaries par Jean de Béthencourt et Gadifer de La Salle.
1405 : Mort de Tamerlan.
1408 : Sac de Moscou.
1409 : Concile de Pise. Election du pape Alexandre V : la chrétienté latine divisée entre trois papes rivaux.
1410 : Défaite des chevaliers teutoniques à Tannenberg (Grunwald) devant les Polono-Lituaniens.
1413 : Ordonnance cabochienne à Paris.
1414-1418 : Concile de Constance : fin du Grand Schisme d'Occident.
1415 : Bataille d'Azincourt - Prise de Ceuta par les Portugais - Exécution pour hérésie de Jan Hus (v. 1370-1415), condamné par le concile de Constance.
1419 : « Défénestration de Prague » : soulèvement hussite en Bohême.
1420-1463 : Foires de Lyon.
1420 : Début des croisades contre le mouvement hussite.
1421-1451 : Règne du sultan ottoman Mourad II.
1429-1431 : Libération d'Orléans par Jeanne d'Arc qui fait sacrer Charles VII à Reims (1429). Capturée à Compiègne (1430), elle est jugée et exécutée en 1431 à Rouen.
1431-1449 : Concile de Bâle.
1434 : Défaite des Taborites (hussites radicaux) à Lipany.
1436 : Compromis entre le concile de Bâle et les hussites modérés.
1438 : Election d'Albert II de Habsbourg (1438-1439), « roi des Romains ».
1438-1439 : Concile de Ferrare : accord avec l'Eglise grecque (rejeté par le peuple de Constantinople et par l'Eglise russe).
1440 : Frédéric III de Habsbourg (1440-1493) est élu empereur. L'Empire germanique redevient une monarchie quasi héréditaire, aux mains de la maison d'Autriche.
1442 : Victoire de Jean Hunyadi, *voïvode* (gouverneur) de Transylvanie, sur les Turcs - Jacques Cœur, membre du conseil de Charles VII, réorganise les finances du royaume de France.
1442 : Début des importations de l'or de Guinée au Portugal.
1444 : Défaite et mort du roi Ladislas III de Pologne (1434-1444) et de Hongrie (1440-1444) à Varna devant les Turcs ottomans - Création de l'atelier de Gutenberg à Mayence - Règne de Mahomet II.
1451 : Arrestation de Jacques Cœur, argentier de Charles VII.
1453 : Prise de Constantinople par le sultan turc Mahomet II - Fin des hostilités de la guerre de Cent Ans.
1454 : Premier livre imprimé par Jean Gutenberg à Mayence.
1455-1485 : Guerre des Deux-Roses en Angleterre.
1456 : Réhabilitation de Jeanne d'Arc - Siège de Belgrade par les Turcs.
1461 : Chute de Trébizonde devant les Turcs ottomans.
1467-1505 : Etienne le Grand, *hospodar* de Moldavie, remporte plusieurs victoires sur les Turcs ottomans et unit la Moldavie et la Valachie.
1461 : Avènement de Louis XI (1461-1483) à la tête du royaume de France.
1462 : Avènement d'Ivan III (1462-1505) le Grand, « tsar de toutes les Russies ».
1464-1465 : Guerre de la « Ligue du Bien public » contre Louis XI.
1466 : Traité de Torun (Thorn) entre la Pologne et les chevaliers teutoniques qui ne conservent que la Prusse-Orientale.
1467 : Mort de Skanderbeg : fin de la résistance albanaise aux Turcs ottomans - Charles le Téméraire (1467-1477) succède à Philippe le Bon à la tête du duché de Bourgogne.
1468 : Entrevue de Péronne entre Louis XI et Charles le Téméraire.
1469 : Mariage de Ferdinand, prince héritier d'Aragon et d'Isabelle, héritière de Castille.
1469-1492 : Gouvernement de Laurent de Médicis à Florence.

1471 : Prise de Tanger par le Portugal.
1474 : Avènement d'Isabelle de Castille.
1475 : Le traité franco-anglais de Picquigny entre Louis XI et Edouard IV met définitivement un terme à la guerre de Cent Ans.
1476 : Défaites de Charles le Téméraire à Granson et à Morat devant les Bernois appuyés par les cantons suisses confédérés.
1477 : Mort de Charles le Téméraire à la bataille de Nancy - Mariage de Maximilien d'Autriche et de Marie de Bourgogne.
1478 : Conjuration des Pazzi à Florence. Meurtre de Julien de Médicis.
1479 : Avènement de Ferdinand d'Aragon - Réorganisation de l'Inquisition en Espagne par le dominicain Tomás de Torquemada.
1480 : Fin de la domination mongole sur la Russie - Prise d'Otrante par les Turcs ottomans.
1487 : Prise de Malaga par la Castille.
1491 : Mariage d'Anne de Bretagne et du roi de France Charles VIII (1483-1498).
1492 : Prise de Grenade. Fin de l'Etat arabe en Espagne (et fin de la Reconquista).
1493 : Election impériale de Maximilien Ier de Habsbourg (1493-1519).

GERVAIS DE TILBURY, AUTEUR DE LA MAPPEMONDE D'EBSTORF (1239) ?

L'illustration ci-dessous est une reproduction de la plus grande mappemonde médiévale connue (près de 4 mètres de diamètre). Celle-ci a été retrouvée au siècle dernier au couvent des moniales d'Ebstorf, près de Lüneburg, en Basse-Saxe. Les historiens ont longtemps hésité sur sa période de réalisation (entre 1213 et 1373). Des recherches récentes ont permis d'avancer la date de 1239 et d'en attribuer la paternité à un des savants les plus réputés de la première moitié du XIIIe siècle, Gervais de Tilbury (v. 1155-av. 1244 ?).
Originaire de Tilbury, en Essex, ce lettré a passé la plus grande partie de sa jeunesse en Italie. Après avoir commencé sa carrière auprès du fils d'Henri II Plantagenêt, Henri le Jeune, à qui il a dédié un *Livre de bons mots* (perdu), il se retrouve parmi les clercs de l'entourage de l'évêque Guillaume de Reims († 1202). Il étudie ensuite le droit canon à l'université de Bologne et y enseigne lui-même. Puis, il se distingue à la cour du roi Guillaume de Sicile, gendre du Plantagenêt, avant d'entrer au service de l'empereur Otton IV de Brunswick qui lui confie la charge de maréchal du royaume d'Arles. Après la défaite de son maître à la bataille de Bouvines, Gervais de Tilbury a probablement terminé sa vie auprès des bénédictines d'Ebstorf où un certain Gervais apparaît comme prévôt de 1223 à 1234. En effet, cette abbaye relevait d'Otton l'enfant de Lüneburg (1213-1252), promu duc de Brunswick depuis 1235 et neveu de l'empereur déchu.
C'est à ce dernier qu'en 1214 Gervais dédie ses *Otia imperialia* (« Divertissements impériaux ») dans lesquels il a compilé des notions d'histoire naturelle, de géographie, de politique et de folklore. La deuxième partie de l'ouvrage est presque entièrement consacrée à l'histoire et à la géographie ; or, ce recueil est la source la plus récente mise à contribution par la mappemonde d'Ebstorf. De plus, Gervais explique dans son livre qu'il entend y joindre une représentation des trois parties du monde plus exacte que celles qu'en donnent habituellement les mappemondes. Aucun des manuscrits conservés ne contient le document annoncé ; il est donc fort possible que Gervais ait fait exécuter celui-ci ultérieurement par les moniales d'Ebstorf comme un instrument de propagande pour la croisade.

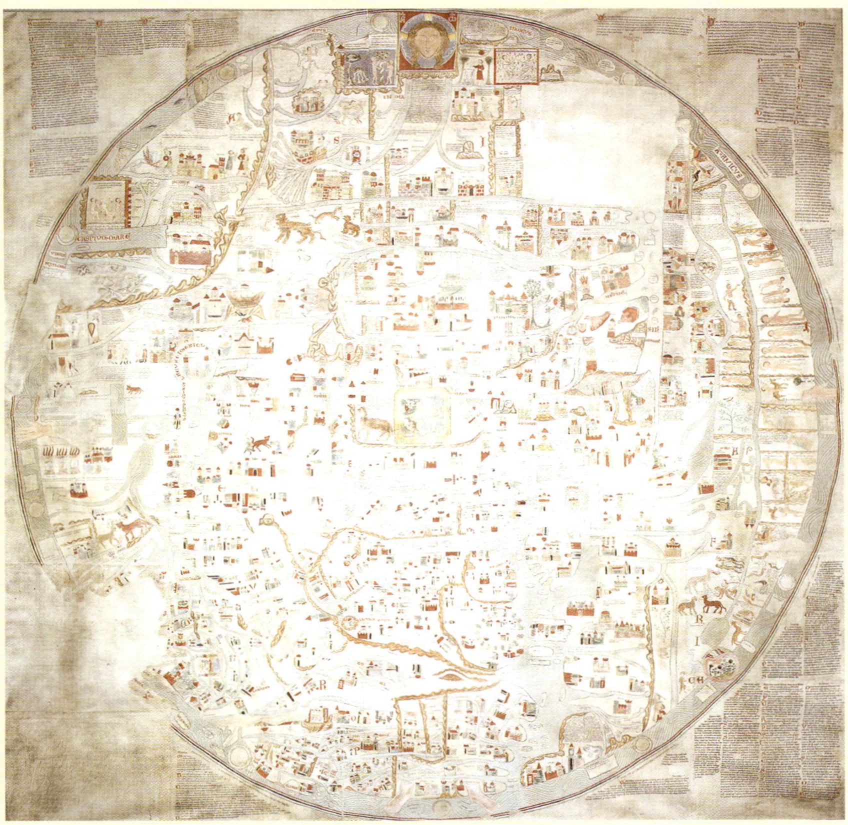

Carte du monde du monastère bénédictin d'Ebstorf, vers 1239 (?).

CULTURE ET SOCIÉTÉ EN OCCIDENT : XIIIe-XVe SIÈCLE.

En page de droite : **Représentation de saint Thomas d'Aquin : Triomphe de saint Thomas d'Aquin (vers 1449) de Benozzo Gozzoli. Louvre.** © Photo RMN-H. Lewandowski.

1200 : Privilège de Philippe Auguste en faveur des maîtres et écoliers de Paris - Hélinand de Froidmont compose les *Vers de la mort.*

v. 1208 : Organisation des maîtres et étudiants parisiens en « université ».

1208-1219 : *Gesta Philippi Augusti*, par Guillaume le Breton, chapelain du roi.

1214 : Reconnaissance de l'université d'Oxford.

1215 : Statuts du légat pontifical Robert de Courçon en faveur de l'« université » de Paris.

1218-1224 : La *Philippide*, par Guillaume le Breton.

1220 : Statuts des écoles de médecine de Montpellier.

v. 1220 : Continuation du *Conte du Graal* par Gerbert de Montreuil.

1224 : Institutionnalisation des deux universités étudiantes de Bologne.

1227 : Fondation de l'université de Salamanque.

1229 : Fondation de l'université de Toulouse.

av. 1230 : Traduction de la *Métaphysique* d'Aristote.

1231 : Promulgation par le pape Grégoire IX de la bulle *Parens scientiarum* (« Mère des Sciences ») confirmant les privilèges de l'« université » de Paris.

v. 1235 : Guillaume de Lorris commence le *Roman de la Rose.*

1240 : Controverse sur le *Talmud.*

1246 : Grand Sceau de l'université de Paris.

1245-1248 : Enseignement d'Albert le Grand à Paris.

1248-1256 : Enseignement de Bonaventure à Paris.

v. 1250 : Statuts de l'université de Cambridge.

1252-1259 : Enseignement de Thomas d'Aquin à Paris.

1253 : Statuts de l'université d'Oxford.

1254 : Statuts de l'université de Salamanque.

1255 : Bulle du pape Alexandre III en faveur de l'université de Salamanque.

1257 : Fondation du collège de la Sorbonne par Robert de Sorbon avec l'appui de Louis IX.

1259 : *Livre de Jostice et de Plet.*
v. 1261-1270 : *Renart le Bestourné* par Rutebœuf.
v. 1265 : *Légende dorée* par Jacques de Voragine.
1266 : Thomas d'Aquin commence la *Somme théologique.*
1270 : L'évêque Etienne Tempier condamne 13 propositions averroïstes soutenues par les maîtres ès arts de l'université de Paris.
v. 1270 : Jean de Meung termine le *Roman de la Rose.*
1274 : Décès de Thomas d'Aquin et de Robert de Sorbon.
1276 : Fondation du couvent franciscain de Miramar à Majorque par Raymond Lulle pour former des missionnaires en terres d'Islam - A Arras, *Jeu de la feuillée* d'Adam de la Halle.
1277 : L'évêque de Paris Etienne Tempier condamne 219 propositions surtout averroïstes (mais aussi thomistes).
1282 : *Jeu de Robin et Marion*, par Adam de la Halle.
1285 : *Complainte de Saincte Eglise*, par Rutebœuf.
1288 : Fondation de l'université de Lisbonne.
1289 : Statuts de l'université de Montpellier.
1296 : *L'Arbre de la Science*, par Raymond Lulle.
1300 : Fondation de l'université de Lérida.
1304-1308 : Enseignement de Duns Scot à Paris.
1309 : *Vie de Saint Louis*, par Joinville.
v. 1312 : *La Divine Comédie*, par Dante Alighieri.
1316 : Travaux de réfection du palais épiscopal d'Avignon à l'initiative du pape Jean XXII.
1324 : *Defensor pacis*, par Marsile de Padoue.
1327 : Pétrarque compose le *Chansonnier.*
1330 : *Renart le Contrefait.*
1334 : Construction du campanile de Florence par Giotto di Bondone.
1335 : Début de la construction, à l'initiative du pape Benoît XII, du palais des Papes d'Avignon, « la plus belle et la plus forte maison du monde » (Jean Froissart).
1341 : Couronnement de Pétrarque.
1342-1352 : Pontificat de Clément VI qui agrandit et embellit le palais d'Avignon.
1348 : Fondation de l'université de Prague.
1349 : Fondation de l'université de Florence.
1348-1353 : Le *Décaméron* par Boccace.
1349 : Fondation du « très noble ordre de la Jarretière » par Edouard III.
1350 : Fondation de l'université de Perpignan.
1351 : Fondation de l'ordre de l'Etoile par Jean le Bon sur le modèle de l'ordre de la Jarretière.
1354 : Fondation de l'université de Huesca.
1361 : Fondation de l'université de Pavie.
1365 : Fondation de l'université de Vienne.
1373 : Premier livre des *Chroniques* de Jean Froissart (1333-1404).
1376-1378 : *Songe du Verger* par Evart de Trémaugon.
1384 : Condamnation des écrits de John Wyclif, universitaire d'Oxford (il n'est pas davantage inquiété jusqu'à son décès en 1387).
1386 : Fondation de l'université de Heidelberg.
1388 : Fondation de l'université de Cologne.
1389 : Pierre d'Ailly, chancelier de l'université de Paris.
1390 : Edification du *Miguelete* (Micalet) de Valence.
v. 1393 : Rédaction du *Ménagier de Paris.*
1395 : Le *Puits de Moïse*, socle d'un calvaire (inachevé) sculpté par Claus Sluter à la chartreuse de Champmol.
1396 : Jean Gerson, chancelier de l'université de Paris.
1400 : Début de la construction de la chartreuse de Pavie.
1408-1416 : Enluminures des *Très Riches Heures* du duc de Berry par les frères Pol, Jean et Herman de Limbourg.
1415 : Exécution de Jan Hus, universitaire de Prague, dont la doctrine est condamnée par le concile de Constance.
1421 : Début de la construction du Dôme de Florence par Brunelleschi.

1422 : Début de la construction de la *Ca d'Oro* à Venise.
v. 1425 : *Imitation de Jésus-Christ* par Thomas a Kempis.
1428 : Exhumation des restes de Wyclif qui sont enterrés hors de la terre chrétienne ; persécution contre les *Lollards*, partisans de sa doctrine.
1429 : A Lille, « Banquet du Faisan » à la cour du duc Philippe le Bon.
1425 : Fondation de l'université de Louvain - Jan Van Eyck peint le retable de *L'Agneau mystique.*
1431 : Fondation de l'ordre de la Toison d'or par le duc de Bourgogne, Philippe le Bon.
1432 : Fondation des universités de Caen et de Poitiers.
1435-1437 : *Formicarius* (traité de démonologie) par Johannes Nider.
1437 : Début de la construction de l'église Saint-Maclou de Rouen.
1438 : *Histoire et conquêtes du royaume d'Aragon et du principat de Barcelone* par Pere Tomic.
1441 : Fondation de l'université de Bordeaux.
1450 : Fondation de l'université de Glasgow ; fondation de l'université de Barcelone - Portrait de Charles VII par Jean Fouquet - *Mystère de la Passion* par Arnoul Gréban.
1452 : Reconstruction de Saint-Pierre de Rome.
1455 : Invention des caractères mobiles d'imprimerie par Jean Gutenberg à Mayence.
1461 : Fondation de l'université de Nantes.
1462 : François Villon compose la *Ballade des pendus.*
1470 : Premier livre imprimé à la Sorbonne.
1473-1481 : Construction de la chapelle Sixtine.
1477 : Fondation de l'université d'Upsala.
1491-1494 : Nicolas Copernic étudie les mathématiques et l'astronomie à l'université de Cracovie.
1498 : Exécution de Savonarole à Florence.

LES CIVILISATIONS AFRICAINES.

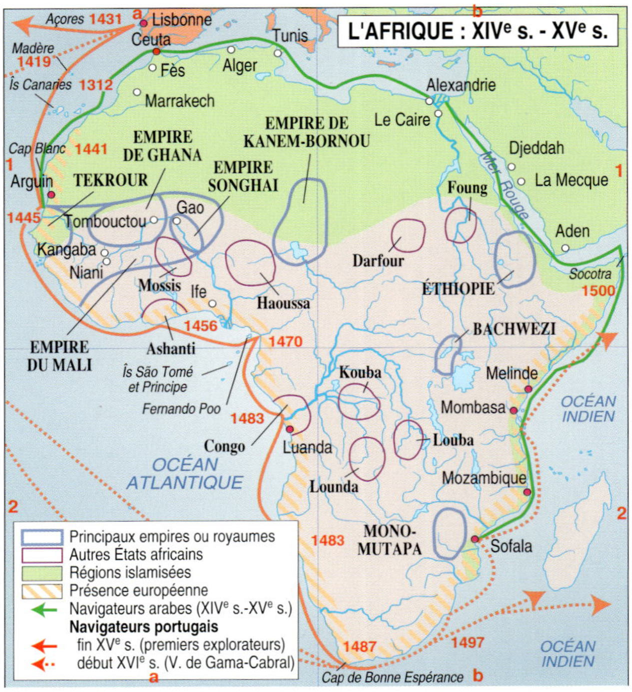

Ve siècle : Converti au christianisme, le royaume d'Aksoum (Ethiopie) étend sa domination sur le Yémen et fait éclater le royaume de Méroé en trois entités rivales.
439 : Prise de Carthage par les Vandales.
VIe s. : Développement du royaume soninké du Ghana.
496-523 : En Afrique du Nord, constitutions de principautés berbères indépendantes.
533 : Reconquête de l'Afrique du Nord sur les Vandales par Byzance.
570 : Echec d'une expédition de l'armée éthiopienne, au secours des chrétiens du Hedjaz, décimée par une épidémie. Mais l'éléphant de guerre qui l'accompagne frappe tant les Mekkois que l'année de naissance de Mahomet est qualifiée d'« année de l'éléphant ».
642-643 : Début de la conquête de l'Afrique byzantine par les Arabes (Cyrénaïque et Tripolitaine).
697 : Prise de Carthage par les Arabes.
702 : En réplique à un raid éthiopien contre Djedda, occupation arabe de la côte d'Erythrée.
v. 702 : Soumission de la révolte des Aurès menée par la *Kâhina* (« devineresse ») : le Maghreb est incorporé à l'Islam.
VIIe s. : Islamisation des nomades berbères sanhadja qui contrôlent le trafic transsaharien en direction des rives du Sénégal : troc du sel saharien contre l'or du Ghana.
761 : Abd al-Rahman ibn Rostem implante la dynastie des Rustémides (776-911) à Tahert (Tiaret).
789 : Idris Ier fonde la dynastie idriside (789-814) à Volubilis (Oualili, au Maroc).
800 : Ibrahim Ier (800-812) fonde la dynastie aghlabide à Kairouan en Tunisie.
IXe siècle : Contrôle de nouvelles routes transsahariennes par les Touaregs - En Afrique subsaharienne, apparition des royaumes du Kanem, du Songhaï et du Mali.
910 : Le mahdi chiite Obeïd Allah chasse le dernier émir aghlabide de Kairouan et fonde la califat fatimide dont, à partir de 916, la capitale est Mahdiya (« la ville du *Mahdi* ») jusqu'à son transfert au Caire après la conquête de l'Egypte (969).
Xe siècle : Implantation de comptoirs arabes sur le littoral d'Afrique orientale (Melinde, Mombasa, Zanzibar...) : Mogadiscio, foyer de diffusion de l'islam parmi les tribus nomades de Somalie.
v. 1040 : Ibn Yasîn convertit les nomades berbères sanhadja à la doctrine de la secte des Almoravides - Alliance des Almoravides avec les Toucouleurs (islamisés au début du XIe siècle).
1054-1055 : Prise de Sidjilmasa, puis d'Aoudaghost par les Almoravides qui contrôlent ainsi la route transsaharienne.
1059-1082 : Conquête du Maroc et de l'Algérie par les Almoravides.
1076-1083 : Conquête des royaumes du Ghana et du Songhaï par les Almoravides.
v. 1121 : Ibn Toumert convertit à la doctrine des Almohades les Berbères zenata de l'Atlas, ennemis héréditaires des Sanhadja.
1160 : Les Almohades, maîtres du Maghreb.
Seconde moitié du XIIe siècle : Renversement des Almoravides au Ghana ; avènement d'une nouvelle dynastie Soninké, les Soso de Kaniaga, qui prennent le contrôle du Mali - Conversion des rois du Kanem à l'islam - Emergence du sultanat musulman de Choa, rival du royaume d'Axoum.
1235 : Fondation du royaume des Abdalwadides de Tlemcen.
1234 : Soundiata (1234-1255) restaure l'indépendance du Mali, annexe le Ghana et étend son empire sur le royaume du Songhaï et le Sahara méridional : Oualata, Tadmakka (El-Souk).
1236 : Fondation du royaume hafside à Tunis.
1250 : Prise du pouvoir par les Mameluks au Caire.
1269 : Au Maroc, les Mérinides de Fès supplantent les Almohades.
1270 : En Ethiopie, instauration de la dynastie salomonienne à Aksoum.
Seconde moitié du XIIIe siècle : En Afrique australe, apogée du royaume Shona du Grand Zimbabwe : les commerçants arabes de Kiloua établissent un marché à Sofala pour échanger l'or exploité par les Shona contre des produits exotiques (perles et porcelaines de Chine).
1312-1332 : Apogée du Mali sous l'empire de Kankan Moussa : à son retour du pèlerinage à La Mekke, il apporte tant de métal précieux sur le marché du Caire que le cours de l'or chute de 20 %.
1276 : Raid mameluk contre la capitale du royaume chrétien de Dongola, en Nubie.
1315 : Les Mameluks déposent le dernier roi chrétien du royaume nubien de Dongola.
1316 : Mission dominicaine en Ethiopie auprès du « prêtre Jean ».
1316-1330 : Expansion de l'Ethiopie aux dépens des territoires musulmans voisins et des tribus païennes du Nil Bleu.

1331 : Voyage du géographe Ibn Battuta en Afrique orientale (Mogadiscio, Mombasa, Kiloua).
v. 1350 : Voyage d'Ibn Battuta au Mali.
v. 1400 : Déclin de l'empire du Mali - Expulsé par les Boulala, un roi du Kanem prend la tête du royaume de Bornou.
1417 : Expédition chinoise en Afrique orientale.
Milieu du XVe siècle : Entre le Niger et le lac Tchad, essor des cités haoussa : Gobir, Kano, Katsina, Zaria... - En Afrique australe, les Shona abandonnent le Zimbabwe pour fonder le royaume du Monomotapa.
1464 : Avènement d'Ali Ber (« le Grand », 1464-1492) à la tête du royaume Songhaï - En Nubie, disparition du royaume chrétien de Soba.
1468 : Conquête de Tombouctou sur les Touaregs par Ali Ber.
1473 : Conquête de Djenné par Ali Ber.
1471 : Au Maroc, avènement de la dynastie Ouattasside.
1493 : Avènement d'Askia Mohamed à la tête de l'empire Shonghaï : il transfère sa capitale à Tombouctou, attaque les cités haoussa de Gobir, Katsina, Zaria et lève un tribut sur Kano.

HENRI LE NAVIGATEUR (1394-1460)

Cinquième fils du roi Jean Ier de Portugal, le prince Henri le Navigateur anime la politique d'expansion maritime du Portugal. Dès 1415, il participe à la première expédition outre-mer qui aboutit à la prise de Ceuta. Par la suite, il favorise la colonisation de Madère (1420) puis des Açores (1431). A partir de sa résidence de Sagres, à la pointe sud-ouest du Portugal, il organise l'exploration méthodique des côtes africaines. Dans ce but, il s'entoure d'astronomes, de cartographes et de capitaines expérimentés (portugais ou italiens) et met au service de son projet les revenus de l'ordre du Christ (successeur des Templiers au Portugal) dont il est l'administrateur. A sa mort, les navires portugais ont déjà atteint les côtes de la Sierra Leone.

EXPÉDITIONS MARITIMES PORTUGAISES EN AFRIQUE

1394-1460 : Vie de l'infant du Portugal Henri le Navigateur, instigateur d'expéditions maritimes sur les côtes africaines.
1402 : Découverte des Canaries par Jean de Béthencourt et Gadifer de La Salle. Longtemps disputé entre le Portugal et l'Espagne, l'archipel revient à cette dernière en 1479, par le traité d'Alcaçova.
1415 : Conquête de Ceuta par le Portugal.
1420 : Exploration des îles Madère par les Portugais.
1431 : Exploration des Açores par les Portugais.
1434 : Le capitaine portugais Gil Eanes franchit le cap Bojador.
1469 : Contrat entre la couronne du Portugal et le marchand Fernao Gomes pour l'exploitation du commerce africain au sud d'Arguin.
1472 : Fernando Poo, l'un des capitaines de Fenao Gomes, découvre l'île qui portera son nom et explore le fleuve Cameroun.
1482 : Fondation de Sao-Jorge da Mina par le Portugal sur la Côte-de-l'Or.
1483 : Diogo Cao atteint l'embouchure du Zaïre et prend contact (1484) avec le roi du Congo.
1488 : Bartolomeu Dias franchit le cap de Bonne-Espérance.
1494 : Traité de Tordesillas : le pape Alexandre VI fixe à 370 lieues à l'ouest du Cap-Vert le méridien délimitant les futures conquêtes de l'Espagne et du Portugal.
1497-1499 : Voyage de Vasco de Gama, de Lisbonne à Calicut aux Indes.

Ibn Battuta en Egypte. Gravure de P. Dumouza d'après Benett, XIXe siècle. (Coll. Viollet)

MONDES INCONNUS : L'AMÉRIQUE.

VIe siècle : Dans le sud-ouest de l'Amérique du Nord, culture « Basket Maker III » (habitat regroupant jusqu'à une cinquantaine de maisons semi-enterrées) - En Amérique centrale, l'influence de Teotihuacán (fondée par les Mayas au Ier siècle) prédomine dans le Yucatán : des villes (Kaminaljuyû) sont édifiées sur le même modèle - En Amérique du Sud, dans les Andes centrales et méridionales, apogée des empires de Tiahuanaco et de Huari.

v. 600 : Cité de Tiahuanaco, dans les Andes (Bolivie actuelle) - Déclin des cultures mochica et nazca (qui s'étaient épanouies sur le territoire actuel du Pérou depuis le IIIe siècle) : essor de la culture huari - Apogée de la civilisation maya en Amérique centrale.

v. 650 : Abandon de la cité de Teotihuacán, en Amérique centrale.

v. 700 : En Amérique du Nord, cultures de Hohokam, Mogollon et d'Anasazi (céramiques). Dans la région du Mississippi, terrasses-temples (Cahokia, plus ancienne agglomération d'Amérique du Nord) - En Amérique du Sud, sur la côte septentrionale de l'actuel Pérou, domination de l'empire Chimú (Chan-Chan, métropole imposante).

v. 750 : En Amérique centrale, enceinte sacrée de Chichén Itzá (Yucatán).

v. 800 : Apparition de la culture « Dorset » au Groenland et dans le nord-est du Canada actuel (*Inuit*) - En Amérique centrale, invasion des Toltèques - Déclin de la civilisation maya.

v. 900 : En Amérique du Nord, construction de canaux d'irrigation par les Hohokam, sous l'influence des cultures méso-américaines (?) - Apogée de l'empire Huari (Pérou actuel).

v. 960 : Fondation de Tula, capitale des Toltèques.

987 : Invasion du Yucatán par les Toltèques.

v. 1000 : Le Viking Erik le Rouge atteint le Labrador et Terre-Neuve (Vinland) - Dans le Yucatán, apogée de la culture des Toltèques qui occupent Chichén Itzá.

XIe siècle : Fin de l'hégémonie huari au Pérou - Résurgence des cultures locales dans des confédérations comme celle de Chimú.

v. 1020 : Le Viking Thorfin le Vaillant tente d'implanter à Terre-Neuve un établissement qui périclite rapidement.

1050 : Dans le sud-ouest de l'Amérique du Nord, les habitats anasazi se transforment en positions défensives (Pueblo Bonito).

v. 1100 : Extension de la culture de Thulé en Amérique arctique. Apogée de la culture anasazi (Pueblo Bonito, Mesa Verde) - Extension de l'Empire chimú (Pérou actuel).

1168 : En Amérique centrale, déclin des Toltèques : destruction de Tula par les envahisseurs chichimèques (parmi ceux-ci les Aztèques : « Mexica »).

v. 1200 : Les Aztèques s'implantent dans la région de Mexico - Décadence de la civilisation maya sous les attaques des Aztèques.

1224 : Au Yucatán, abandon de Chichén Itzá.

v. 1250 : Au nord-ouest de l'Amérique septentrionale, développement de la culture hohokam (peut-être sous l'influence de réfugiés toltèques). Au sud-est, apogée de la « Southern culture » (motifs spécifiques sur le mobilier funéraire) - En Amérique du Sud, apogée de l'Empire chimú ; dans les Andes, premiers raids de la tribu des Incas.

1283 : Au Yucatán, fondation de la cité de Mayapan (qui domine la région jusqu'en 1441) : renouveau de la civilisation maya.

1299 : Arrivée des Aztèques à Chapultepec.

v. 1300 : En Amérique du Nord, abandon des centres anasazi ; repli vers le sud des populations qui fondent la « civilisation des pueblos » - En Amérique du Sud, fondation de Cuzco, par les Incas.

1323 : Culiacán déclare la guerre aux Aztèques et les expulse.

1345 : Les Aztèques, repliés dans une île du lac Texcoco fondent Tenochtitlán (sur le site de l'actuelle Mexico) et prennent le contrôle de la région.

v. 1350 : Effondrement de la « civilisation des pueblos » (conflits guerriers ? variations climatiques ?).

1367 : Acamapichtli, prince de Culiacán, devient « gouverneur » des Aztèques à Tenochtitlán.

v. 1370 : En Amérique centrale, essor de l'empire militaire des Tarasques.

1426-1440 : En Amérique centrale, formation de l'Empire aztèque - Règne d'Itzcoalt : défaite d'Atzacapatzalco ; « triple alliance » entre les villes de Texcoco, Tlacopan et Tenochtitlán.

1430-1441 : Migration des Mayas en direction de l'actuel Guatemala. Déclin de Mayapan.

1448 : En Amérique du Sud : avènement de Pachacutec (« réformateur du monde », 1438-1470) qui poursuit l'expansion des Incas.

1440 : En Amérique centrale, élection de Moctezuma Ilhuilcamina (1140-1468), comme *tlatoani* de Tenochtitlan : extension de l'Empire aztèque en dépit de la résistance des Tarasques.

v. 1450 : En Amérique du Nord, abandon des villes dans la zone du Mississippi moyen (épidémies ?).

1471 : Election de l'Inca Túpac Yupanqui (1471-1493), fondateur de l'empire grâce à ses conquêtes.

1473 : Annexion de Tlatelolco par Axayàcalt, *tlatoani* de Tenochtitlán.

v. 1476 : Conquête de l'Empire chimú par les Incas.

1492 : Au service de la Castille, le Génois Christophe Colomb débarque aux Bahamas (Guanahani), reconnaît Cuba et Hispaniola (Haïti).

1493 : Apogée de l'Empire inca - Deuxième voyage de Christophe Colomb aux Antilles : premier établissement espagnol à Hispaniola.

1494 : Traité de Tordesillas : le pape Alexandre VI fixe à 370 lieues à l'ouest du Cap-Vert le méridien délimitant les futures conquêtes de l'Espagne et du Portugal.

1497 : Au service de l'Angleterre, le Florentin Giovanni Caboto (Jean Cabot) atteint Terre-Neuve.

1498 : Christophe Colomb atteint l'embouchure de l'Orénoque.

1499 : Le Florentin Amerigo Vespucci reconnaît les côtes de l'Amérique du Sud.

1500 : Inondation de Tenochtitlán - Découverte du Brésil par le Portugais Pedro Alvares Cabral.

1502 : Dernier voyage de Christophe Colomb : il atteint Panamá.

A la fin du Moyen Age, l'Europe occidentale a retourné en sa faveur la conjoncture intercontinentale. Terrain d'invasions durant le haut Moyen Age, l'Occident est alors en mesure d'envahir les autres continents, poussé par ses appétits économiques et motivé par ses aspirations spirituelles. Les ports de la facade atlantique (Lisbonne, Séville) évincent ceux de la Baltique (Lübeck) et de la Méditerranée (Gênes, Venise). L'Europe tire profit de prélèvements forcés, d'échanges commerciaux et de déplacements de populations (traite des Noirs) à l'échelle mondiale.

Vue de Machu Picchu. Photo Louis-Marie Blanchard.

INDEX DES NOMS DE PERSONNAGES, PEUPLES ET INSTITUTIONS

INDEX DES NOMS DE LIEUX

INDEX DES COORDONNÉES CARTOGRAPHIQUES

Le premier chiffre en **gras** indique le numéro de la page. La lettre en **gras** [**A, B, C,** etc.] renvoie à une carte (puis est éventuellement suivie des coordonnées de repérage du nom sur la carte [en maigre ex : a 1).

Il existe plusieurs systèmes de transcription pour les noms arabes, russes, turco-mongols, etc. Comme aucun n'est parfait ni n'est parvenu à véritablement s'imposer, cartographe et historien s'en sont tenus chacun à celui qui lui paraît préférable. Le léger inconvénient qui en résulte pour le lecteur est, semble-t-il, largement compensé par le constat de ce qu'il y aurait d'artificiel à rechercher une apparence de consensus que rien ne justifie.

INDEX

Éditeur : Henri Bancaud
Suivi éditorial : Marine Le Mouël
Mise en page : Marcel Oger,
Studio des Éditions Ouest-France
Photogravure : Nord Compo, Villeneuve d'Asq (59)
Impression : Imprimerie Pollina à Luçon (85) - n° L92757

Édilarge SA, Rennes
ISBN 2 7373 3299 0
N° d'éditeur 4578.02.03.04.04
Dépôt légal : avril 2003
Imprimé en France